Friedrich Wilhelm Graf

Missbrauchte Götter

Friedrich Wilhelm Graf

Missbrauchte Götter

Zum Menschenbilderstreit in der Moderne

Verlag C. H. Beck

Reden über den Humanismus.
Menschlichkeit in den Konflikten der Gegenwart
Eine Vortragsreihe im Rahmen des von der Stiftung Mercator geförderten Projekts «Humanismus in der Epoche der Globalisierung. Ein interkultureller Dialog über Kultur, Menschheit und Werte» am Kulturwissenschaftlichen Institut Essen
Herausgegeben von Jörn Rüsen und Jürgen Straub
Band 1

Gedruckt mit freundlicher Unterstützung der Stiftung Mercator

Mit 31 Abbildungen

Satz: Janß GmbH, Pfungstadt
Druck und Bindung: CPI – Ebner & Spiegel, Ulm
Gedruckt auf säurefreiem, alterungsbeständigem Papier
(hergestellt aus chlorfrei gebleichtem Zellstoff)
Printed in Germany
ISBN 978 3 406 58478 7

www.beck.de

«Todesfälle bei Göttern
sind schwer zu konstatieren.
Es liegt nicht in der Art dieser Wesen,
richtig und unwiderruflich zu sterben.»

Felix Hausdorff

Inhalt

Sehepunkte

«Du sollst den Namen des Herrn deines Gottes nicht unnützlich brauchen. Denn der Herr wird den nicht ungestraft lassen, der seinen Namen missbraucht.» Das zweite der zehn Gebote, die Mose am Sinai empfangen hat, betont knapp und prägnant die Souveränität Gottes. Es ist mit einer Strafandrohung verbunden. Gott mag nicht missbraucht werden. Das teilt er mit den Menschen. Auch wir lassen uns nicht gern von anderen Menschen oder von Institutionen missbrauchen. Wohl jeder Mensch hat eine präreflexiv intuitive Vorstellung davon, was es heißt, missbraucht zu werden. Bei Gottesmissbrauch fällt dies schwer. Was bedeutet es, «den Namen des Herrn deines Gottes … unnützlich» zu brauchen?

Martin Luther hat in seinem *Kleinen Katechismus* aus dem Jahre 1529 das zweite Gebot kurz und prägnant so ausgelegt: «Wir sollen Gott fürchten und lieben, dass wir bei seinem Namen nicht fluchen, schwören, zaubern, lügen oder trügen, sondern denselbigen in allen Nöten anrufen, beten, loben und danken.» Für den Reformator missbraucht den Namen des Herrn, wer ihn vorsätzlich, im Wissen um die Betrugsabsicht, eigenen Zwecken dienlich macht. Dies ist ein klarer, enger Begriff von Gottesmissbrauch. Andere christliche Konfessionen tradieren dagegen weniger scharf umrissene Definitionen. *Finitum non capax infiniti*, heißt einer der zentralen Lehrsätze des calvinistischen, reformierten Protestantismus. Wo auch immer das Unendliche verendlicht wird und so Endliches sakrale Qualität gewinnen kann, geschieht Gottesmissbrauch. Johannes Calvin deutete 1536 in seiner *Institutio Christianae religionis* das dritte Gebot – die Reformierten zählen die Gebote anders als Lutheraner und Katholiken – als Pflicht zur respektvollen Achtung von Gottes heiliger Würde. «Gott will, dass uns die Majestät seines Namens heilig sei! … Wir sollen es uns angelegen sein lassen, Gottes Majestät mit frommer Ehrerbietung zu begegnen. ... Was unser Verstand von ihm denkt, unsere Zunge ausspricht, das muss seine Würde bezeugen, der Herrlichkeit seines heiligen Namens angemessen sein und endlich zur Erhöhung seines Ruhms dienen.» *Soli Deo gloria* wird hier proklamiert, und deshalb lehnen die Calvinisten es aus theo-logischen Gründen ab, Gott in Bildern darzustellen. Mit ihrem strengen Bilderverbot wahren sie, im Gegensatz zu den Lutheranern und erst recht zu den römischen Katholiken, prägnant die Kontinuität zum Judentum, in dem das Bilderverbot strikt als Nicht-Objektivierbarkeit Gottes, als Wahrung seiner unbedingten transzendenten Geistigkeit gedacht wird. Die jüdischen Überlieferungen sehen den Namen Jahwes missbräuchlich benutzt, wenn Endliches, Weltliches als göttlich gedacht, mit dem heiligen Willen des transzendenten Gottes gleichgeschaltet wird.

Auch der Islam kennt eine hoch differenzierte theologische Tradition zur Kritik des Gottesmissbrauchs. Mohammed verkündet in einer heidnischen, polytheistischen Umwelt den radikal monotheistisch gedachten einzigen Gott, und so verwirft der Koran in der berühmten 5. Sure, Vers 90, die Anbetung von Opfersteinen: «Ihr Gläubigen! Wein, das Losspiel, Opfersteine und Lospfeile sind ein wahrer Greuel und des Satans Werk. Meidet es!» Allah kann es nicht dulden, dass seine einzigartige Souveränität relativiert wird. Als die Taliban am 12. März 2001 die berühmten Buddha-Statuen von Bamiyan in Afghanistan zerstörten, taten sie im Internet ihre theologische Begründung kund. Pierre Centlivres hat sie in *Les Bouddhas d'Afghanistan* prägnant zusammengefasst: «Diese Statuen waren und sind Heiligtümer der Ungläubigen und werden von Ungläubigen immer noch verehrt und angebetet. ... Allah, ... der Allmächtige ist das einzig wahre Heiligtum, und alle falschen Heiligtümer müssen zerschlagen werden.» Allah fühlt sich beleidigt, wo die Heiden andere Götter oder Götzen verehren dürfen. Und er sieht sich missbraucht, wenn er in eine Reihe mit Konkurrenzgöttern gestellt wird.

Das zweite Gebot des Dekalogs spricht vom Missbrauch des Namens Gottes, also vom einen Gott. Im Titel dieses Essays wird hingegen der Plural «die Götter» gebraucht. Dies ist explikationsbedürftig, lehrt und schreibt der Autor doch als protestantischer Theologe und versteht sich trotz intensiv gelebter ästhetischer Vielfaltsfreude durchaus nicht als «Vielgötterer», der im postmodernen «Lob des Polytheismus» (Odo Marquard) bunten Götterscharen den Vorzug vor dem einen Gott gibt. In streng monotheistischen Deutungskulturen gelten polytheistische Glaubensweisen und Theologien immer schon als Missbrauch des Gottesnamens, droht die Rede von den vielen Göttern doch die Klarheit des einen Namens Gottes zu verdunkeln und den Schöpfergott seiner souveränen Transzendenz zu berauben. Dennoch ist die Rede von «missbrauchten Göttern» mit Blick auf die gegenwärtige religiöse Lage analytisch sinnvoll. Sie nimmt das elementare Faktum radikaler religiöser Pluralisierung ernst. Nicht nur machen sich Menschen ganz unterschiedliche Vorstellungen vom einen Gott. Vielmehr wächst auch die Zahl derer, die an mehr als nur einen Gott glauben und ganz heterogene religiöse Überlieferungen in selbstbestimmter, individueller Bricolage miteinander verknüpfen. «Individualisierung» ist zu einem sozialwissenschaftlichen Allerweltswort geworden und entbehrt analytischer Trennschärfe. Wem zur Gegenwartsmoderne nicht mehr viel einfällt, kann mindestens auf «beschleunigte Individualisierungstrends oder -tendenzen» hinweisen.

Doch trotz aller Trivialisierung, auch Vulgarisierung – das Wort ist für eine Glaubensdiagnose der Gegenwart unverzichtbar. Denn jeder und jede glaubt anders und ganz anderes als viele andere, und wer sich auf mühevolle Erkundungsreisen in die grandiosen Imaginationswelten religiösen Bewusstseins begibt, entdeckt nicht divinales Artensterben, sondern kann, genau umgekehrt, eine überraschend erfolgreiche Selbstreproduktion höchst individualisierungsfähiger Gott-Akteure beobachten. So leben äußerst unterschiedliche Götter unter uns. Einige von ihnen sind ganz widerliche, blutrünstige Divinalgestalten, die in ihrem Eifer gegen andere Götter vor Menschenmissbrauch nicht zurückschrecken: Konkurrenzgottschändung durch barbarische Gewalt gegen die, die an ihn glauben. Woche für Woche werden im World Wide Web neue Götter verkündigt und angepriesen, manche nur albern und peinlich, andere grausam und barbarisch. Auch lässt sich im öffentlichen Gebrauch des Wortes Gottes und seiner diversen Komposita viel Gedankenlosigkeit beobachten. In «Bilder und Zeiten», der nicht mehr hochglänzenden

Wochenendbeilage der *Frankfurter Allgemeinen Zeitung* vom 6./7. September dieses Jahres, findet sich ein Essay von Ingeborg Harms über Karl Lagerfeld: «Der Sonnenkönig, den Deutschland niemals hatte» lautet die Überschrift auf Seite 1. Schon auf der nächsten Seite wird der geniale Modedesigner «Deutschlands verlorener Sonnengott» genannt. So schnell kann ein äußerst kreativer alternder Sunnyboy aus Paris zu einem Gott erhoben werden. Niemand hält Karl Lagerfeld ernsthaft für eine Realinkarnation des alten römischen Sol oder des indischen Krischna, und jeder weiß, dass hier nur metaphorisch gesprochen wird, um seine narzisstisch beanspruchte Zentralstellung im Universum des Modemachens auf einen Bildbegriff zu bringen. Auch errichtet niemand Altäre für Sebastian Vettel, obgleich er nun, schon wenige Minuten nach seinem Monza-Triumph, von italienischen, deutschen und britischen Reportern und bald darauf auch in seriöseren Zeitungen zum «jungen Gott der Formel 1» erhoben worden ist.

Aber Anlässe, darüber nachzudenken, wie öffentlich von Gott oder auch den Göttern geredet wird, gibt es dennoch genug. Man muss nur dänische Zeitungsmacher fragen, die wegen ein paar Mohammed-Karikaturen verfolgt werden, oder auch den russischen Museumsdirektor Andrej Jerofejew, der soeben als Leiter der weltberühmten Moskauer Tretjakow-Galerie entlassen wurde, weil ihm orthodox-christliche Hassprediger die Verfremdung religiöser Symbole vorwarfen – zuvor schon hatte die russisch-orthodoxe Kirche Strafanzeige gegen Jerofejew und Juri Samodurow, den Leiter des Sacharow-Museums, wegen «Verletzung religiöser Gefühle» erstattet. Wo man Gott ins Bild setzt, sei es gläubig affirmativ, sei es ironisch distanziert, wird bald Kulturkampf inszeniert. In den konfliktreichen Deutungswelten von Religion und Gottesglaube werden konkurrierende, antagonistische Vorstellungen von Gott (oder auch den Göttern) tradiert. Was den einen ein heilvoller, guter Gebrauch des Gottesnamens, ist für die anderen erschreckender Missbrauch, blanke Blasphemie. In mehreren europäischen Gesellschaften, insbesondere in Großbritannien, wird in den Parlamenten derzeit darüber diskutiert, Straftatbestände der demonstrativen öffentlichen Missachtung, Abwertung des Gottesglaubens von Andersgläubigen zu verschärfen. Die dänischen Karikaturisten hätten in Großbritannien, dem Mutterland der liberalen parlamentarischen Demokratie, dann kein Recht auf satirische Meinungsfreiheit mehr. Und gegen Jerofejew und Samodurow, den Kurator einer von orthodoxen Geistlichen und Gläubigen bald verwüsteten Ausstellung «Vorsicht, Religion!», hat die Moskauer Staatsanwaltschaft soeben Anklage wegen «Erniedrigung der Menschenwürde» erhoben.

Wer von Göttermissbrauch redet, bringt sich in peinlichen Verdacht. Kulturpessimismus hat sich schon immer als Befreiungskampf fürs Heilige und als Protest gegen dessen «Entwürdigung» empfohlen. Man gilt in diesen religiös erregten Zeiten schnell als Gotteskrieger, spricht man vom zweiten Gebot. Doch Kulturkritik interessiert mich nicht, jedenfalls nicht öffentlich. Es geht in diesem Essay weder um fromme Konfession noch um religiös motivierte Zeitgeistschelte. Mich interessiert Glaubensanalyse, ein besseres Verständnis der religionskulturellen Entwicklungen in der Moderne seit 1800 und speziell der wenig übersichtlichen religiösen Lage der Gegenwart. Skizziert werden die moderne Inflation von allen möglichen Spezialgöttern, die Debatten ums richtige «Menschenbild» und der schnelle Verschleiß von «Menschenwürde»-Semantik. Auch frage ich mich, welchen Preis eine demokratische Bürgergesellschaft langfristig für die vielfältig sichtbare Erosion ihrer wichtigsten religiösen Institutionen, der beiden großen christlichen Konfessionskirchen, wird zahlen müssen. Gut kann es ja nicht sein, wenn lebenswichtige Institutionen so schnell verfallen. Einen erheblichen Teil der Probleme, unter denen die beiden großen christlichen Kirchen im Lande leiden, haben sie selbst erzeugt. Oft sind zentrale Symbole der christlichen Überlieferung gedankenlos für kurzfristige politische Interessen verzweckt worden. Tendenzen zur Ideologisierung des Evangeliums, schwer erträgliche moralisierende Besserwisserei (oder Moralarroganz) und ihr unverhüllter – wahrlich nackter – Wille zur Macht dürften für die Kirchen auf Dauer schädlicher sein als der neue Trivialatheismus eines Richard Dawkins.

In den Gottesbilderkämpfen der Gegenwart, etwa im Karikaturenstreit, haben prominente christliche «Kirchenführer», allen voran Papst Benedikt XVI., entschieden für die religiös beleidigten, lautstark protestierenden Frommen Partei ergriffen, die sich in ihren religiösen Gefühlen von den blasphemischen Angriffen auf den Propheten zu Recht verletzt sähen. Auch im aktuellen Bozener Bilderstreit um die Ausstellung von Martin Kippenbergers «gekreuzigtem Frosch» verlangen sowohl Lokalgrößen der römisch-katholischen Kirche als auch vatikanische Prälaten die Entfernung des Bildes aus dem «Museion. Museum für moderne und zeitgenössische Kunst», das von einer Stiftung der Autonomen Provinz Bozen und des Bürgervereins «Museion» getragen wird. Es dürfte kein Zufall sein, dass in den letzten Jahren gleich mehrere große kulturwissenschaftliche Studien zum Thema «Blasphemie» erschienen sind. Die einen fühlen sich durch die neue öffentliche Präsenz religiöser Akteure gestört, und die anderen sehen ihre Gottesbindung demonstrativ verachtet. Solche Konflikte werden europäische Gesellschaften auch in Zukunft beschäftigen. Dennoch ist die Vorstellung, den Gott der einen mit Hilfe des staatlichen Rechtes besser vor den Beleidigungen der anderen schützen zu können, religionskulturell gesehen nur naiv. Denn öffentliche Gotteskritik war immer schon ein Bewegungsmoment der Religionsgeschichte, gerade in der europäischen Moderne, und dramatischer Streit um die Bilder stellt in der bald zweitausendjährigen Geschichte des Christentums ein starkes Kontinuitätselement dar. Mögen Bischöfe auch gegen abstrakte, unfigürliche Kunst eifern, zum Beispiel Kardinal Meisner gegen Gerhard Richters Südquerhausfenster im Kölner Dom, bleibt ihr Protest doch eigentümlich hilflos: Denn die Spannung zwischen Gott und Gott (oder auch Abgott) stammt aus dem Zentrum von Judentum und Christentum selbst, die jeweils im Namen ihres Gottes andere Götter verachtet und verlacht haben. Wo es um starke, tiefe Glaubensgefühle geht, ist die Pazifizierungskraft staatlichen Rechts begrenzt.

There is no view from nowhere. Der orthodox-lutherische Theologe Johann Martin Chladenius hat in seiner 1752 erschienenen *Allgemeinen Geschichtswissenschaft* einen epistemologischen Begriff geprägt, der gerade im ethischen Diskurs und in Fragen der Religionsdeutung Beachtung verdient: «Sehepunckt». Der Gott der Juden und der Christen ist, wie Niklas Luhmann dies genial genannt hat, ein «Beobachtergott», der nicht nur die Welt insgesamt und in allen ihren Sphären zu sehen vermag, sondern selbst das Unsichtbare, das Innere des Menschen, in alter

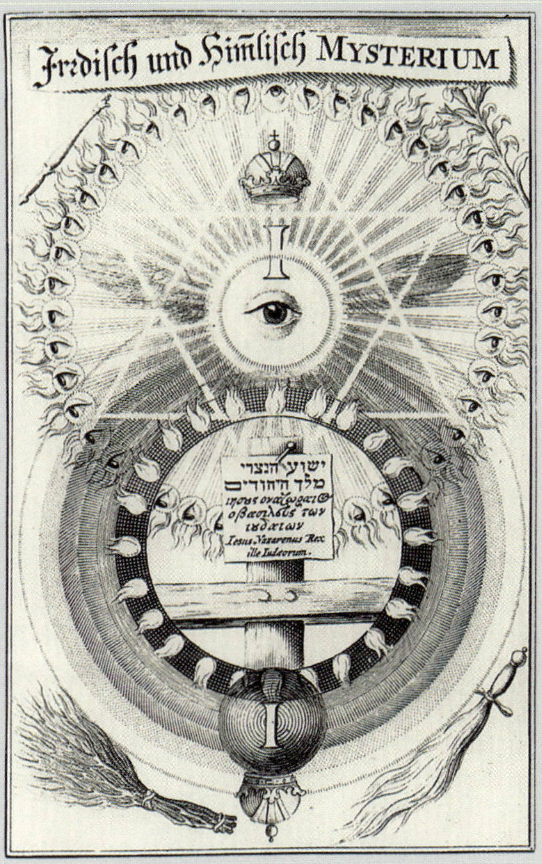

«Irdisch und Himmlisch Mysterium». Titelkupfer eines unbekannten Künstlers zu Jakob Böhmes Theosophischen Werken, Amsterdam 1682.

religiöser Sprache: das «Herz» des Menschen, anschaut und kennt. Der eine Gott: das einzige Erkenntnissubjekt mit absolutem «Sehepunkt» oder Totalperspektive. Wir endlichen Geschöpfe hingegen sind unausweichlich an einen bestimmten «Sehepunkt» gebunden und können niemals partikulare Perspektivität überwinden. Und wir können uns Unsichtbares vorstellen, in Gedankenbildern anschaulich zu machen versuchen, aber wir können es nicht sehen. Endliche Erkenntnissubjekte, und zu denen gehören auch die Theologen, tun gut daran, sich

Das Auge Gottes wacht auch über die Erklärung der Menschen- und Bürgerrechte. «Déclaration des Droits de l'Homme et du Citoyen», Kupferstich von Louis Laurent, 1789, nach einer Radierung von Jean-Jaques-François Le Barbier.

ihre «Standortgebundenheit» (Karl Mannheim) und die Grenzen ihres Wissen-Könnens reflexiv präsent zu halten.

Gerade in Sachen Religion und Gottesglaube gibt es keinen neutralen Ort des Sehens und Denkens. Jeder Gottesanalytiker ist immer schon durch eine spezifische Kultur geprägt, die ihrerseits durch religiöse Überlieferungen und Institutionen mitbestimmt ist. Selbst wer sich um analytische Distanz, einen klaren Blick, trennscharfe Begriffe und faire, ausgewogene Urteile bemüht, bleibt in seinen Analysen doch gebunden an die impliziten normativen Leitvorstellungen seiner Kultur. Meine individuelle Sicht auf moderne Religion und die antagonistische Vielfalt ganz unterschiedlicher Christentümer ist stark geprägt von entschieden liberalen Denktraditionen. In Sachen Religion heißt liberal zu sein vor allem, selbstkritische Skepsis zu pflegen, Wissensarroganz zu vermeiden und Grenzen politisch-sozialer Steuerung zu betonen. Denn Religion ist vielschichtig, komplex, widersprüchlich, und Gottesglaube im Entscheidenden opak. Grundlegendes wissen und verstehen wir hier noch nicht. Desto dringender sind nüchterne problemgeschichtliche Aufklärung und der Mut, eigene Denkwege zu erproben.

Der vorliegende Essay geht auf drei Vorlesungen über «Religion und Humanismus» zurück, die ich im April und Mai dieses Jahres auf Einladung des Kulturwissenschaftlichen Instituts Essen im Foyer der Aalto-Oper halten durfte. Herrn Professor Dr. Jörn Rüsen, dem einstigen Direktor des KWI, danke ich für die freundliche Einladung und dem Publikum für drei intellektuell stimulierende Abende. Die Stiftung Mercator in Essen, die am KWI großzügig ein mehrjähriges Projekt «Humanismus in der Epoche der Globalisierung. Ein interkultureller Dialog über Kultur, Menschheit und Werte» fördert, hat die Drucklegung meiner Überlegungen unterstützt und auch zu deren Visualisierung beigetragen. Dafür gebührt sowohl dem Stifter, Herrn Michael Schmidt, als auch dem Geschäftsführer, Herrn Dr. Bernhard Lorentz, mein freundlicher Dank. Ohne die starke, überaus wohlwollende Unterstützung der an meinem Lehrstuhl tätigen Jüngeren wäre das Buch nicht rechtzeitig fertig geworden. Hier gilt mein ganz besonderer Dank dem strengen, kritischen Sprachgeist aus jener fernen universitären Bildungswelt, die im «globalen Standortwettbewerb» der Wissenschaften erfolgreich zerstört wurde. Aber es geht, wie gesagt, nicht um wohlfeile Kulturkritik, sondern um erste Analysen eines problematischen Gebrauchs religiöser Sprache. Religion ist einfach zu wichtig, als dass man sie den falschen Leuten überlassen dürfte. Herr Dr. Ulrich Nolte ist abermals ein Fels in der Brandung der Buchproduktion gewesen. Auch ihm danke ich herzlich.

München, am 6. September 2008 *Friedrich Wilhelm Graf*

1. Gottesbilder

«Am Anfang war das Wort.» Doch der eine *logos* tritt unter modernen Reflexionsbedingungen in vielerlei Gestalt auf. Die übliche Entgegensetzung von «Monotheismus» hier und «Polytheismus» dort wird weder der gedanklichen Komplexität der neuzeitlichen Divinaldiskurse gerecht noch dem elementaren Glaubensfaktum, dass nicht alle Mono-Götter gleich sind. Zwar sprechen in Zeiten der islamistischen Verschärfung viele Glaubensdeuter gern von den «drei großen Monotheismen». Aber damit droht verdeckt zu werden, dass, trotz aller religionshistorischen Verwandtschaftsverhältnisse und Erbansprüche, Jahwe nicht Allah ist und beide mit dem dreieinigen Gott der Christen nicht viel gemein haben. Selbst die stereotype Wendung, der Christengott unterscheide sich vom transzendenten Bundesgott der Juden und dem Richtergott der Muslime durch seine trinitarische Selbstdifferenzierung, ist nur gedankenlos. Denn die Geschichte des Christentums kennt auch einige sehr fromme Akteure, die mit dem in den spätesten Überlieferungsstufen des Neuen Testaments und in der Alten Kirche entwickelten Trinitätsdogma nicht viel anzufangen wussten und sich mehr oder minder explizit als «Unitarier» verstanden. Den einen Gott kann man sich eben höchst unterschiedlich vorstellen. Selbst jene Frommen, die nur auf Gottes Wort gehört haben wollen und nicht mehr über ihn zu sagen beanspruchen, als das, was er ihnen im Akt seiner Selbstoffenbarung selbst kundgetan hat, scheinen mit unterschiedlicher Wahrnehmungssensibilität gelauscht zu haben. Jedenfalls verkünden sie höchst divergente Gottesbotschaften und entwerfen unterschiedliche «Gottesbilder» – ein Begriff, der sich erstmals bei Luther im Jahre 1534 nachweisen lässt. Eine große Anzahl von Glaubensrichtungen findet sich im Judentum ebenso wie im Islam und im Christentum. Man muss deshalb strikt den Plural verwenden und von den diversen Judentümern, den vielen Christentümern sowie den unterschiedlichen islamischen Glaubensgemeinschaften sprechen. Auch in den muslimischen Überlieferungen ist der eine Gott genau besehen nur ein Pluralwort. Stärker noch gilt dies für die Christentümer: Der «protestantische Willensgott» – eine Formel von Jürgen Habermas – spricht anders und tritt ganz anders auf als der Pantokrator der orthodoxen Christentümer. Und der charismatische Geistgott der zahlreichen Pfingstkirchen redet schneller, wilder, ekstatischer als der an hierarchisch geordnete Kommunikationsverfahren gebundene «Kirchengott» des römisch-papalen Lehramts.

«Kirchengott» ist ein Begriff, den, laut *Deutschem Wörterbuch* der Brüder Grimm, Martin Luther 1530 in seiner Vorrede zur Übersetzung des Buches Daniel geprägt hat. Der Reformator hat ihn als antirömischen Kampfbegriff eingeführt. Für ihn ist der «Kirchengott» nur ein Klerikalgötze, den die Kirche des teuflischen Antichristen auf dem Bischofsstuhl zu Rom sich selbst erfunden hat: «WAS ist denn nu des Bapst Kirchen Gott, Messegott, oder Gott Mauesim?», fragt Luther. Mit seiner epochalen Bibelübersetzung setzt der Wittenberger Schriftgelehrte zahlreiche neue Gottes-Wörter und -Begriffe in Umlauf. Wer Neologismen erfindet, will seine Denkinteressen besonders prägnant wahrnehmen und seine Position vor falschen Deutungen schützen. Gegen die vielen Perversionen des wahren Glaubens, durch die die Papstkirche das schlichte Hören auf Gottes reines Wort erschwert, wenn nicht unmöglich gemacht hat, will Luther dem in Christus dargebotenen Gnadenwort Geltung verschaffen. Hier findet Ursprungsregression in zugleich reinigender wie befreiender Absicht statt. Dem Gott, der sich in Jesus Christus ein für allemal offenbart, steht aber der altböse Feind entgegen, der die Menschen dazu verführt, ihre selbstgemachten Götzen mit dem Schöpfer Himmels und der Erden zu verwechseln.

In einem seiner wirkungsvollsten Texte, dem erstmals 1529 gedruckten *Großen Katechismus deutsch*, entfaltet Luther eine knappe Auslegung des ersten Gebotes, die theologisch Epoche gemacht hat und in der er Grundeinsichten der modernen Religionskritik vorwegnimmt. Das erste Gebot des Dekalogs lautet in Luthers Bibelübersetzung: «Du sollst keine

Obwohl das Gotteswort Vorrang hat, kann Luther den Bildern einen didaktischen Nutzen für die einfachen Frommen zuerkennen. Erhard Altdorfer fertigte 1533 diesen Titelholzschnitt für die Lutherbibel von 1534.

anderen Götter haben neben mir.» In der Fassung des «Großen Katechismus» heißt «Das erste Gepot» einfach «Du sollst nicht andere Gotter haben». Dann folgt Luthers Auslegung, im Original ein Text von knapp sieben Druckseiten: «Das ist, Du sollst mich alleine fur Deinen Gott halten. Was ist das gesagt und wie verstehet man's? Was heißt ein Gott haben oder was ist Gott? Antwort: Ein Gott heißet das, dazu man sich versehen soll alles Guten und Zuflucht haben in allen Nöten. Also daß ein Gott haben nichts anders ist, denn ihm von Herzen trauen und gläuben, wie ich oft gesagt habe, daß alleine das Trauen und Gläuben des Herzens machet beide Gott und Abegott. Ist der Glaube und Vertrauen recht, so ist auch Dein Gott recht, und wiederümb, wo das Vertrauen falsch und unrecht ist, da ist auch der rechte Gott nicht. Denn die zwei gehören zuhaufe, Glaube und Gott. Worauf Du nu (sage ich) Dein Herz hängest und verlässest, das ist eigentlich Dein Gott. Darümb ist nu die Meinung dieses Gepots, daß es fodert rechten Glauben und Zuversicht des Herzens, welche den rechten einigen Gott treffe und an ihm alleine hange. Und will soviel gesagt haben: siehe zu und lasse mich alleine Deinen Gott sein und suche je keinen andern; das ist, was Dir mangelt an Gutem, des versiehe Dich zu mir und suche es bei mir und, wo Du Unglück und Not leidest, kreuch und halte Dich zu mir. ICH, ich will Dir gnug geben und aus aller Not helfen, laß nur Dein Herz an keinem andern hangen noch rugen [ruhen].» Es ist mein Glaube, mein elementares Gottvertrauen, das meinen Gott macht. Aber individueller Glaube kann eben auch den «Abegott», «Abgott» erfinden. Im weiteren Gang seiner Auslegung nennt Luther eine ganze Reihe solcher vom Menschen vergötzten Abgötter. «Es ist mancher, der meinet, er habe Gott und alles gnug, wenn er Geld und Gut hat, verlässt und brüstet sich drauf so steif und sicher, daß er auf niemand nichts gibt. Siehe, dieser hat auch einen Gott, der heißet Mammon, das ist Geld und Gut, darauf er alle seine Herz setzet, welches auch der allergemeinest Abgott ist auf Erden.» «Also auch, wer darauf trauet und trotzet, daß er eine große Kunst, Klugheit, Gewalt, Gunst, Freundschaft und Ehre hat, der hat auch einen Gott, aber nicht diesen rechten einigen Gott. Das siehest Du abermal dabei, wie vermessen, sicher und stolz man ist auf solche Güter und wie verzagt, wenn sie nicht furhanden oder entzogen werden.»

Nun entfaltet Luther einen ganzen Götzenkatalog, immer mit der Grundbotschaft, «daß ein Gott haben heißet etwas haben, darauf das Herz gänzlich trauet». Im Kern geht es ihm um eine einzige Botschaft: «das ganze Herz des Menschen und alle Zuversicht auf Gott allein und niemand anders». In seiner Polemik gegen «eitel falschen Gottesdienst und Abgötterei» betont er zugleich, dass viele Spezialgötzen herrschten, weil jedermann sich seinen eigenen mache. Luther nennt die alten Götter der Heiden: Jupiter und Herkules, Merkur und Diana und so fort. «Daruemb die Heiden eigentlich yhren eigen erdichten duenckel und trawm von Gott zum Abgott … machen und sich auff eitel nichts verlassen.» Erfundene Götter aber spiegeln nur den sündhaften Wunsch des Menschen, selbst wie Gott zu sein, sich selbst zu divinisieren. «Was ist das anders, denn aus Gott einen Götzen, ja einen Apfelgott gemachet und sich selbs für Gott gehalten und aufgeworfen?» Unterscheidungen von Gott und Abgott prägen auch zahlreiche andere Glaubenstexte und Flugschriften Luthers. Ausdrücklich knüpft er an das alttestamentliche Bilderverbot an: Gott «gibt eine regel, welche bilder verpoten sind, nemlich, die man auffricht, als weren sie gottes bilder» (1525). Christus selbst habe zwischen wahren und falschen Gottesbildern, zwischen der Vorstellung Gottes und der Projektion von Götzen zu unterscheiden gelehrt: Christus «gibt sein wort und geist, das er solch teuffels bild mit scheuslichen hörnern und glüenden augen, wegreisse und zerstöre, und dafür das rechte, liebliche, veterliche gottes bild jnn unser hertzen bringe» (1534). Den *deus montanus* von 1. Könige 20 übersetzt Luther als «Berggott». Auch kennt er die schon im fünfzehnten Jahrhundert so genannte «gotin der Kunst», die Muse oder eben «Kunstgöttin». Mit faszinierender schöpferischer Sprachmacht will der Reformator verhindern, dass der eine dreieinige Gott der Bibel zu einem *idolum*, «Lügengott» oder «Aftergott» pervertiert wird. Gern setzt er dem wahren «Treffgott» den bloßen «Fehlgott» entgegen. Der Teufel ist nur ein *antitheon*, ein «widder gott» bzw. «Widergott», ein «Gott des Todes, des Traurens, der Kranckheit». Unter dem Eindruck der Traumata nationalsozialistischer Unrechtsherrschaft wird Werner Bergengruen 1947 daran anknüpfen und in dem Gedichtband *Dies irae* den totalitären Gewaltherrscher der Epoche als «Widergott» bezeichnen.

In der Tat entfalten Luthers Divinaldistinktionen bis in die unmittelbare Gegenwart hohe Prägekraft. Sie markieren den Anfangspunkt religiöser Modernisierungspfade, die in ein zunehmend differenzierteres, aber auch theologiepolitisch vermintes divinalsemantisches Feld führen. Die harten theologischen Ideenkämpfe des «konfessionellen Zeitalters» (Ernst Troeltsch), die obsessiven Zwänge der Selbstabgrenzung von den Juden und die Konflikte um die religiösen Reformbewegungen des siebzehnten und achtzehnten Jahrhunderts sind begleitet von immer neuen Götterunterscheidungen. Dem einen Gott der Juden und der Christen machen zahlreiche Neugötter Konkurrenz. Jedenfalls wird in der Moderne permanent ums «Gottesbild» gerungen und in konfliktreichen Prozessen der allmählichen Emanzipation vom alten Kirchenglauben dem Gott der Bibel ein ganzes Heer von Alternativgöttern entgegengesetzt. Zahlreiche neue Gotteswörter werden seit dem siebzehnten Jahrhundert geprägt. Sie spiegeln, jedenfalls in einigen Fällen, die verzweifelte Heilssuche von Menschen, die dem alten Christengott – und den Kirchen, die ihn verkünden – nicht mehr vertrauen, aber ohne gottverbürgtes Heil nicht zu leben vermögen. Viele dieser Gegengötter muss man nicht sehr ernst nehmen, weil sie offensichtlich nur Spontangötzen ohne lange Lebensdauer sind. Andere Alternativgötter jedoch gewinnen politische Macht und schaffen es in Form ideologischer «Sozialreligionen» sogar, vielen frommen Menschen zu suggerieren, sie seien nur der alte biblische Gott in neuer lebensdienlicherer Gestalt. Der Prozess der kulturellen Bildung neuer Gotteswörter und der Erfindung moderner Götter ist bisher kaum erkundet. In ihrer phantastischen Einbildungskraft suchen die Menschen sich das Unsichtbare sichtbar zu machen. Dieser Prozess hält im frühen einundzwanzigsten Jahrhundert mit ungebrochener Dynamik an. Und auch Luthers Grundunterscheidung zwischen dem einen Vertrauensgott und den vielen selbstgemachten Götzen ist unvermindert aktuell. Denn einerseits hat der ewige Gott langen Atem, und seine *longue durée* ist in den Herzen und Seelen der Menschen sehr viel stabiler, als Gotteswahnkritiker vom peinlich primitiven Range eines Richard Dawkins zu sehen vermögen. Andererseits haben nicht wenige ihr Gottvertrauen verloren und flüchten sich in die Surrogatgötter moderner «Quasi-Religionen» (Paul Tillich).

Auch andere Wittenberger Reformatoren leisteten harte Arbeit am Gotteswort. Philipp Melanchthon spricht in der Polemik gegen die Wiedertäufer in Münster vom christlichen «Brotherrgott»: «was bröterner Gott: der Wiedertäufer sagt auch, er glaube nicht an unsern Brotherrgott». Seit dem ausgehenden fünfzehnten Jahrhundert kann der falsche Gott auch als «Stiefgott» und «Stiefteuffel» bezeichnet werden. Johannes Sleidanus spricht in *Ain beschaidner historischer unschmählicher Bericht an alle Churfürsten, Fürsten und Stennde dess Reichs* 1541 vom «Nebengott», der später auch «Mitgott» und «Seitengott» genannt wird. Im sechzehnten Jahrhundert treten neu der «Wahngott», die «Suppengöttin» (erstmals 1647 belegt), der «Träumegotte» und «Traumgott» (erstmals 1648 nachgewiesen), der «Tugendgott», 1668 «die Tugendgötter» und in Quirin Kuhlmanns *Der hohen Weisheit fürtrefliche Lehr-Hoff in sich haltend schöne Tugendblumen geistlicher und weltlicher Moral-Discursen* 1672 die «Tugendgottheit» auf. Zudem wird nun der «Weggott» bekannt, der spätestens 1680 auch als «Straszengott» erscheint. Im protestantischen Kirchenlied wird Gott als «Wundergott» besungen, dem vor allem Paul Gerhardt bleibende gottesdienstliche Präsenz verschafft. Andreas Gryphius hofft, dass nach dem Verlust ihres Herrn die Apostel den *adventus* des Heiligen Geistes erfahren: «Ihr scheint, nun Jesus weg, gantz ohne Trost zu seyn, drum zeucht der Trostgott selbst in eure Hertzen ein.»

Der Straßburger lutherisch-orthodoxe Theologe Johann Konrad Dannhauer, ein begnadeter Polemiker gegen alle möglichen Irrlehren, bezeichnet in seiner 1642 bis 1678 erschienenen zehnbändigen *Catechismus-Milch*, der ausführlichsten homiletischen Auslegung von Luthers Katechismus durch einen Dogmatiker der altlutherischen Orthodoxie, 1657 den «Prachtthurm» zu Babel als «Trutzgott» und «Trotzgott». Pseudo-Dionysios Areopagita hatte in *De divinis nominibus* im frühen sechsten Jahrhundert den begrifflich fassbaren Gott vom namenlosen, über alle positiven oder negativen Prädikate erhabenen «Gott an sich» unterschieden, und Mystiker wie Heinrich Seuse nahmen dies auf, indem sie von «Übergöten» sprachen. Angelus Silesius erklärt 1674 im *Cherubinischen Wandersmann:* «Was man von Gott gesagt, das genüget mir noch nicht: Die Übergottheit ist mein Leben und mein Liecht.» Dannhauer knüpft 1657 polemisch an diesen Sprachgebrauch an: «Ich mag keinen hypertheon oder Übergott, der über mich sey.» Auch kennt er dessen Gegenteil, den «hypotheon» oder «Untergott», der sich schon bei Calvin nachweisen lässt.

Seit dem siebzehnten Jahrhundert und speziell seit der sogenannten ersten «Sattelzeit» (Reinhart Koselleck) 1770 bis 1850 dehnt sich das religionssemantische Universum kontinuierlich aus. In den krisenreichen Prozessen des Übergangs von den altständisch-feudalen, oft konfessionell vergleichsweise homogenen vormodernen Gemeinwesen zur modernen bürgerlichen, weltanschaulich pluralistischen Gesellschaft kommen viele alte religiöse Begriffe außer Gebrauch. Aufgrund der pietistischen Individualisierung des christlichen Glaubens, der Kritik der Aufklärer an den überkommenen Kirchenlehren und den jüdischen Orthodoxien und der

Entstehung einer freien literarischen Öffentlichkeit werden zahlreiche neue Wörter und Begriffe geprägt, die häufig darauf zielen, die überkommenen religiösen Symbole und Vorstellungen zugunsten einer prinzipiellen Mündigkeit des frommen Individuums umzudeuten. Allein in den 1780er Jahren erfinden protestantische Theologen mehrere hundert Neologismen, um die Vereinbarkeit des Evangeliums mit modernen Freiheitsidealen zu erweisen. Religiöses wird politisiert und Politisches durch Religionssemantik sakralisiert. Zudem gewinnen traditionelle religiöse Begriffe einen neuen Bedeutungsgehalt und erscheinen seit 1800 in anderem Kontext, speziell in politischen Debatten: etwa Heil, Erlösung, Versöhnung, Erwählung, Gottesgnade, alter Mensch und neuer Mensch, Weltgericht, Endgericht, Gottesvolk und so fort. Aufgrund der Erfindung vieler neuer Gotteswörter und -begriffe werden in dieser ersten religionssemantischen Sattelzeit mit avantgardistischem Innovationspathos ganz andere, lebensdienlichere Götter verkündet.

Auch setzt man alte Götter und hier vor allem den einen Schöpfergott der Juden, Christen und Muslime unter massiven begrifflichen Renovierungsdruck. Gewiss, man kann gut säkularisierungsgläubig die westlichen, genauer: die europäischen Divinaldiskurse der Moderne seit 1800 als Geschichten von «Götterdämmerung», «Göttersterben» oder «Gottestod» schreiben. In der Tat treten im europäischen langen neunzehnten Jahrhundert und verstärkt noch im kurzen zwanzigsten Jahrhundert zahlreiche Freiheitspropheten auf, die die Emanzipation des Menschen aus falscher, religiöser Abhängigkeit verkünden. Sie proklamieren entweder den definitiven «Tod Gottes» oder wollen den Menschen selbst, zumindest als Menschheit oder Gattung, mit gottgleichen Attributen ausstatten und an jenen absoluten Ort des Denkens befördern, den traditionell der eine Gott innegehabt hatte – bei Gelingen ein sozialer Nobilitierungsaufstieg par excellence. Teils begründen diese «Gottesleugner» ihre Gotteskritik mit wissenschaftlicher Rationalität und konstruieren radikale Dichotomien zwischen religiöser Selbstdeutung des Menschen und moderner nachmetaphysischer Wissenschaft. Teils stützen sie sich in Fortschreibung klassisch religionskritischer Argumente auf einen emanzipatorischen Machtdiskurs, in dem der «allmächtige Gott» der alteuropäisch-aristotelischen Metaphysik wie auch des christlichen Glaubensbekenntnisses als ein autoritäres chauvinistisches Herrschaftssubjekt entlarvt wird, das nur alte feudale Privilegien, etwa Prärogativen des Adels oder der Monarchen, legitimiert und um der liberalen Ordnungsideale der modernen bürgerlichen Gesellschaft willen entmachtet werden muss. Das schließt freilich nicht aus, dass an die Stelle des die alte hierarchische Ordnung und ständische Ungleichheit stützenden souveränen Himmelsherrschers häufig nur ein anderer, neuer Gott tritt, etwa das «Höchste Wesen» einer aufklärerischen Vernunft.

Doch trotz Feuerbach, Marx und Nietzsche, die mit ihrer teils wissenschaftsgläubigen, teils einfach skeptischen Gotteskritik die Weltanschauungsdiskurse der europäischen Moderne tiefgreifend beeinflusst haben, sprechen viele Indizien dafür, die Moderne seit 1800 als eine extrem götterproduktive Epoche zu deuten. Sie ist reich an subjektiven Gotteserscheinungen und in ihren Selbstverständigungsdebatten tief geprägt von Konkurrenzkämpfen zwischen einander bitter befehdenden Divinalakteuren. Natürlich, man kann im neunzehnten und zwanzigsten Jahrhundert das Sterben manch älteren Gottes beobachten, und gerade der kirchlich administrierte konventionelle Christengott büßt in Philosophie und Theologie massiv an Legitimität ein. Viele überkommene «Gottesbilder» werden mit ikonoklastischer Verve zertrümmert, aber dank menschlicher Einbildungskraft werden ungleich mehr neue Götter geboren, Götter ganz unterschiedlicher Provenienz, Art und Aura. Darüber hinaus beweist der in Europa nun einmal dominierende alte «Christengott» in der konfliktreichen Vielfalt konkurrierender konfessioneller Vergegenwärtigungen eine erstaunliche Rüstigkeit und Lebenskraft – auch weil er auf sich fortwährend wandelnde Herausforderungen mit hoher Anpassungselastizität zu reagieren vermag und dank produktiver Selbstreflexion veränderungsbereit und -fähig ist. Immer wieder lassen sich seit 1800 Götterkonjunkturen beobachten. Gerade in Zeiten von Krise, dramatischem politischen Wandel und neuer Unübersichtlichkeit wird Gott als Orientierungsmacht beschworen. Wo sich Krisenbewusstsein breitmacht, wächst auch kompensatorische Stabilitätshoffnung auf Gott.

Je mehr Götter, desto höher der Ordnungsbedarf. Ordnung aber braucht kluge Experten, die sie durch prägnante begriffliche Unterscheidungen, ursprungsmythische Erzählungen oder kriteriengeleitete Hierarchisierung zu stiften wissen. In den alteuropäischen Gelehrtenwelten waren es neben jüdischen Gelehrten traditionell die christlichen Theologen und die Philosophen, die beanspruchten, die allemal komplexen Religionsdinge plausibel ordnen zu können. Aber mit der konfessionskulturellen Pluralisierung des lateinischen Christentums in den reformatorischen Bewegungen des sechzehnten Jahrhunderts, in den Prozessen der frühneuzeitlichen Konfessionalisierung und der daraus resultierenden Formierung dreier miteinander konkurrierender christlicher Kirchen – Calvinismus, Luthertum, römischer Katholizismus – entstand für die der Ordnungsmacht Kirche verpflichteten Gottesgelehrten ein fundamentales Folgeproblem: Ihre Wissensordnungen von Gott, Glaube und auch Unglaube, die sie in ihren großen Dogmatiken, Heilstraktaten, Enzyklopädien und Wörterbüchern stifteten, waren jeweils konfessionskulturell grundiert; sie spiegelten die immer schon gegebene präreflexive Bindung des individuellen Theologen an seine Glaubens-, Lebens- und Vorstellungswelt, in der er nun einmal christlich sozialisiert worden war. In aller Regel bestritten die Theologen der beiden christlichen «Religionspartheyen» der jeweils anderen deshalb, dass ein vom Dritten entworfenes Ordnungskonzept wirklich hilfreiche Übersicht erzeugen und Klarheit schaffen könne. Wechselseitig warfen sich die frühneuzeitlichen Theologen in ihren intensiv geführten Glaubensordnungsdiskursen konfessionellen Tunnelblick und perspektivische Befangenheit vor, wodurch sie die von ihnen jeweils propagierten Ordnungen der Glaubensdinge immer neu relativierten. Nicht wenige Philosophen und auch Juristen sahen dies als eine Chance, in die Offensive zu gehen und jenseits der sprichwörtlichen *rabies theologorum*, des Dauerstreits der gegeneinander polemisierenden Gottesgelehrten, eigene Ordnungsangebote zu unterbreiten. Gerade Juristen, die Hüter des Rechts und Hermeneuten des vieldeutigen Gesetzestextes, benötigen klare begriffliche Verhältnisse, und auch die Philosophen sehen seit den ersten Anfängen ihrer gelehrten Wissensproduktion ihre zentrale Aufgabe darin, das chaotisch Viele, empirisch Mannigfaltige auf eine letzte Einheit hin zu ordnen und so neue Übersichtlichkeit zu erzeugen.

Man mag bezweifeln, dass es dem Interesse an kategorialer Ordnung wirklich dient, wenn Begriffsexperten aus unterschiedlichen Fakultäten fortwährend darum streiten, wer am besten in der bunten Fülle der Glaubensweisen den wahren *ordo* der göttlichen Dinge zu erkennen vermag. Ordnungswissen, das mit anderem Ordnungswissen konkurriert, droht eher Unordnung als allseits akzeptierte Ordnung zu stiften. Aber genau dies ist die entscheidende Signatur der Religionsdiskurse und speziell der Divinaldebatten der europäischen Frühen Neuzeit und verschärft der Moderne: Den Streit um die göttlichen Dinge führen nicht nur die einander bekämpfenden Theologen der drei christlichen Religionsparteien, sondern auch Philosophen und Juristen, die ihrerseits jeweils in einem bestimmten konfessionellen Milieu sozialisiert und ihre Bildungspatente und professionellen Kompetenzen an vom Konfessionsgeist tief durchdrungenen Schulen und Universitäten erworben haben. Der «Streit der Fakultäten» (Immanuel Kant) gewann mit der schnellen Expansion und internen disziplinären Differenzierung des Wissenschaftssystems im neunzehnten und zwanzigsten Jahrhundert noch an Brisanz, indem ganz neue Glaubensexperten den Anspruch erhoben, Religion besser deuten zu können: Religionshistoriker, Religionswissenschaftler, Religionssoziologen, Religionspsychologen, Religionsethnologen, Religionsanthropologen, Religionsgeographen und neuerdings Religionsneurologen. Man steckte disziplinäre *claims* ab und kultivierte gegenüber Glaubensdeutern aus anderen Fächern gern die Attitüde «objektiver» Überlegenheit. Dies erzeugte sowohl hohe Konfliktdynamik als auch Kreativitätszwang, den Druck, sich etwas Neues, Besseres einfallen zu lassen. Und immer waren im christlichen Diskurs Europas auch die anders Glaubenden, nicht nur Juden aus den unterschiedlichen Judentümern, sondern auch Muslime und alle möglichen modernen Religions- und Gotteskritiker, präsent. So wurde die Vielfalt der Perspektiven auf religiösen Glauben noch einmal verstärkt.

Erstmals im sechzehnten Jahrhundert lässt sich der lateinische Begriff *historia religionis* nachweisen. Zunächst wurde er relativ vage gebraucht: Parallel zu Begriffen wie *historia ecclesiastica*, Kirchenhistorie oder Kirchengeschichte diente er als Titel für positivistische Auflistungen wichtiger Ereignisse aus der Geschichte der christlichen Kirchen und für die

Sammlung von lebensgeschichtlichen Daten einflussreicher Theologen und Glaubenszeugen. Der Begriff konnte auch für Berichte über Ursprung und Entwicklung der jüdischen Religion sowie für Darstellungen fremder Religionen in Anspruch genommen werden. 1697 veröffentlichte der in Helmstedt lehrende evangelische Theologe Gebhard Theodor Meier eine berühmte *Historia religionum*, eine Art Universalgeschichte der drei monotheistischen Religionen. Hier werden nicht nur Glaubensweisen, liturgische Praktiken, lebensbestimmende Riten und Zeitordnungen im Vergleich dargestellt, sondern auch die jeweils bestimmenden Vorstellungen vom Wesen und Handeln Gottes – natürlich zugunsten des im religionshistorischen Evaluationsverfahren als besonders erfolgreich dargestellten Christengottes protestantischer Prägung.

Die Ordnungsbegriffe und Deutungsmuster der frühneuzeitlichen *historiae religionis* sind kaum untersucht. So ist nur wenig bekannt über die Urteilsstereotypen und normativen Konzepte, mit denen die zumeist christlichen Verfasser die religiösen Überzeugungen und rituellen Praktiken von Menschen anderer Religionen wahrnahmen. Auch die Muster der Abgrenzung von (christlicher) Kirchengeschichte und allgemeiner Religionsgeschichte sind erst in vagen Umrissen erforscht. Neben stärker beschreibende Darstellungen traten im Übergang zum siebzehnten Jahrhundert komparatistische *historiae religionis*, in denen mit theologischen Distinktionsfiguren wie etwa der Unterscheidung zwischen dem zum Heil erwählten Volke Gottes und den Heiden ein exklusiver Wahrheitsanspruch des Christenglaubens gerechtfertigt werden sollte. Gerade das divinalsemantische Feld wurde nach überkommenen jüdisch-theologischen wie christlich-theologischen Modellen der Offenbarungsgeschichte überaus klar strukturiert. Analog zur alten, schon von den Kirchenvätern entwickelten normativen Unterscheidung von *vera religio* und *religio falsa* stellten die christlichen Theologen dem einen guten, in der Heiligen Schrift Alten und Neuen Testaments sich sukzessiv offenbarenden dreieinigen Schöpfer und Erlöser die vielen Götter der Heiden gegenüber, wobei, mit überkommenen Argumentationsfiguren der philosophischen *theologia naturalis*, der sich biblisch selbst offenbarende Gott mit dem Vernunftgott der philosophischen Metaphysiker in eins gedacht wurde. Das Verhältnis zwischen dem eigenen einen und dreieinigen Gott und den vielen Göttern der anderen beschrieben nicht nur die Theologen, sondern auch die christlichen Philosophen und Juristen im Sinne der radikalen Fremdgötterkritik des Alten Testaments: Die Götter der alten Griechen und Römer wie der übrigen Heiden etwa seien nur Phantasiegebilde menschlicher Einbildungskraft, bloß gemacht, mehr oder minder willkürlich erfunden, Imaginationsartefakte, an die zu glauben oder denen zu vertrauen nur in Unheil und Verderben führen könne. Diese ganz fundamentale, auf Luthers Auslegung des ersten Gebots anspielende Interpretation bestimmte entscheidend noch den Idolatrie-Diskurs vieler philosophischer wie theologischer Aufklärer im späten siebzehnten und achtzehnten Jahrhundert. Gern warfen sich die Streitenden hier wechselseitig «Abgötterey» vor.

Götter sind nicht alle gleich, und erst recht müssen christliche Gottesgelehrte den eigenen dreieinig einen Gott möglichst prägnant von den irritierend vielen anderen Göttern der Religionsgeschichten der Menschheit unterscheiden. Je größer die Zahl der Götter, desto stärker der Zwang zur klaren Götterunterscheidung. Je mehr man im Zuge der europäischen Expansion ferne Menschen, «Wilde», mit ihren fremden Gebräuchen und Glaubenswelten entdeckte, desto unübersichtlicher und komplexer wurde die religiöse Welt. Die bei den Gelehrten als besondere Professionstugend geltende historische Neugier und speziell das von den Humanisten geweckte Bildungsinteresse an der Antike, vor allem der Griechen und der Römer, sowie die von den Theologen mit neuen, historisch-kritischen Methoden intensiv betriebene Bibelforschung, gerade auch des Alten Testaments, provozierte zudem die schwierige Einsicht, dass die vorchristlichen Religionsgeschichten Europas und des Vorderen Orients ungleich vielfältiger, widersprüchlicher, konfliktreicher gewesen waren als man in den überkommenen Deutungsschemata hatte wahrnehmen können. Ägyptomanie tat ein Weiteres, um bald zu erkennen, dass in der Menschheitsgeschichte deutlich mehr Götter und gottähnliche Heilsgestalten verehrt worden waren als bis dahin vermutet oder gewusst. Ignoranz kann sich nicht leisten, wer die große unbekannte Welt erobern und andere Menschen missionseifrig von der Überlegenheit des eigenen Gottes überzeugen will. Je mehr und schneller die Zahl der neu entdeckten «Götter», «Gottheiten» und auch «Halbgötter» zunahm, desto dringlicher wurde das

Bedürfnis, das immer dichter bevölkerte Pantheon der vielen Göttergestalten begrifflich zu ordnen. Die gelehrten Religionsexperten begannen seit dem frühen siebzehnten Jahrhundert, neue religionshistorische Wissensordnungen zu entwerfen, indem sie theotypologische Neologismen prägten. Mit Blick auf diese Klassifikationsbegriffe gibt es gegenwärtig bei wissenschaftshistorisch interessierten Theologen, Religionswissenschaftlern und sonstigen Religionsdeutern noch manchen gelehrten Streit und viele offene Fragen. Selbst zentrale «Götterkategorien» – mit diesem Terminus operiert der Religionswissenschaftler Günter Lanczkowski – sind begriffshistorisch kaum erforscht. Immerhin lassen sich für Bezeichnungen wie Monotheismus, Polytheismus, Pantheismus, Theismus, Deismus und Panentheismus einige erste, vorläufige Hinweise geben.

Der derzeit früheste Beleg für «Monotheismus» findet sich bei dem in Cambridge lehrenden Platoniker Henry More, Fellow des Christ's College, der schon bei den Zeitgenossen dafür bekannt war, seinen Texten durch neue Kunstwörter Aufmerksamkeit zu verschaffen. In *An Explanation of the Grand mystery of Godliness* (1660) will er die Überlegenheit des christlichen Monotheismus gegenüber heidnischen Monotheismen erweisen: «But this to make the world God is to make all and therefore this kinde of monotheisme of the heathens is as rank atheisme as their polytheisme was proved to be before.» Jüdische Kritik an der christlichen Trinitätslehre weist der fromme More zurück, und ausdrücklich negiert er in seinem 1680 erschienenen Traktat *Apocalypsis Apocalypseos* den Anspruch der Juden, die konsequenteren Monotheisten zu sein: «They [gemeint sind: the Jews] destroy the worship of the son of God under an ignorant pretence of monotheisme.»

Der Begriff «Pantheismus» scheint erst im frühen achtzehnten Jahrhundert geprägt worden zu sein. John Toland, der englische Deist und radikale Aufklärer, spricht 1705 in *Socianism truly stated* von «the Pantheists ..., of which number I profess my self to be one». Der niederländische Theologe Jacques de la Faye benutzt in seiner *Defensio Religionis* (1709) dann erstmals den Begriff Pantheismus, der sich schnell durchsetzt. In seinen *Origines Judaicae sive Strabonis de Moyse et religione Judaica historia* bringt Toland den Pantheismus im selben Jahr lateinisch auf die Formel «nullum dari Numen a materia & compage mundi hujus distinctum, ipsamque naturam, sive rerum Universitatem, unicum esse & supremum Deum» – «es gebe kein von der Materie und diesem Weltgebäude unterschiedenes göttliches Wesen, und die Natur selbst, i. e. die Gesamtheit der Dinge, sei der einzige und höchste Gott» –, was Leibniz als ein irreführendes bloßes Wortspiel ablehnt. Doch spätestens Tolands *Pantheisticon* aus dem Jahre 1720 verhilft dem Begriff zur Durchsetzung, in Deutschland vor allem durch Johann Christian Edelmann.

Der Ausdruck «Panentheismus» scheint im Umkreis von Novalis geprägt worden zu sein, der im Jahre 1798 schreibt: «Die Zeit muß kommen, wo politischer Entheism und Pantheism als nothwendige Wechselglieder aufs innigste verbunden sein werden.» Polytheismus geht auf das antike *polytheotäs* zurück, ist aber als Neubildung «polythéisme» erst bei Jean Bodin in seinem 1580 erschienenen Traktat *De la Démonomanie des Sorciers* nachweisbar. Im späten achtzehnten und im gesamten neunzehnten Jahrhundert werden zur akademischen Vermessung des Götteruniversums weitere Ordnungsbegriffe geprägt, beispielsweise «Henotheismus» und «Kathenotheismus» durch Max Müller in seinen einflussreichen *Vorlesungen über den Ursprung und die Entwicklung der Religion* von 1880. Der Alttestamentler Rudolf Smend untersucht 1893 in seiner *Alttestamentlichen Religionsgeschichte* die innige «Gemeinschaft» zwischen «Stamm und Stammesgottheit» oder auch «Stammesgott», bei anderen Autoren «Stammgott» genannt, und er weiß, wie der von einem Volksstamm verehrte «Stammesgott» entsteht: «Dies starke Gemeingefühl, das die Glieder des Stammes verbindet, führt nun aber auch zum Glauben an einen besonderen Stammesgott.» Und auch in der Gegenwart geht das Intellektuellenspiel von Götterordnung durch Neologismenproduktion munter weiter: Jan Assmann hat mit weltweitem Erfolg den «Kosmotheismus» der alten Ägypter in Umlauf gebracht, und Peter Sloterdijk spricht in seinem neuen Buch über den «clash of monotheisms» von Moses «summotheistischem Affekt» und von einem Islam, der seine beiden «Vorgängermonotheismen» zu überblicken und zu korrigieren vermag.

Götter streiten gern und viel, und so muss man sie durch Ordnungsbegriffe unter Kontrolle zu halten versuchen. Oft wurden theotypologische Termini in der erklärten Absicht eingeführt, sich von überkommenen christlich-theologischen Normkonzepten freizumachen und distanzierter die überraschend große Vielfalt der von den Menschen verehrten Götter beschreiben und analysieren zu können. Häufiger spiegeln sie aber die «impliziten Axiome» (Dietrich Ritschl) und die eigenen religiösen oder religionsdistanzierten Positionen derer, die sie prägen und verwenden. Divinalanalytische Begriffe wandern zudem, nicht zuletzt durch Vermittlung der Theologen, allmählich in die Selbstbeschreibungen religiöser Gemeinschaften ein und werden im bildungsfrohen achtzehnten Jahrhundert bald schon auf den Kanzeln und in populartheologischen Traktaten benutzt. Was systematischer, rational distanzierter Ordnung des Gottesdiskurses dienen sollte, wird vom Diskurs selbst aufgesogen und bald als Begriffswaffe im innerchristlichen konfessionellen Streit oder im Deutungskampf der konkurrierenden Monotheismen benutzt. Schon lange vor dem seit 1785 tobenden «Pantheismusstreit» dienen «Deismus», «Pantheismus» und «Spinozismus» als Kampfbegriffe, mit denen man Andersdenkende als Atheisten oder Christusfeinde, Gegner des «persönlichen Gottes» der Christen, denunzieren kann. Wer als Spinozist enttarnt wird, verliert nicht selten seine Pfarrstelle oder seinen Lehrstuhl. Auch werden Ordnungsbegriffe zur Abgrenzung von den Juden benutzt. Der preußische Historiker Heinrich Leo, ein konservativer lutherischer Anti-Hegelianer, wirft in seinen *Vorlesungen über die Geschichte des jüdischen Staates* (1828) den Juden etwa vor, im Unterschied zu den christuskonkreten Christen einen nur «abstrakten Monotheismus» zu vertreten. In der jüdischen Gegenkritik etabliert der Mediziner und Religionsphilosoph Salomon Ludwig Steinheim die Unterscheidung zwischen einem «schlechten Begriffs-Monotheismus» und einem persönlichen und vernünftigen «Offenbarungs-Monotheismus».

Adolphe Pictet führt in *Les origines indo-européennes ou les Aryas primitifs* (1859–1863) den Begriff «monothéisme primitif», deutsch «Urmonotheismus», ein, um der These Geltung zu verschaffen, dass am Anfang der Menschheitsgeschichte der Eingottglaube gestanden habe und man erst später an viele Götter zugleich geglaubt habe – eine These, die von christlichen Religionswissenschaftlern und Theologen, allen voran 1912 vom Steyler Missionar Pater Paul Wilhelm Schmidt in seiner klassischen Studie *Der Ursprung der Gottesidee*, aus apologetischen Gründen zwar ethnographisch vielfältig zu verifizieren versucht wurde, aber inzwischen als falsifiziert gilt.

Die Prozesse der Prägung, Aneignung, Deutung und Umdeutung solcher Klassifikationsbegriffe sind offen, und während des gesamten neunzehnten Jahrhunderts treten immer wieder Gelehrte aus ganz unterschiedlichen Disziplinen auf, die um einer prägnanteren Religionsdeutung willen neue Ausdrücke erfinden. Besonders originell agiert hier der weltberühmte Biologe Ernst Haeckel, der seinen neodarwinistischen Evolutionismus wissenschaftsreligiös auflädt und sich als grandioser Erfolgsautor von *Die Welträtsel* (1899) in Rom 1904 als Gegenpapst der Monisten inthronisieren lässt; auch ein biologistischer Wissenschaftsglaube scheint Autoritätsgaranten mit lehramtlicher Unfehlbarkeit zu benötigen. Dem von ihm als zutiefst irrational und unwissenschaftlich bekämpften «Theismus» der Christen, Juden und Muslime will er eine strikt biologisch begründete «Theo-Physik» entgegensetzen, deren «Allgott» oder «Pantheos» er mit «der Natur» gleichsetzt.

Den überkommenen christlichen Theismus verwirft Haeckel als «Theomystik», deren «Personal-Gott» er auch «Schulgott» oder «ontheos» nennt. Polemische Kritik an der traditionellen Religion, speziell des kirchlichen Christentums und hier vor allem der römisch-katholischen Kirche, und analytisches Interesse an einer prägnanteren Erfassung des negierten «Personal-Gottes» sind dabei eng verknüpft. Als die «wichtigsten Unterarten der theistischen Begriffsbildung» gelten ihm «Polytheismus, Triplotheismus, Amphitheismus und Monotheismus». Und in Fetischismus und Dämonismus sieht er noch unüberwundene Vorformen des Polytheismus, in deutlich antirömischer Absicht: Entgegen der üblichen, auch gegenwärtig oft zu hörenden Behauptung, dass *das* Christentum eine der drei monotheistischen Weltreligionen sei, deutet der ursprünglich protestantisch sozialisierte Haeckel den Katholizismus als eine polytheistische Glaubensweise. In *Die Welträtsel*, allein in Deutschland zu Hunderttausenden verkauft, spricht er vom «katholischen Polytheismus», in dem die Heiligen «untergeordnete Gottheiten sind»; für den Jenaer Gelehrten ist das ein Polytheismus «auf niederer Stufe» im Verhältnis zum hellenischen Polytheismus als «auf der höchsten Stufe geläutert». Solche Ordnungsbegriffe sind eben hochgradig interpretationsoffen und können je nach Zeit, Ort und Interesse mit ganz heterogenen Bedeutungsgehalten gefüllt werden. Es gibt in der europäischen Moderne keinen gelehrten Diskurs über Religion, der nicht selbst immer schon in die religiösen Kulturkämpfe zwischen Protestanten und Katholiken oder kirchlich Altgläubigen und nachchristlich Neugläubigen sowie in die theologischen Ideenkriege – etwa den Streit um die «Persönlichkeit Gottes» oder den «Atheismusstreit» um 1800 – verwickelt wäre. Die theotypologischen Ordnungsbegriffe werden von konkurrierenden Akteuren mit je eigenem Bedeutungsgehalt gefüllt, woraus viel gelehrter Streit entsteht, der eine Pluralisierungsdynamik im religiösen Feld verstärkt.

Die Geschichte der modernen Begriffe, Vorstellungen, Bilder und Metaphern Gottes und seiner vielen neu entworfenen Konkurrenzgötter ist noch kaum erforscht. In sprachgeschichtlichen Perspektiven lässt sich jedoch schnell erkennen, dass sich das religionssemantische Universum und hier speziell der Gottessprachkosmos seit dem siebzehnten Jahrhundert kontinuierlich ausdehnt. Lexika und gelehrte Enzyklopädien des siebzehnten und achtzehnten Jahrhunderts bieten zum Gottesbegriff ein differenziertes, zugleich klar strukturiertes semantisches Feld. Johann Christoph Adelung kennt in seinem *Grammatisch-kritischen Wörterbuch der Hochdeutschen Mundart* neben dem einen Gott der Juden, Christen und Muslime etwa noch «obere Götter», «untere Götter», «Halbgötter», «Himmelsgötter», «Höllengötter», «Waldgötter» sowie auch verschiedene «Göttinnen». Belegt sind zudem im Singular wie Plural «Abgott» und «Götze» sowie «Haupt-» und «Nebengötter». Zur Götterunterscheidung dienen überdies Begriffe wie «Hausgötter», «Stammesgötter», «Wettergötter», «Gestirngötter», «Nationalgötter» und so weiter; später dann auch «Lokalgötter» und «Untergötter». In entlegenen Texten des achtzehnten Jahrhunderts kann man auf den «Windgott» stoßen, der bei Heinrich Heine als «Windgötze» weht, oder auf den «Strahlengott», den Friedrich Leopold Graf zu Stolberg als griechischen Apoll und Johann Heinrich Voß als Dionysos identifiziert. Neptunus ist der «Seegott» oder «Gott des Meeres», aber auch die Merowinger halten, nach Gustav Freytags *Bildern aus der deutschen Vergangenheit*, einen «Seegott, der als Stier aus der Salzfluth getaucht war, für ihren Urahnen». Zudem entdecken die Religions-

Viele Aufklärungstheologen lassen sich von Herkules am Scheideweg betören. Augustin Dupré zeichnet um 1800 diese Allegorie für das souveräne Volk.

gelehrten «Fruchtbarkeitsgötter», spezielle «Jägergottheiten» und, in Übersetzung des *deus fluvialis*, eine «Flußgottheit» oder den «Flußgott»: In den vielen Göttern gewinnt aber auch der «Trugesgott» große Eigenmacht, der den Sterblichen einredet, dass sie gottgleich sind. Umgekehrt gilt: «etliche Erdengötter vergessen oft, dass sie Menschen sein».

Je heiliger der Hain, desto zahlreicher die Götter. In Jena und Weimar, Bad Homburg und Tübingen werden sie um 1800 besonders intensiv besungen. Hier begegnet man halbchristlichen Dichtern, die nichts als «Gottkünder» sein wollen, und kirchenfernen Gelehrten, die «Gotteswissenschaft» als höchste menschliche Erkenntnisleistung überhaupt betreiben. Wo die Kirchen, eng eingebunden in die politische Herrschaftsordnung, als autoritär und repressiv erfahren werden und ihr alter Gottvater im philosophischen Streit an Überzeugungskraft verliert, flüchtet man sich gern in antike Gegenwelten, die man sich als paradiesisch lebensheitere Göttergärten vorstellt. Gerade Kandidaten der protestantischen Theologie, die oft lange Jahre als Hauslehrer darben müssen, suchen sich Kompensationsgötter zum tristen Alltag. In ihrem gelehrten Interesse an nichtchristlichen Göttern spiegelt sich auch die schmerzreiche Erfahrung, dass sich der alte kirchliche Vatergott und der Vernunftgott der Philosophen nicht mehr gut vertragen und sich die metaphysischen Begriffsfundamente ihrer behaupteten Identität auflösen. Begeistert schreiben diese jungen Theologen etwa Studien über die vier «Planetengötter» Hesiods, die «Liebesgöttin» Aphrodite, die «Schicksalsgöttin» Tyche, die beiden «Rechtsgöttinnen» Themis und Eunomia sowie den «Himmelsgott» Zeus und die «Göttermutter» Demeter; die Gelehrten sprechen hier von «Einzelgöttern», die sie von jenem «Allgott» oder «Urgott» unterscheiden, der mit dem «Geist» oder «Weltgeist» die Welt im Innersten zusammenhält. Gern treffen sie Herkules am Scheideweg. Und bei Hesiod finden sie die Vorstellung vom «erstentstandenen Urhebergott».

Oft steckt im gelehrten Interesse an alten, fernen Göttern auch eine mehr oder minder offen formulierte Liebeserklärung. Die gelehrte Neugier, in der Vergangenheit des Menschengeschlechts oder auf anderen Kontinenten immer neue Götter zu entdecken, ist jedenfalls sehr groß. Bazon Brock hat in seiner Kritik der modernen Kunstreligion von «Gottsucherbanden» gesprochen, ein ganz treffender Begriff für die hektische Göttersuche, die sich bei vielen kirchenfrustrierten Dichtern und Denkern seit 1770 beobachten lässt. Allein bei Schiller lassen sich neben der «Lebensgöttin» die «Meeresgöttin», die «Zwietrachtsgöttin», die «Schicksalsgöttin», die «Huldgötin», die «Todesgötter», der «Sonnengott», der «Stromgott», der «Pillengott» (für den sich als Arzt verkleidenden Apollo), der «Rachegott», der «Kriegsgott», ein griechischer «Hirtengott», die «Rachegöttin», die «Schreckensgöttin», die «Schwestergöttinnen», die «Schönheitsgöttin», der «Lebensgott», der «Flurgott» (für Pan), der «Siegesgott», die «Liebesgöttin» und der «Kriegsgott» nachweisen. Ähnlich götterproduktiv sind auch Goethe und Jean Paul. Hölderlin, der leidend Götternahe, klagt über «die Todesgöttin, die namenlose, die man Schicksal nennt». Herder, als Weimarer Generalsuperintendent einerseits kirchentreu und andererseits ganz neu-gierig, beschreibt kritisch einen in der Moderne besonders machtvollen alt-neuen Gott: den «Selbstgott», den egofixierten Menschen, der sich selbst zum Gott macht, erfunden von «Selbstgöttlern» und Heroen der narzisstischen Apotheose. Und Hegel bietet alle Kraft der spekulativen Vernunft auf, um den bloßen «Verstandesgott» vom «Vernunftgott» des reinen Begriffs zu unterscheiden, den er, anders als viele andere Gottesspekulanten, dann als Begriffsgestalt des vom christlich-religiösen Bewusstsein bloß «vorgestellten» dreieinigen Gottes deutet. Im bald sehr heftig tobenden Streit um die Christlichkeit oder Unchristlichkeit des Hegelschen «Panlogismus» stellt Heinrich Heine die Frage, ob ein Gott, dessen Wesen reine Liebe sei, wirklich «der dreifaltige Liebegott der Christianer» sei. Die «wundersamen Frauen in der alten nordischen Legende», die «Walküren», nennt er «schauerliche Luftgöttinnen, die, über den Schlachtfeldern einherschwebend, Sieg oder Niederlage entscheiden». Und natürlich werden auch neue Götterworte erfunden, um den «Judengott», «Jehovah», abzuwerten. Bei Grillparzer etwa ist «der bornierte jüdische Winkelgott» dem Gott des Homer dramatisch unterlegen. Und vieldeutig schillernd, auch in Konfessionspolemik verstrickt ist der populäre «Vizegott»: der Papst, der Mensch oder das Geld.

Ob all die protestantischen Theologen, die gottschwärmerischen Dichter und die pantheistisch begeisterten Philosophen den von ihnen so manisch erforschten und besungenen Göttern Glauben geschenkt haben? Eine bemerkenswert doppelbödige Antwort findet sich bei Wilhelm Traugott Krug, dem Nachfolger Kants und protestantisch vernunftreligiösen Rationalisten. Im Artikel «Götter» seines *Allgemeinen Handwörterbuchs der philosophischen Wissenschaften, nebst ihrer Literatur und Geschichte* erklärt er 1827: «*Götter* ist, streng genommen, ein verwerflicher Ausdruck. … Wenn man sagt: ‹Das wissen die Götter› – so nimmt man es eben nicht so streng und versteht unter *Göttern* überhaupt höhere Wesen als der Mensch, also *übermenschliche Wesen*. Daß es aber in diesem Sinne *Götter* gebe, leidet wohl keinen Zweifel, ob sie uns gleich nichts weiter angehn, da es durchaus keinen statthaften Beweis ihres Einflusses auf unser Wohl- und Wehesein giebt, wenn es auch der Einbildungskraft schmeichelt, sich einen solchen Einfluß vorzustellen.»

Die Könige werden gestürzt, und der unsterbliche Mensch macht sich im revolutionären Ersatzkult selbst zum Gott. «Die doppelte Trompete», 1791.

Doch kann man sich Götter vorstellen, die existieren, aber den Menschen nichts angehen?

Aus dem gelehrten Religionsdiskurs der Theologen und Philosophen, aus Glaubenstexten wie Gebeten, Bekenntnissen, Traktaten, Predigten und Selbstzeugnissen sowie aus diversen Bildungsromanen und dramatischen Texten sind zahlreiche Gottes-Composita belegt, in denen mögliche Einstellungen des Menschen zum Göttlichen präzisiert werden: «Göttersinn» bei Goethe, «Göttersucht» bei Schiller, «Gottesader» bei Friedrich Heinrich Jacobi, viel «Gottesgegenwart» bei Herder. Gern wird mehr «Gottesdienst» und «Gottesfurcht» eingeklagt. Deutungen von Religion als Praxis der «Gottesbewunderung» lehnt Herder ab. Heinrich

Heine diagnostiziert auch den «Gotteswahnsinn» – was Richard Dawkins, der populärste Trivialatheist der Gegenwart, gar nicht bemerkt hat. Die religiöse Sprache kennt seit spätestens dem sechzehnten Jahrhundert zudem den «Gotteskempfer» (Martin Luther), und im Vormärz treten bei Gottfried Kinkel überdies «Gotteskrieger» auf, die ihren «Gottesstreit» (bei Georg Herwegh) austragen.

In kreativer Fortschreibung der alten metaphysischen Attributenlehre, der begrifflich hoch differenzierten Lehre von den Eigenschaften Gottes – Allweisheit, Allwissenheit, Ewigkeit und so fort –, entwickeln Glaubensdichter und Gottesdenker seit dem späten siebzehnten Jahrhundert in freier Imagination Gottes oder der Götter zahlreiche neue Gottesinsignien und Eigenschaften des Höchsten. Der «Gottesgröße» sucht etwa Johann Caspar Lavater zu entsprechen, indem er «Gotteswürde» betont. Neben die alte akademische Theologie der «Gottesgelehrten» tritt nun noch eine eigene «Gottseligkeitslehre» und «Gottseligkeitswissenschaft», die untersucht, welche Wirkungen eine «Gottesidee» jeweils im Menschen entfaltet. Je heftiger die Geltungskraft des alten kirchlichen Gottes umstritten ist, desto intensiver werden hier neue «Gottesbilder» produziert.

Schon früh war die Kreativität der Künstler mit der Schaffenskraft des Schöpfergottes verglichen worden. In die Gottesgeschichten von Neuzeit und Moderne gehören auch die Apotheosen von bildenden Künstlern und Schriftstellern zu gottgleichen Weltenschöpfern. Das alte Motiv vom schöpferischen Menschen als *secundus deus* prägt insbesondere die Geniedebatten des ausgehenden achtzehnten Jahrhunderts. Johann Gottlieb Herder bezeichnet Shakespeare als «Schöpfer, Dichter, dramatischer Gott», der als «Dolmetscher der Natur» und «Vertrauter Einer Gottheit» «kein Dichter», sondern selbst «Schöpfer» gewesen sei, ein «Sterblicher mit Götterkraft». Novalis erhebt die Vergöttlichung jedes Menschen zum ästhetischen Bildungsprogramm: «die menschliche Gottwerdung bedeutet das Entstehen neuer Götter außerhalb Gottes». Jeder und jede Einzelne soll «selbst Gott werden». Denn: «Gott will Götter.» Jean Paul feiert die Poesie als «die einzige Friedensgöttin der Erde und der Engel.»

Gelehrte Versuche, begriffliche Ordnung ins dicht bevölkerte Pantheon zu bringen, hatten immer eine starke normative Komponente und

Das Dillinger Votivbild erinnert an die Bedrohung durch die Armee des Generals Jean-Victor-Marie Moreau. Unbekannter Künstler, 1796.

blieben bis in feinste begriffliche Distinktionen hinein teleologischen Progressmodellen verpflichtet: Der universalgeschichtliche innere Gang des menschlichen Wissens von Gott wurde (zumeist) als Aufstieg aus vielen dunklen naturreligiösen Anfängen zur reinen Geistigkeit des einen transzendenten Schöpfergottes konstruiert, oder anders: als Überwindung mythischer Göttervielfalt durch den einen Herrscher Himmels und der Erden, der keine anderen Götter neben sich toleriert, unduldsam unbedingte Verehrung einklagt und sich nur als reiner absoluter Geist materialisiert. Je naturferner und abstrakter, desto wirkmächtiger und durchsetzungsfähiger sei Gott, lautete die entscheidende theo-logische

Voraussetzung dieser Glaubenshistoriographie. Aber für die Divinaldiskurse der europäischen Neuzeit ist signifikant, dass dieses Modell des Fortschritts von den vielen Spezialgottheiten der Natur zu dem einen erstursächlich transzendenten Geistgott immer auch infrage gestellt wurde: durch Pantheisten, die die christliche Vorstellung vom *deus incarnatus* in Konzepte der Allpräsenz Gottes in allem Seienden umdeuteten, durch Urmonotheisten, die aus der behaupteten historischen Priorität des einen Gottes exklusive Geltung ableiten wollten, oder durch Religionsskeptiker, die Gott in jederlei Gestalt für ein grausames Divinalmonster hielten, das menschliche Freiheit bedrohe.

Zu den zahlreichen aufgeklärten und idealistischen Versuchen, Vernunft in die Religionsgeschichten zu bringen, bilden die vielen Remythisierungstendenzen einen starken Kontrast, die sich überall in Europa seit dem späten achtzehnten Jahrhundert immer wieder beobachten lassen. Keine Aufklärung ohne Romantik, keine Zweckrationalität ohne kompensatorische Wertrationalität. Zwischen 1780 und 1820 erscheinen im deutschen Sprachraum Hunderte von Büchern zur Religionsthematik, und gerade die Produktion von Gotteslehren hat Hochkonjunktur. Proklamieren die einen ihren «Vernunftgott», so setzen die anderen ihm heiter tanzende, entspannte «Göttersöhne» oder «Göttertöchter» entgegen – den «Göttergatten» bringt dann erst Franz Lehár auf die Operettenbühne. Die traumatisierenden Erfahrungen von Revolution und Terreur nähren aber auch einen ersten modernen Apokalyptik-Boom mit einem «zornigen, eifernden Gott», der «Weltgeschichte» zu seinem «Weltgericht» macht (Friedrich Schiller): Vor allem der große Historiker Jules Michelet deutet in seiner siebenbändigen *Histoire de la Révolution française* (1837–1853) die Revolution als «Tag des Weltgerichts». Und Napoleon wird von vielen Frommen als ein Schreckensherrscher gezeichnet, den Gott zur Strafe für den sündhaften Hochmut des modernen Menschen geschickt hat. Nun tritt der eine alte Christengott verstärkt in ganz unterschiedlicher Gestalt auf. Dazu tragen im frühen neunzehnten Jahrhundert primär die modernen Nationalismen bei, geben sie dem einen christlichen Gott doch unterschiedliche Nationalgestalt, etwa als «deutscher Gott» in den Befreiungskriegen. «Götter in Uniform» (Ernst

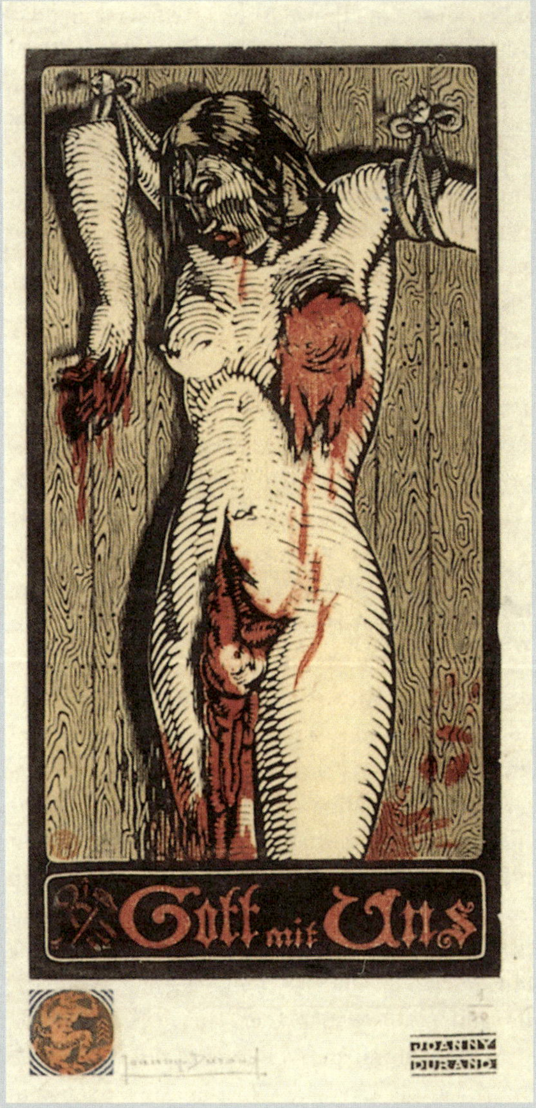

Die Götter der Nation sind grausame Divinalmonster: «Gott mit uns». Kolorierter Holzschnitt von Joanny Durand, 1917.

Kantorowicz) führen nun viele «heilige Kriege» gegeneinander, und dem Christengott werden Attribute des alten «Schlachtengottes» der Germanen beigelegt. In der Philosophie, von Hegel ausdrücklich als ein «im Dienste der Wahrheit fortdauernder Gottesdienst» gefeiert, lässt sich um 1800 eine paradoxe Gleichzeitigkeit von ungleichzeitigen «Gottesbegriffen» beobachten: «höchstes Wesen», «allervollkommenstes Wesen», «erste intelligente Ursache alles Seienden», «Allurgrund», «Allbeseeler», «Allvernunft», «Alleines», «Weltgeist», «Übergott», «Urquell des Guten», «transzendenter Grund der Freiheit», «absoluter Geist», «theonomes Urprinzip», «Ursprungsmacht» und so fort.

Prozessen theologischer Rationalisierung entsprechen im neunzehnten Jahrhundert immer neue avantgardistische Resakralisierungsbewegungen, die von charismatischen Religionsintellektuellen, neuen Propheten und Frohboten fürs Ganzheitliche getragen sind. In den Debatten über *Der alte und der neue Glaube* – so der Titel von David Friedrich Strauß' literarisch außerordentlich erfolgreichem letzten Buch aus dem Jahre 1872 – wandern mit dem Zweifel am alten Gott viele neue Götter ins Pantheon der europäischen Moderne ein. Wer von einem neuen, höheren «Menschentum» die Erlösung von den Übeln des Jammertals erwartet und das Himmelreich auf Erden schon errichten will, muss den «neuen Menschen» zeugen, wozu ganz dringend ein «neuer Gott» gebraucht wird. Mit dem Relevanzverlust des kirchlich institutionalisierten Christentums werden Heilsenergien freigesetzt, die nun Diesseitigem Erlösungskraft vermitteln: Innerweltliche Instanzen wie das Volk, die Kunst, der nationale Staat, die Klasse, das Leben, die freie Liebe – Sex als Heilsgarant –, auch die Rasse und die Natur werden zum allbegründenden, alldurchdringenden *ens realissimum* hypostasiert. Sektengleiche Diesseitsreligionen schaffen sich ihre je eigenen Götter mit je eigenen Visionen wahren Menschentums, also mit je eigenen Ethiken.

Die Expansion des divinalsemantischen Universums beschleunigt sich in einer zweiten glaubenssprachlichen Sattelzeit zwischen 1890 und 1930. Im Unterschied zur ersten Sattelzeit, die stark von der «Erfindung» einer aufklärerisch-idealistischen Glaubenssprache zur «theonomen» Fundierung menschlicher Autonomie bestimmt war, ist es nun, im Zeichen einer vielfältig erlittenen Entfremdungskrise der Moderne, die Suche

Die Göttin der Freiheit trägt der Arbeiterbewegung das Banner der Humanität voran. Unbekannter Künstler, um 1890.

nach neuer «ganzheitlicher» Vergemeinschaftung, die religiöse Sprach- und Bildkraft befördert. Neben den Marxisten, die mit Marx im Geld den «Gott der bürgerlichen Gesellschaft» sehen, und allen möglichen Freidenkern sind es synkretistische Weltanschauungsgruppen wie die Freimaurer und die Anthroposophen, nationalreligiöse Bewegungen wie die Deutschgläubigen, Lebensreformbewegungen wie die Vegetarier und die Freikörperkulturbünde, die, erlösungssüchtig und heilsgewiss, in glaubenssprachlicher Kreativität konkurrieren. «Ritualgötter», «Wertegötter» – für Kantianer sind dies nur «Wertgötzen» –, «Kampfgötter für Muskeljuden», «Privatgötter», «Gruppengötter» und «Geniegötter» werden nun ebenso beschworen und angebetet wie «Zeitgötter» und «Protestgötter der Leidenden». Die Arbeiterbewegung sammelt sich hinter der «Freiheitsgöttin». Dem alten Gott der Kirchen machen im Kaiserreich zahlreiche Neu-Götter der diversen religionsreformerischen Bewegungen Konkurrenz, die die rationalistisch kalte Welt kapitalistischer Zweckrationalität durch neue «Ganzheitlichkeit» überwinden wollen. Die einen pilgern kunstreligiös nach Bayreuth, die anderen tanzen mit Johannes Müller in Schloss Elmau. Mit Schopenhauers Hilfe tritt nun auch Buddha gern in Europa auf, und der erlösungssüchtige Nietzsche predigt die Wiederkehr des Zarathustra – mit der Folge, durch seine heilige Elisabeth selbst zu einem gottgleichen Wahrheitskünder erhoben zu werden. Eugen Diederichs baut aus all dem eine «Verlagsreligion» mit vielen unterschiedlichen Reformgöttern zusammen, die aber andächtige Devotion und harte Glaubensleistung einfordern; Ähnliches kehrt hundert Jahre später in Suhrkamps «Verlag der Weltreligionen» wieder. Im Chicagoer «Weltparlament der Religionen» können Götter aus aller Welt nun ihre Repräsentanten interreligiöse Visitenkarten austauschen lassen. Je kälter die Zeit, desto heißer das Herzensglühen nach dem erlösenden Gott.

In S. Fischers *Neuer Rundschau* publiziert der Mathematiker Felix Hausdorff unter dem Pseudonym P.[aul] M.[ongré] 1904 den Essay *Gottes Schatten*: «Todesfälle bei Göttern sind schwer zu konstatieren. Es liegt nicht in der Art dieser Wesen, richtig und unwiderruflich zu sterben.» «Um die Mitte des vorigen Jahrhunderts, zur Zeit der Hegel, Feuerbach, Schopenhauer, Darwin, Marx, Helmholtz, war Gott schon einmal sehr tot, jedenfalls sehr viel gründlicher tot als heute, nach fünfzig Jahren. Und doch, er muß wohl nur scheintot gewesen sein, da er wieder sehr lebendig ist.» «Gott ist lebendiger denn je, es riecht bedenklich nach Theoform im europäischen Seelenlazarett.» «Und die Nachfrage ist so gewaltig, daß der alte Gott allein ihr nicht genügen kann.» «Überall sind die Herrgottsschnitzer am Werk; ... überall werden neue Religionen und restaurierte alte Religionen angeboten ...» Selbst die vielen Kirchenfernen, die den alten Christengott hassten, seien «gottbefangene Seelen». «Sie lassen sich Gott nicht mehr bieten, bewilligen aber Gottes Schatten, Masken und Verkleidungen; sie haben ... für den Theismus einen Theomorphismus eingetauscht; sie verweigern Gott in seiner festen Gestalt, nehmen aber große Mengen gotthaltiger Lösung, die viel gefährlicher berauscht, mit Entzücken zu sich.» Hausdorff deutet die Prozesse der Pluralisierung des religiösen Feldes und der Individualisierung des Glaubens als eine Art Privatisierung Gottes, so dass bald jeder nur noch seinen je eigenen Gott anbete. Darüber hinaus macht sich der Algebraiker über die neuen Gottesbegriffe lustig, die im naturwissenschaftlichen Weltanschauungsdiskurs verkündet würden: «Statt Gott Allseele, Weltatem, Zentralfeuer oder sonstwie». Hellsichtig erkennt er die starke Bindungskraft der neuen Ethno-Götter, mit denen man sich in der «Mystik des reinen Blutes, der Rasse, der Vererbung» vereinige.

Auch nach dem großen Krieg hat die Götterproduktion Konjunktur. «Inflationsheilige» (Ulrich Linse) klagen ebenso neue theozentrische Bindungsmacht ein wie die antihistoristischen Krisentheologen in Protestantismus und Katholizismus. Ihr Gott erhebt den Anspruch, auf einer *tabula rasa* reiner Gegenwart, jenseits aller geschichtlichen Vermittlungen, eine ganz neue Ordnung heraufführen zu können. Karl Barth macht mit einer steilen Offenbarungstheologie des reinen «Wortes Gottes» gegen den «Menschgott» der liberalen, kulturprotestantischen Vorkriegstheologie mobil.

Ebenso setzen die Meisterdenker der jüdischen Renaissance auf theonome Verschärfung und beschwören den *kairos*, den plötzlichen Einbruch des Unbedingten in eine zerfallende Welt der vielen Relativitäten. Der Zionist Isaac Breuer preist in seinen *Messiasspuren* 1918 die Einsicht, dass nicht individuelle Autonomie, sondern strengste «Gottesdiener-

Antisemitischer «Jehova»: Das antireligiöse russische Magazin «Bezbozhnik u stanka», «Atheistisch am Schreibtisch», lässt kein gutes Haar am Gott der Juden. 1923, Heft 5, Seite 4.

Wahlplakat der Bayerischen Volkspartei aus dem Jahr 1919. Entwurf von Hermann Keimel.

schaft» die wahre Forderung des Messianismus sei. Man mag darüber streiten, ob sich der Kommunismus, der Faschismus und der Nationalsozialismus als «politische Religionen» deuten lassen. Aber in den Debatten um eine «politische Theologie», die in den zwanziger Jahren intensiv geführt werden, dienen Gott und auch manche Spezialgötter dazu, radikales Entgrenzungsdenken zu begründen, das seinerseits Gewaltanwendung gegen politisch Andersdenkende legitimiert. Zugleich werden von den sowjetischen Atheisten nun Hassbilder Gottes verbreitet.

Zur forcierten weltanschaulichen «Götterkonkurrenz» tragen die zahllosen synthetischen Neugötter bei, die selbsternannte Lebenssinnproduzenten in ihren Glaubenslaboratorien aus Sakralelementen ganz unterschiedlicher Symbolsprachen und Transzendenzcodes zusammenbasteln. «Ethnogötter» aus den radikalnationalistischen Blut-, Boden- und Lebensraumkulten der Moderne eifern nun mit «Politgöttern» der politisch-theologischen Revolutionsromantiker von links und rechts darum, entgrenzte theomorphe Imaginationsräume mit dem je eigenen Gott so zu besetzen, dass partikulare historische Akteure, von der Bewegung über die Klasse oder die Partei bis hin zur reinen Rasse, sich selbst göttliche Attribute zuschreiben und einen kontrafaktisch unbedingten Tatwillen generieren können. Wo immer parlamentarische Kompromisssuche delegitimiert und entschieden antiwestliche Ordnungskonzepte entworfen werden, setzt man auf «neue Göttermacht», die sich dann nur noch charismatische Führer auserwählen muss, um entwurzelte Individuen wieder unbedingt zu vergemeinschaften. Und diese charismatischen Führer werden mit gottanalogen Attributen gefeiert. Die zeittypische Hochkonjunktur von Messianismus – dies ist ein politisch-religiöser Neologismus aus dem Jahr 1831! – erlaubt es, Mussolini den Messiastitel zu verleihen. Der Kulturphilosoph Erich Rothacker erklärt in seiner «Geschichtsphilosophie» Adolf Hitler 1934, also nach der erfolgreichen «deutschen Revolution» der Nationalsozialisten, ernsthaft zu einem «Halbgott».

Gern halten aufgeklärte Demokraten der Berliner Republik die Götterinflation der klassischen Moderne für ein rein historisches Phänomen. Aber wir leben seit den achtziger Jahren in einer dritten divinalsemantischen Sattelzeit. Von der ersten und der zweiten unterscheidet sie sich primär durch religiöse Globalisierungseffekte. Götter aus fremden Glaubenswelten und einst fernen Erdteilen können sich heute im Netz in Echtzeitkommunikation austauschen. Hier werden uralte Götter revitalisiert oder neue Kunstgötter in Divinalsynthese gezeugt. Goldene Kälber haben nicht nur auf dem Kunstmarkt Hochkonjunktur. Höchst unterschiedliche Götter erregen derzeit die Aufmerksamkeit nicht nur der Frommen. Kritische Analysen von «Gottesvergiftung» (Tilmann Moser) und «Gotteskomplex» (Horst-Eberhard Richter) haben die Götter nicht aus den Herzen vertreiben können. «Worauf Du nu … Dein Herz hängst und verlässest, das ist eigentlich Dein Gott.» Dass man in Zeiten global verschärfter Glaubenskonflikte viel von «Gewaltgöttern» und «Terrorgöttern» lesen kann, nimmt kaum wunder. Auch werden neuerdings «postmoderne Kuschelgötter», ein «Wohlfühlgott», «Wellnessgötter» und, wie könnte es anders sein, auch «Spaßgötter» gewünscht. Bei der Übertragung des «Wunders von Bern» erfindet der deutsche Rundfunkreporter Herbert Zimmermann am 4. Juli 1954 den «Fußballgott» – was Wilhelm Henke, den damaligen Landesbischof von Schaumburg-Lippe, von der Kanzel glaubenserregt gegen solche Blasphemie und Gotteslästerung protestieren ließ. Inzwischen bekreuzigen sich zahlreiche Spieler, wenn sie das Spielfeld betreten, und andere richten nach dem Torerfolg ihren Blick in den Himmel. Ob sie dem Höchsten für Beistand danken wollen?

Auch derzeit herrscht wieder Deitätenkonjunktur. Analog zum «Postulatengott» der Kantianer führen Verfassungs- und Staatsrechtslehrer gemeinsam mit Theologen gelehrte Debatten über die Frage, ob denn die «Präambelgötter» diverser europäischer und gerade auch deutscher Verfassungen noch mehr und anderes sind als nur deifizierte Staatsnotare im Bundespräsidentenformat. Sind diese Verfassungsgötter wirklich weltanschaulich neutral, oder werden mit ihrer autoritätssuggestiven Bindungsmacht bestimmte «Werte» oder gar «Grundwerte» als für alle Bürger bindend gesetzt? Wie auch immer – die Gegenwart des frühen einundzwanzigsten Jahrhunderts ist eine höchst götterproduktive Zeit. Literatur und Kunstbetrieb haben in den letzten Jahren zahllose neue Avantgarde-Götter kreiert. Aber natürlich werden im Gegenwartspantheon auch viele neue Trivialgötterstatuen aufgestellt, etwa «Pop-Idole» und «Pop-Götter».

Wie lässt sich die wachsende Theodiversität der Moderne erklären? Dies ist eine schwierige, analytisch komplexe und voraussetzungsreiche Frage, die das kontrovers diskutierte Verhältnis von internen und externen Faktoren in der Entwicklung von religiösen Deutungskulturen betrifft. Einige Vorschläge seien gewagt, bevor an zwei Beispielen die fromme Pluralisierung des dreieinig einen Gottes der Christen gezeigt wird.

Zunächst: Moderne Götterkonjunktur dürfte sich entscheidend einem seit dem späten achtzehnten Jahrhundert zu beobachtenden Wandel in der Kommunikation von Religion verdanken. Beanspruchten einst Theologen ein Deutungsmonopol für das Christliche, wollen nun auch Religionsphilosophen und Religionswissenschaftler ihre Deutungen christlicher Symbole öffentlich machen. Neben traditionelle religiöse Akteure wie etwa die Kirchen mit ihren hauptberuflichen Gotteskündern oder die Synagogengemeinden treten seit der Wende zum neunzehnten Jahrhundert zahlreiche andere Sprecher, die Glaubenswahrheiten verkünden und Heilsgewissheit vermitteln wollen: freie Schriftsteller, fromme Literaten, Journalisten, Religionsintellektuelle und die Lebenssinnprediger der gerade in Deutschland um 1900 sehr präsenten neureligiösen Gruppen und frommen Lebensreformbewegungen. Auf einem weithin unregulierten religiösen Ideenmarkt kann der eine alte Gott individuell, nach eigenem Glaubensgusto angebetet werden. Der Abbau religiöser Sozialkontrolle – niemand kann mehr zum Kirchenbesuch gezwungen werden – erlaubt die Privatisierung und Individualisierung all jener Symbolbestände, für die traditionell die Kirchen eine exklusive Deutungs- und Verfügungsmacht beansprucht hatten; ein Glaubenskontrollprogramm, das selbst im Katholizismus, trotz Unfehlbarkeit des päpstlichen Lehramts und rigiden Kirchenrechts, nur noch eingeschränkt funktioniert. Das Auftreten neuer, institutionell nicht gebundener religiöser Akteure bringt alle möglichen Neu-Götter auf den theologischen Ideenmarkt, auch durch freie experimentelle Kombination ganz heterogener Divinalelemente. Gerade solche Götter leben gern über ihre Verhältnisse. Sie beobachten einander, und sie sind nicht selten neidisch auf Eigenschaften ihrer Nebengötter. Viele Götter sind unendlich eitel. Sie fürchten die «Gotteslästerer» und wollen nicht alt aussehen. Sie beklauen einander und eignen sich schöne Attribute eines anderen Gottes an. So entstehen in der pluralistischen Glaubensmoderne vielfältig schillernde Melange-Götter. Andere zeichnen Insignien weltlicher Macht in ihr Götterselbstbild ein. Und wieder andere haben schlicht Angst, nur ein «Göttlein» zu sein. So suchen sie sich größere Divinalaura zu verschaffen, indem sie sich selbst Attribute des alten Eingottes zuschreiben.

Sodann: In der Gegenwart hat sich grenzüberschreitende religiöse Ideenkommunikation vielfältig beschleunigt. Analog zur kapitalistischen Globalisierung und in ganz engem Zusammenhang mit dem Mega-Phänomen Migration lassen sich auch starke Tendenzen religiöser Globalisierung beobachten. Wer in die Ferne wandert, nimmt seinen Gott gern mit. Er stiftet auf Wanderwegen Trost, kompensiert migrationsspezifische Risiken und bietet in der unbekannten neuen Ankunftsgesellschaft ein Stück Heimat am Hausaltar. So bringt man den eigenen Gott in einen ganz neuen kulturellen Kontext. Aller religionshistorischen Erfahrung nach ist das ein das Göttliche stärkender Inkulturationsprozess. Der europäische «Göttermarkt» expandiert, weil schon seit dem neunzehnten Jahrhundert außereuropäische Götter nach Europa gebracht werden. Derzeit findet intensive religiöse Kommunikation in *transnational social spaces* statt. Im World Wide Web lässt sich viel theologischer Ideenraub und Gottesbildtausch beobachten. Elemente der einen Divinalsoftware lassen sich unschwer in die Gottesbildsprachen eines anderen Anbieters hineinkopieren, oder es werden, wie immer schon in den religiösen Laboratorien einer entzweiten, Sinnhunger stimulierenden Moderne, von Divinalingenieuren ganz unterschiedliche Theostoffelemente zu neuen Synthesegöttern zusammengefügt – Götterzeugung durch Divinalsynthese aus dem Ideenbaukasten. Und der ganz triviale Sachverhalt, dass man mit «innovativen» Gottesbildern auch gute Glaubensgeschäfte machen kann, dürfte die Einbildungskraft Interessierter stimulieren. Für Luther war Mammon nur ein höchst erfolgreicher Abgott. Aber unter den Bedingungen eines globalen Kapitalismus zeugt dieser Gott der ursprünglichen Akkumulation zahlreiche Neugötter. Zu den Schattenseiten der pluralistischen Glaubensmoderne gehört es, dass gerade die Halbseidenen, Unseriösen ihre Marktnischen finden.

Weiterhin: Viele moderne Theophanien folgen religionshistorisch uralten Modellen von Apotheose. Traditionell bezeichnete man so die Erhebung eines Menschen zu einem Halbgott oder Gott. Schon in der Antike glaubten viele Menschen, dass große Helden oder außerordentliche Persönlichkeiten ins Götterfirmament aufstiegen und als Götter zu verehren seien. In Neuzeit und Moderne sind Apotheosen vielfältig transformiert worden, etwa in den politischen Heroenkulten der modernen Staatsnation. Schon im ekklesiologischen Diskurs des siebzehnten Jahrhunderts wird «Gottesvergessenheit» als sündhafte «Selbstanbetung» des Menschen gedeutet, so etwa in Angelus Silesius' *Ecclesiologia, oder Kirche-Beschreibung* aus dem Jahre 1677. Im schnellen Wandel der politischen

Manch Münchner Modezar hält sich für einen Gott. Nur Daisy darf ungeachtet ihrer Tierwürde nicht mitfliegen: Apotheose des Rudolph Moshammer. Gemälde von Matthias Koeppel, 2005.

Ordnungen und Systeme bleibt der Hang zur Selbstmonumentalisierung der Herrschenden eine wichtige Konstante. Und wer vom Einzelnen heroischen Einsatz, gar Selbsthingabe für die Nation verlangt, muss kompensatorisch Himmelsaufstieg offerieren können. So werden modernen Kriegshelden gern Divinalinsignien zuerkannt. Gewiss, die Vernünftigen wissen, dass apotheotisch erzeugte Götter oft keine lange Lebenserwartung haben. Göttliche Diven aus der Filmbranche koksen viel und sterben früh. Manch junger «Flankengott» sieht schon am nächsten Spieltag sehr alt aus. Manch Münchner Modezar erfährt spontane Apotheose.

Obendrein: Wer moderne Gottesgeschichte schreibt, darf von der politisch entgleisten Moderne nicht schweigen. Viele neue Götter sind nur

Machtschattengewächse – der Begriff stammt von Ottfried Fischer – in den unheiligen Hainen der politischen Religionen. Die totalitären Ideologien des zwanzigsten Jahrhunderts spielen mit der Mystik des Volkskörpers oder der welthistorischen Erlösungskraft der Klasse und brauchen Divinalgehalt, um ihre gigantischen ideologischen Illusionsmaschinen und Unterdrückungsapparate am Laufen zu halten. Ihre Polit-Götter bewirken, dass die reale Unfreiheit des Einzelnen für höhere kommunitäre Freiheit aller gehalten wird. Und ihre «Führer» brauchen *god slang*, um Legitimitätsfiktionen zu erzeugen. Bei den Nazis klingen die Gottesbekenntnisse so fromm, dass selbst viele professionelle «Gottesmänner» aus beiden Kirchen und prominente Universitätstheologen dem Gottesbildmaler aus Braunau am Inn auf den völkischen Leim gegangen sind. «Wer die Hand an das höchste Ebenbild des Herrn zu legen wagt, frevelt am gütigen Schöpfer dieses Wunders und hilft mit an der Vertreibung aus dem Paradies.» Der Satz stammt aus *Mein Kampf*. Und gerade im totalen Krieg wird Gott gebraucht: «For you don't count the dead when God's on your side», singt Bob Dylan. Selbst liberale Demokratien produzieren, wie Philipp Manow in seinem glänzenden Essay *Im Schatten des Königs* soeben noch einmal gezeigt hat, politische Mythen und bedürfen metaphysischer Transzendenzstützen. Gewiss, das Imaginäre wandelt sich, aber auf lange Sicht ist Gott in allerlei Gestalt ein überraschend starker «Modernisierungsgewinner» (Hermann Lübbe) geblieben.

Schließlich: Der moderne freiheitlich-demokratische Rechtsstaat fördert ungewollt und indirekt die Evolution neuer Götter. Indem er ein vorstaatliches Grundrecht auf Religionsfreiheit anerkennt, gibt er selbst Spinnern die Chance, öffentlich ihren Privatgott zu preisen. Moderne Religionsfreiheit lässt sich als «administrativer Artenschutz» (Jürgen Habermas) für Gottesglauben aller möglichen Art und Couleur deuten. Sie entfaltet Theotopschutzfunktion und wirkt zugleich als ein Verschiedenheitsgenerator. In traditionalen, vormodernen Gesellschaften war wohl keine andere Sphäre des Lebens so genau reguliert wie die Religion. Immer wieder markierten die beiden entscheidenden alteuropäischen Ordnungsmächte, die politischen Obrigkeiten und die kirchlichen Autoritäten, ganz enge Grenzen des religiös Sagbaren – das zeigen Straftatbestände wie Gotteslästerung und die grausamen Strafen in den Prozessen gegen die sogenannten «Zungensünder», die der Blasphemie bezichtigt wurden. Auch die modernen europäischen Rechtsstaaten kennen mehr religionsbezogene Delikte als den meisten Bürgern bewusst ist. Zudem werden in einigen Staaten, etwa in Großbritannien, derzeit Gesetzesentwürfe mit dem Ziel vorbereitet, die demonstrative öffentliche Missachtung des Glaubens anderer zu unterbinden – auch eine Folge des Karikaturenstreits und der peinlichen Bereitschaft europäischer Intellektueller und Politiker zu vorauseilender Selbstzensur und *appeasement* gegenüber Frommen, die aus Glaubensgründen kein Grundrecht auf Meinungsfreiheit in religiösen Fragen anerkennen. Rechtlich stark institutionalisierte, das heißt als vorstaatliches Grundrecht anerkannte Religionsfreiheit hingegen wirkt als eine Entgrenzung des Diskursraumes. Man darf in Glaubensfragen über Gott und seine Götterkonkurrenten sagen, was einst als Tabu galt. Individuelle Glaubens- oder Unglaubensüberzeugungen können nun öffentlich propagiert werden, die früher als nonkonform, häretisch, die öffentliche Ordnung gefährdend unterdrückt wurden.

Der Bonner Altphilologe Hermann Usener hat 1896 den Begriff der «Funktionsgötter» geprägt. Wer wachsende Theodiversität erklären will, muss nach der Funktion oder den Funktionen fragen, die Gott, oder genauer: ein Gott, für diejenigen erfüllt, die ihn anbeten und als heilbringend verkünden. Viele moderne Gottgestalten sind für den Schutz bestimmter sozialer Gruppen zuständig, die ihre spezifischen Sicherheitsbedürfnisse und Identitätswünsche auf sie projizieren. Gerade Minderheiten – und in rechtsstaatlich verfassten liberalen pluralistischen Gesellschaften nimmt deren Zahl stetig zu – schaffen sich ihre eigenen theoformen Identitätsgaranten und Emanzipationsgötter.

Viele der neuen Götter dienen als *uncertainty manager*, die unter den Bedingungen modernitätsspezifisch gesteigerter Kontingenzerfahrungen – statt Schicksal immer mehr Zufall – ein umfassendes Risikomanagement für das Leben insgesamt leisten: Sie bieten jene tragende Gewissheit, die sich in der Bindung an endliche Evidenzmächte nicht erschließen mag. Zur Diversifikation der Götterangebote tragen zudem die in modernen Gesellschaften fortwährend geführten Kulturkämpfe und kontroversen Moraldiskurse bei.

In wachsender Theodiversität zeigt sich ein wesentliches Strukturelement: Ganz unterschiedliche Sprecher benutzen zentrale Religionssymbole, etwa das Wort «Gott». Aber dies bedeutet keineswegs, dass sie dies auf dieselbe Weise tun und sich an die dem Wort «Gott» traditionell verbundene Bedeutung gebunden fühlen. Dass Menschen in moderner Apotheose zu Göttern oder Halbgöttern erhöht werden, kann vor dem Hintergrund sowohl der jüdischen als auch der christlichen Überlieferungen nur als Missbrauch des Wortes «Gott» oder als blasphemische Regression in Personenkult und Heldenmythos erscheinen. So, wie konkurrierende politische Akteure die allen vertrauten Grundbegriffe der politisch-sozialen Sprache wie Freiheit, Gleichheit und Menschenrechte unterschiedlich verwenden und verstehen, können von religiösen Akteuren spezielle Termini auf jeweils eigene Art und mit jeweils eigenem Bedeutungsgehalt benutzt werden. Religiöse Begriffe kennen stärker noch als politische keinen definitiv fixierbaren «Bedeutungsraum» (Reinhart Koselleck). Denn religiöse Sprachen sind semantische Systeme eigener Art. Sie spiegeln Erfahrungen des Numinosen, Gefühle elementarer Abhängigkeit, Bewusstsein von Schuld und Sünde, Hoffnungen auf Erlösung und das Bedürfnis, den kontingenzbestimmten Lebensgeschichten der Individuen und dem oft grausamen Gang der Geschichte einen letzten, alle Negativitätserfahrungen transzendierenden «Sinn» abzugewinnen. Religiöse Sprache hat insofern immer – und verstärkt in der glaubenspluralistischen Moderne – einen konfessorischen Grundton, der für individuelle Glaubensgewissheit oder die emotionsdicht bindenden letzten Überzeugungen einer Gemeinschaft stehen. Sie lässt sich, seit Schleiermacher kann man dies wissen, niemals von Subjektivität ablösen und wird mehr als andere Sprachen des Menschen von persönlichen Sinninvestitionen und spezifischen Gebrauchskontexten, Funktionszusammenhängen bestimmt. «Gott» kann im politischen Tageskampf auch klassen- oder schichtenspezifisch verwendet werden. Und die Bedeutung eines glaubenssprachlichen Wortes wird entscheidend vom konkreten Gebrauch mitbestimmt: Das Wort «Gott» hat bei einer christlichen Beerdigung auf dem Friedhof einen ganz anderen Klanggehalt als in der Esoterik-Abteilung der Bahnhofsbuchhandlung.

Die Religionsgeschichten der Moderne lassen sich als Geschichten des permanenten Kampfes um die symbolischen Ressourcen schreiben, die zunächst in den alteuropäischen religiösen Traditionen und zunehmend auch in außereuropäischen Überlieferungen zur Verfügung stehen und für jedermanns Gebrauch oder auch Missbrauch offen sind; denn es gibt unter den Bedingungen der Moderne keine autoritative Instanz mehr, die den «Bedeutungsraum» eines glaubenssprachlichen Wortes, etwa des Komplexwortes «Gott», hoheitlich verwalten und seine Grenzen verbindlich definieren könnte. Gewiss, es finden sich viele Wörter, die eine diachrone Kontinuität zu verbürgen scheinen: kaum eine Glaubenssprache ohne das Wort «Gott» oder die Metapher «Himmel». Aber daraus lässt sich nicht ableiten, dass ein protestantischer Sprecher um 1700 mit «Gott» genau dasselbe meint wie ein orthodoxer jüdischer Sprecher am selben Tag oder ein protestantischer zweihundert Jahre später. Und auch synchron ist die Tatsache, dass sehr viele von «Gott» reden, kein hinreichendes Indiz dafür, dass sie dies alle mit derselben Intention und mit irgendeiner allseits geteilten Vorstellung der Bedeutung dieses Wortes tun. Man muss deshalb die Auseinandersetzungen studieren, in denen konkurrierende Glaubensdeuter sich überkommene Begriffe aneignen und, gegen andere, mit ihrem je eigenen Bedeutungsgehalt zu füllen versuchen. Wem dies gelingt, wer im öffentlichen Glaubensdiskurs erfolgreich seine Variante durchzusetzen vermag, der hat starke kulturelle Deutungs- und Gestaltungsmacht gewonnen. Wachsende Theodiversität erklärt sich auch daraus, dass unter den spezifischen Bedingungen der Moderne, durch institutionalisierte kritische Beobachtung (etwa in Gestalt der «vierten Gewalt») und Dauerreflexion, allseits der Bedarf an Legitimität steigt. Die dazu zur Verfügung stehenden Transzendenzcodes sind jedoch ein knappes Gut, weshalb es einen intensiven Dauerstreit um die Symbolressourcen gibt, die man aus der Tradition hat. Eine Alternative besteht in dem Versuch, durch Gottimport – besonders beliebt ist hier ein verklärter, idealisierter Ferner Osten – und kreative Erfindung den gesuchten Sinngehalt zu beschaffen. Angesichts der starken kulturellen Prägekraft christlicher Überlieferungen richtet sich das Interesse der meisten am Glaubensdiskurs beteiligten Akteure aber darauf, das christliche Imaginäre zu besetzen. Und so gibt es den Christengott in der Moderne in ganz vielspältiger ideologischer Gestalt.

Gottesbilder können höchst unterschiedlich ausfallen. George Condo bringt 2007 den «Anthropomorphismus» auf seinen individuellen Bildbegriff: «God».

Stets werden die neuen Götter in einer für religiöses Bewusstsein fundamentalen Projektionslogik imaginiert: Sie werden als nicht-gemacht gemacht, gesetzt als nicht-gesetzt. Schon im antiken Religionsdiskurs war von einzelnen Denkern betont worden, dass nicht Gott den Menschen, sondern der Mensch sich seine Götter schafft. Im Theogonie-Diskurs – der Theogonie-Begriff findet sich schon bei Hesiod, Herodot und Platon – über die Entstehung und Genealogie der Götter ist immer auch das Wissen darum präsent gehalten worden, dass der Mensch zugleich auch über sich selbst sinnt, wenn er über den Ursprung von Gott und Kosmos nachdenkt: kein Gottesbild ohne implizites Menschenbild. Für den Renaissance-Philosophen Lucius Apuleius ist der Mensch «nicht nur Bildner seiner selbst, sondern zugleich auch ‹Götterbildner›». Als Ludwig Feuerbach den einen Gott und zugleich auch die vielen Götter als «Illusion» des Menschen und bloßen «Selbstbetrug» entlarven wollte, sprach der in Zürich lehrende Systematische Theologe Alois Emanuel Biedermann, ein genialer Späthegelianer, 1849 kritisch von Feuerbachs These einer «Projektion der endlichen Subjektivität in die Unendlichkeit». Andere Hegelianer, Karl Rosenkranz etwa, nahmen den Projektionsbegriff in ihren Feuerbach-Kritiken schnell auf. Seitdem kann man oft lesen, dass der eine Gott und die vielen Götter nur «Projektionen» des endlichen Subjekts in einen unendlichen Imaginationsraum sind. Aber das Göttliche ist bedeutungsschwierig und voraussetzungsreich. Die These, dass die Götter nur «hinausprojizierte Wünsche des Menschen sind», besagt nicht viel für ihren möglichen epistemologischen und erst recht ontologischen Status. In seiner *Geschichte der Metaphysik* (1899/1900) hat Eduard von Hartmann gegen Feuerbach bemerkt: «Nun ist es ganz richtig, dass darum etwas noch nicht existiert, weil man es wünscht; aber es ist nicht richtig, dass darum etwas nicht existieren könne, weil man es wünscht. ... Wenn die Götter Wunschwesen sind, so folgt daraus für ihre Existenz oder Nichtexistenz gar nichts, sondern nur, dass man subjektiv prädisponiert sein könne, unwillkürlich auch auf unzulängliche Gründe hin das zu glauben, was man wünscht, und dass deshalb in solchem Falle doppelte kritische Vorsicht bei der Prüfung aller Gründe und Gegengründe von nöten sei.»

Gewiss, Götter können in unterschiedlichen Metaphern, Souveränitätskonzepten, symbolischen Codes oder philosophisch-theologischen Begrifflichkeiten vergegenwärtigt werden. Aber immer ist für das «religiös vorstellende Bewußtsein» (Hegel) eine Essentialisierungsdynamik, ein

Manche Fromme tragen ihre Bekenntnishaut zum Glaubensmarkte: «Dios es Amor» – «Gott ist Liebe», heißt es im 1. Johannesbrief 4,16.

bestimmter Modus ontologischer Hypostasierung grundlegend. Wer von Gott oder den Göttern redet, gerät unter Konsequenzzwang. Trotz ihres christologisch begründeten Wissens um die Kreuzesohnmacht des Gottessohnes Jesus von Nazareth haben christliche Theologen fast zweitausend Jahre lang immer wieder die Allmacht Gottes proklamiert. Aber kann ein Gott als allmächtig gedacht werden, der den vielfältigen Missbrauch nicht zu verhindern vermag, der von allen möglichen Leuten Tag für Tag mit ihm getrieben wird? Zu den vergleichsweise frühen Gotteskomposita der deutschen Sprache gehört die «Gottschänderei», betrieben vom «Gottschänder». Manche Gedankenlosigkeit im Umgang mit Gott wirkt in der Tat wie eine Schande des Denkens. Auch Götter, die «nur» Projektionen menschlicher Wünsche sind, entfalten Wirkungsmacht. Man kann zwar mit einem «südwestdeutschen Neukantianer» wie Georg Jellinek die kritizistische Einsicht pflegen, «Volksgeister» seien nur Spukgestalten, was analog auch für Volksgötter und die vielen Spezialgötter der Moderne gilt, aber auch der eigene Spuk-Gott kann den Leuten Angst einjagen. Die amerikanischen Soziologen William Isaac Thomas und Dorothy Swaine Thomas haben 1928 die Reflexivität subjektiver Wirklichkeitsdeutungen auf die Formel gebracht: «If men define situations as real, they are real in their consequences.» Dies gilt gerade für religiöses Bewusstsein. Seine Weltdeutungen sind immer stark subjektiv, aber zugleich auch handlungsbestimmend. Religiös vorstellendes Bewusstsein wird durch eine spezifische Kopräsenz von vorstellendem, produzierendem Ich und seine Produktivität abblendendem Ich geprägt. In religionssymbolischen Diskurswelten eignet den seit den diversen *linguistic turns* gerade von deutschen Geistes- und Kulturwissenschaftlern ubiquitär gebrauchten Begriffen wie «invented», «erfunden», «fiktional» und überhaupt «sozial konstruiert» deshalb nur wenig Erschließungskraft. *The social construction of Divinity* hat auf seine fromme Weise schon Luther am ersten Gebot verdeutlicht. Menschen lieben ihren Gott auf ganz unterschiedliche Weise.

Glaubenssprachen sind auf metaempirische Akteure bezogen: den Schöpfergott, den Herrn Jesus Christus, den Heiligen Geist, den Messias, aber auch Allah, die Engel, die Dämonen, Satan und ganze Teufelsheere. Man mag diese Akteure ausnahmslos für von Menschen «erfundene» Mentalgestalten halten. Und man mag mit Kants kritizistischen Analysen des menschlichen Erkenntnisvermögens, mit den religionskritischen Meisterdenkern des neunzehnten und frühen zwanzigsten Jahrhunderts oder den radikal konstruktivistischen Kulturdeutern des späten, posttotalitär pluralistischen zwanzigsten Jahrhunderts den hochgradig konstruktiven oder auch «fiktionalen» Charakter der Handlungssubjekte des religiösen Bewusstseins behaupten. Aber die derzeit so modische *agency* entfalten sie auch dann, wenn ihr ontologischer Status höchst prekär ist. Die Nation ist nur eine Erfindung, lehren uns heute die Historiker, die früher so gern die heroischen Nationalgeschichten zur Herleitung und

Rechtfertigung des *nation building* schrieben. Aber ihre kluge Einsicht schließt nicht aus, dass die moderne Idee der Nation eine starke, unbedingte Bindungsmacht entfalten konnte. Gedanken, Vorstellungen, Visionen können die präreflexive Bindung ans Hier und Jetzt, an das Realitätsprinzip relativieren. Gerade religiöse Ideen und Glaubensgewissheiten können in Imaginationsräume für das ganz andere, Transzendente führen. Gottesideen und Glaubensgedanken entfalten eine besonders starke und folgenreiche Bindungskraft. Sie wecken fromme Emotionen, sind in Herz und Seele präsent und können «Gottvertrauen» erzeugen, das, selbst wenn dem falschen Gott vertraut wird, ein existentielles «Urvertrauen» in die Sinnhaftigkeit von Welt, Geschichte und eigenem Leben bleibt.

Wer derzeit von Gott und Göttern redet, muss den neuen Monotheismusstreit erwähnen. Jan Assmann hat im faszinierenden Konzept der «Mosaischen Unterscheidung» eine sehr klare Antithese zwischen dem einen, unbedingt fordernden, exklusiven und darum intoleranten und gewaltfördernden Gott einerseits und den heiteren, einander im Großen und Ganzen gut ertragenden vielen Göttern andererseits markiert. Retrospektiv gewendete Begriffe Carl Schmitts – etwa die moralisch aufgeladene Denkfigur von Freund und Feind – dienen dem Heidelberger Ägyptologen dazu, den Götterkanon der Antike zu ordnen, zu strukturieren und daraus zugleich religionspolitisches Orientierungswissen für eine Gegenwart abzuleiten, die sich, etwa in Gestalt des politischen Islamismus oder des derzeit wieder brandschatzenden Hindu-Nationalismus, weltweit mit neuer Glaubenskonfliktdramatik konfrontiert sieht. Aber Assmanns Modell des Einen Gottes, der sich den vielen anderen Göttern entgegensetzt, ist allzu übersichtlich, reduktionistisch. Es suggeriert falsche Alternativen und leistet bei nicht wenigen Rezipienten ungewollt der Feindbildproduktion Vorschub. Inwieweit es Erschließungskraft für das Alte Ägypten aufweist, können nur kundige Ägyptologen beurteilen. Zur Deutung der Gottesbildgeschichten der Moderne und zur Analyse der hochkomplexen religiösen Lage der Gegenwart sind Assmanns Distinktionen alles andere als hilfreich. Denn er operiert mit einem viel zu dogmatischen, eindimensionalen Konzept von Monotheismus und folgt

Eine Nonne nimmt ihren blutüberströmten Christus in Empfang. Die Miniatur einer unbekannten Dominikanerin aus Straßburg war in ein Stundenbuch eingeklebt. Zweite Hälfte des fünfzehnten Jahrhunderts.

allzu brav den christlichen Theologen, die lange Zeit gedacht haben, ihr Gott der Bibel trete immer nur als Eingott auf. Aber nicht nur diachron, in der bald zweitausendjährigen Geschichte christlicher Gottesreflexion, sondern auch synchron, in ungleichzeitiger Gleichzeitigkeit, ist der biblische Gott höchst unterschiedlich vorgestellt, gedacht und ins Bild gesetzt worden. Assmann unterschätzt die perspektivische Vielfalt in den Imaginationen des einen Gottes.

Für meinen eigenen Deutungsvorschlag sind Begriffe leitend, die zunächst widersprüchlich erscheinen mögen: *pluraler Monotheismus* oder, wohl ein wenig zu artifiziell, *Polymonotheismus.* Was ist damit gemeint? In allen monotheistischen Kulturen lassen sich seit spätestens dem achtzehnten Jahrhundert und verstärkt in der Gegenwart tiefgreifende religionskulturelle Transformationsprozesse beobachten, die konventionellen Vorstellungen vom Eingottglauben elementar zuwiderlaufen. Religiöse Symbolsprachen sind durch eine außerordentlich hohe Ambiguitätstoleranz geprägt. Welche «Wirklichkeiten» bezeichnet werden, wenn von Gott, Allah, dem Teufel, dem Himmel, den Engeln, der Hölle, dem Jenseits, dem Heiland oder leider auch dem deutschen Christus die Rede ist, bleibt in religiöser Kommunikation eigentümlich vieldeutig und unbestimmt. Keine andere Sprache ist so interpretationsoffen und deshalb individualisierungsfähig wie Glaubenssprache. Hegel hat in seinen Berliner *Vorlesungen zur Philosophie der Religion* dem religiös vorstellenden Bewusstsein eine spezifische, starke Imaginationskraft zugeschrieben, eine nahezu unbegrenzte mythopoietische Produktivität. Religiöse Sprache besitzt einen spezifischen Reichtum an Bildern, Metaphern, Erlösungsnarrativen, Versöhnungssymbolen und Transzendenzchiffren, die je nach Ort, Zeit und Interesse von Individuen und kollektiven Akteuren unterschiedlich ausgelegt werden können. Sie zeichnet sich, im Verhältnis zu anderen Sprachwelten, zudem dadurch aus, dass hier metaempirischen Akteuren eine inkommensurabel starke Wirkmächtigkeit zuerkannt wird. Kein jüdischer Glaubensdiskurs ohne die Vorstellung der bleibenden Bundestreue Jahwes zu seinem auserwählten Volk; keine christlich-religiöse Sprache ohne schöpferisches Handeln des Vaters, Präsenz Christi im Abendmahl oder inspirierendes Wirken des Heiligen Geistes; kein muslimischer Vorstellungshorizont ohne erleuchtende Engel, göttliches Recht und die damit verbundene scharfe Ausgrenzung der Ungläubigen. Diese mangelnde «Gegenständlichkeit» oder Sichtbarkeit der fürs monotheistisch geprägte Glaubensbewusstsein entscheidenden göttlichen Handlungssubjektivität dürfte die Pluralität individueller Auslegungen und Aneignungen noch einmal steigern. Und gerade die elementare Vieldeutigkeit religiöser Vorstellungen scheint ihre besondere Faszinationskraft zu begründen. Religiöse Symbolsprachen erlauben es Gruppen wie Individuen, ihre jeweils besonderen Weltsichten, Lebensentwürfe, Vergemeinschaftungsvisionen und Heilserwartungen mit Unbedingtheitsanspruch auszudrücken.

Ganz weite, tendenziell unbegrenzte Interpretationsspielräume lassen

«Turkish Delight»: Die nackte Muslima von Olaf Metzel, 2006, will ihr Kopftuch nicht ablegen.

sich durch moderne Auslegungen der überkommenen biblischen Schöpfungsmythen illustrieren. Wer von Gottes guter Schöpfung redet, spricht implizit immer auch über Grundstrukturen der geschaffenen Wirklichkeit, Basisinstitutionen menschlicher Sozialität und ideale Ordnungen des

Zusammenlebens. Die Christentümer kennen jeweils einen reichen Bestand an ganz unterschiedlichen Interpretationen überlieferter Schöpfungsvorstellungen. Hier geht es immer auch um die Sakralisierung politischer Ordnungen. Religion hat sich niemals von «Politik» prägnant unterscheiden lassen. Gerade in der Moderne seit 1800 lassen sich keine theologischen Begriffe finden, die strikt metapolitisch der Verzweckung konkurrierender politischer Akteure entzogen wären. Selbst feinste christologische Distinktionen oder eschatologische Kategorien sind von interessierten politischen Heilsbringschuldnern machtpolitisch reformuliert worden: Christus, der Gottkönig, als Autoritätsgarant, oder Christus in seinem dreifachen Amte als König, Priester und vor allem Prophet, als Hoffnungsträger für eine ganz andere Politik. Die Theologiegeschichten der Moderne lassen sich ohne größere intellektuelle Anstrengungen in allen Konfessionen auch als Geschichten immer neuen Gottesmissbrauchs schreiben – leider. Keine relevante moderne Politideologie, die nicht divinalsemantisch oder gottesdestruktiv, atheistisch mit Unbedingtheitsaura empfohlen worden wäre.

Theologen sind in aller Regel nicht zur Radikalität konsequenter (Selbst-)Historisierung bereit, weil einen das Historisieren, wenn man es denn ernst nimmt, mit der nicht hintergehbaren Relativität des eigenen «Sehepunktes» konfrontiert. Sie haben deshalb nur wenig in entsprechende Forschung investiert und operieren fortwährend mit Begriffen, deren Historizität sie ausblenden. So kultivieren sie Blindheit gegenüber dem eigenen Tun. Spätestens seit dem frühen neunzehnten Jahrhundert verwenden sie beispielsweise den Begriff der *Schöpfungsordnungen*, der insbesondere in den liberalismuskritischen Renaissancen des römisch-katholischen Naturrechtsdenkens und in konservativ-kulturlutherischen Ordnungstheologien eine zentrale Rolle spielt. Indem bestimmte Basisinstitutionen der Gesellschaft als Schöpfungsordnungen gedeutet werden, gewinnen sie die sakrale Aura, nicht vom Menschen auf fiktionalen Urwiesen herrschaftsfreier Vertragsschließung gemacht, sondern von Gott selbst gestiftet zu sein; was Gott als gute Ordnung instituiert hat, darf der Mensch aber nicht verändern: «Was Gott zusammenfügt, soll der Mensch nicht scheiden», sagt Jesus im Matthäusevangelium, und es wird in christlichen Segensgottesdiensten anlässlich einer Trauung stets aufs Neue feierlich bekräftigt. Als Schöpfungsordnungen oder, so in der anglikanischen Debatte, *orders of creation* gelten im theologischen Diskurs des neunzehnten und zwanzigsten Jahrhunderts zunächst die Ehe und die Familie; aber auch der Staat beziehungsweise das weltliche Regiment ist für Protestanten eine gute Ordnung Gottes. Diese Sakralisierung sozialer und politischer Institutionen stattet sie mit unbedingter Verbindlichkeit und Bindungskraft aus, und wer sie nicht anerkennt oder sie unterminiert, setzt nur sein eigenes subjektives Wollen gegen den Gotteswillen – ein sündhaftes Unterfangen.

Unter dem Einfluss romantischer Geschichtskonzeptionen vom «Volksgeist» konnte im schöpfungstheologischen Diskurs seit den antinapoleonischen Befreiungskriegen (vielleicht auch schon zwei Jahrzehnte früher) auch «das Volk» in den Rang eines von Gott selbst gewollten und gestifteten welthistorischen Akteurs erhoben werden; der «Volksgeist» unterhielt nun eine divinalerotische Intimbeziehung mit Gott, dem absoluten Geist. Im Kontext der wachsenden Penetration theologischer Begrifflichkeit durch völkische Semantiken – ein Prozess, der sich seit den 1880er Jahren beobachten lässt – prägten konservativ-revolutionäre lutherische Theologen in den zwanziger Jahren den Begriff «Volksnomos», der nicht nur dem eigenen Volk eine spezifische Unmittelbarkeit zu Gott zuzuschreiben erlaubt, sondern auch völkische Reinheitsphantasien und Lebensraumkonzepte schöpfungstheologisch überhöht. Solche Ethno-Theologien, in denen durch Verknüpfung von Nationsmythen mit christlicher Symbolsprache das eigene Volk als von Gott selbst geschaffen und mit einem heiligen Territorium beschenkt erscheint, findet man keineswegs nur in nationalistisch besonders erregter Vergangenheit; sie werden auch gegenwärtig noch entworfen und politisch erfolgreich kommuniziert, besonders intensiv etwa in der russisch-orthodoxen Kirche oder in den orthodoxen Kirchen Rumäniens und Serbiens. Ebenso kämpfen prominente orthodoxe jüdische Gelehrte für jüdische Siedlungen in Palästinensergebieten, weil Jahwe selbst in seiner unverwechselbaren Bundestreue seinem auserwählten Volk das «heilige Land» gegeben habe – fromme Landnahmemythen uralter Vergangenheit als Handlungsskript für politische Konfliktverschärfung.

In solchen Ethno-Theologien kann sich das eigene Volk durch starke

Rückbindung an seinen Schöpfergott von anderen unterscheiden und zugleich Überlegenheit über diese gewinnen. Dieselben Schöpfungssymbole können aber auch für entschieden universalistische Ethiken der gleichen Würde aller Menschen in Anspruch genommen werden, etwa im Rekurs auf die Imago-Dei-Metaphorik in Genesis 1. «We hold these truths to be self-evident that all men are created equal, that they are endowed by their creator with certain unalienable rights, that among these are life, liberty and the persuit of happiness ...», heißt es in der Präambel der Unabhängigkeitserklärung der Vereinigten Staaten, einem Grundtext moderner universalistischer Schöpfungsethik. «Gottes gute Schöpfung» kann aber auch ganz anders politisch konkretisiert werden: In den ökopietistischen Lebensreformbewegungen des späten zwanzigsten Jahrhunderts diente der Schöpfergott als Moralgenerator, um uns zu einem «friedlichen Umgang mit der Schöpfung» zu mahnen. In diesen krisensensiblen Öko-Theologien hat die gedankenlose Rede von der «Bewahrung der Schöpfung» ihren Sitz im Leben; setzt sich der *homo oecologicus* als «Bewahrer der Schöpfung» in Szene, beansprucht er implizit eine gottgleiche Gestaltungs- und Herrschaftsposition – theologisch gesehen jenes «Gleichseinwollen mit Gott», das traditionell als Inbegriff sündhafter Hybris des Menschen galt.

In den achtziger und neunziger Jahren sind im deutschen Sprachraum, aus subjektiv guten Motiven, aber mit ruinösen Folgen für die Idee der Nachhaltigkeit im theologischen Begriffsgebrauch, zahlreiche hoch ideologische «ökologische Schöpfungstheologien» entworfen worden, in denen überkommene Schöpfungssymbole für eine ökopietistische Appellrhetorik reformuliert wurden: mit der trinitarischen Selbstdifferenzierung des Schöpfergottes ohne gedankliche Umstände zur Mülltrennung im Dreitonnensystem. Aber nur sehr selten sind religiöse Akteure dazu imstande, ihre extrem hohe religionssemantische Anfälligkeit für alle möglichen Ideologien wahrzunehmen. Das «Gottesdienst-Institut der Evangelisch-Lutherischen Kirche in Bayern» veranstaltete im Rahmen seines Fortbildungsprogramms am 8. November 2008 in Nürnberg den «Impulstag: ‹Godly Play›»: «Godly Play ist ein religionspädagogisches Konzept, das auf der Montessori-Pädagogik aufbaut und Kinder einlädt, eigene kreative Zugänge zu biblischen Geschichten sowie Antworten zu

Themen des Glaubens und Lebens zu finden. Der Impulstag gibt eine Einführung in Grundgedanken und Arbeitsweisen von Godly Play und reflektiert Anwendungsmöglichkeiten für unsere eigene Praxis im Kindergarten- bzw. Kindergottesdienst.» Bleibt nur die Doppelfrage, wer hier nun «kreativ» Gott spielen soll: die Kinder oder die Kindergärtnerinnen? Ob man im «Gottesdienst-Institut» der bayerischen Landeskirche jemals Grundeinsichten reformatorischer Theologie zur Kenntnis genommen hat?

Der eine Gott, von unterschiedlichen Akteuren auf jeweils eigene Weise gehört, ausgelegt und vergegenwärtigt – diese konfliktträchtige Konstellation lässt sich an strukturellen Entwicklungen im theologischen Diskurs verdeutlichen, die sich im Konzept der Milieutheologien erfassen lassen.

1906 veröffentlichte Albert Schweitzer eine große *Geschichte der Leben-Jesu-Forschung.* In faszinierenden Analysen der zahlreichen von Theologen seit dem späten achtzehnten Jahrhundert geschriebenen Bücher über Leben und Lehre Jesu von Nazareth zeigte er den hochgradig konstruktiven, projektiven Charakter der jeweils entworfenen Jesusbilder. Angesichts des geringen «objektivierbaren» historischen Wissens über Jesus, der seine jüdische Religion tiefgreifend reformieren wollte und mit Blick auf das schon bald hereinbrechende Reich Gottes zu radikaler Umkehr mahnte, war seine Gestalt eine ideale Projektionsfläche für ein religiöses wie theologisches Bewusstsein, das über bloße historische *memoria* hinaus die bleibende Gegenwartsrelevanz und Heilsbedeutung des «Herrn Jesus Christus» aufzeigen wollte. Schweitzer wies nach, dass die zahlreichen im neunzehnten Jahrhundert entworfenen Jesusbilder nur der Selbstvergewisserung einzelner kirchlicher Gruppen und gesellschaftlicher Akteure am Rande oder außerhalb der beiden großen Volkskirchen dienten. Der eine Jesus trat in höchst divergenten sozialen und religiösen Gestalten auf, die sehr viel mehr über ihre Produzenten als über den weithin unbekannten Glaubensmann aus Nazareth aussagten. So entstand gleich eine ganze Galerie von Jesus-Portraits, die die Bilderfrommen ratlos zurückließ: Kein Jesus glich hier dem anderen.

Romorientierte katholische Theologen zeichneten in ihrem ultramontanen Papstglauben Jesus als den Heilsgaranten, der mit der Berufung des Petrus die unerschütterliche Autorität dieses Amtes und später mehr noch die Unfehlbarkeit des Papstes in Lehraussagen begründet und die apostolische Sukzession in der theologisch als *secundus Christus* gedachten Kirche gestiftet habe. Theologen des Deutschkatholizismus, einer von Kleinbürgern und Proletariern getragenen vormärzlichen, zumeist demokratischen Oppositionsbewegung (deren führende Vertreter eine aktive Rolle in der Revolution von 1848/49 spielten), sahen den Handwerkersohn aus Nazareth hingegen als einen kirchen- und autoritätskritischen Tugendhelden, der gegen das korrupte jüdische Establishment der Pharisäer Emanzipation, Freiheit des Volkes, solidarische Gerechtigkeit und überhaupt Fortschritt eingeklagt habe. Vergleichbares zeigt sich in der breiten Jesusliteratur der Frühsozialisten und später zahlreicher anderer Vordenker der Arbeiterbewegung, in der entschieden die Volksverbundenheit des guten Menschen aus Nazareth und seine gelebte Solidarität mit den Armen betont wurde. Jesu Tod auf Golgatha deutete man hier als Justizmord der Herrschenden an einem edlen Sozialrevolutionär, dessen Freiheitsfackel man nun, in kämpferischer Distanz zur repressiven Staatskirche, weiter tragen müsse.

Im liberalprotestantischen Diskurs wurde Jesus indes zum exemplarischen Träger spezifisch bürgerlicher Kulturwerte wie Pflichtbewusstsein, Arbeitsfleiß, Tugend und Sittlichkeit stilisiert. Selbst die stärker an den überkommenen dogmatischen Lehrbeständen orientierten konservativen Kulturlutheraner schrieben nicht einfach die klassische kirchliche Christologie fort, sondern betonten viel stärker als die altlutherische Tradition die Selbstentäußerung Christi, des präexistenten Gottessohnes, in die Niedrigkeit des Menschendaseins, das er in asketischer Bereitschaft zur unbedingten Selbsthingabe demütig angenommen habe. Und im nationalprotestantischen und später auch völkisch-religiösen Diskurs stand der «deutsche», «germanische» und bald auch «arische Christus» im Zentrum eines durchaus gelehrten politischen Interesses, das sich niemals der eigenen mythopoietischen Produktivität inne wurde. Man kann die hohe Pluralität unterschiedlicher Jesusbilder unschwer an die nicht weniger hohe Vielfalt sozialmoralischer und religiöser Milieus vor allem in der Gesellschaft des Kaiserreichs ankoppeln und im Einzelnen zeigen, dass

Der gekreuzigte Frosch Martin Kippenbergers hat in Bozen einen heftigen Bilderstreit entfacht: «Zuerst die Füße», 1990.

sich ein religiös unverzichtbares Interesse an der konkreten Vergegenwärtigung des Heilsmannes aus Nazareth spiegelt – eine relevanzorientierte Aktualisierung, die immer auch die Angleichung der Jesusgestalt ans eigene Ich und die spezifische kollektive Identität des jeweiligen sozialmoralischen Milieus impliziert.

In der klassischen lutherischen Christologie war mit Blick auf die überkommene Zweinaturenlehre – Jesus Christus als wahrer Gott und wahrer Mensch – die Lehre von der *communicatio idiomatum* entwickelt worden, um die personale Einheit des Gottmenschen zu betonen: Die göttliche Natur nimmt die Eigenschaften der menschlichen an, und umgekehrt. Analog dazu lässt sich die zirkuläre Reflexivität der Produktion von Jesusbildern beschreiben: Der historische Jesus nimmt die Eigenschaften derer an, die ihn kollektiv erinnern und in Szene setzen. Zugleich steht dieser kollektive Akteur unter dem Zwang der eigenen Projektivität, er muss sich dem projizierten Jesusbild angleichen. Projektion ist kein einseitiger, sondern ein mehrdimensionaler Produktionsprozess: Das Projizierte wirkt in seiner relativen Eigenmacht auf das projizierende Subjekt zurück. In den Prozessen der fortschreitenden Angleichung von Projiziertem und Projizierendem wird das historisch ferne und kaum erkennbare jüdische Individuum Jesus von Nazareth immer mehr zu «unserem Herrn Jesus», dem – wie David Friedrich Strauß es in genialer Kritik des protestantischen Anti-Ultramontanismus genannt hat – «ultramaritimen», in Palästina umherwandernden Identitätsgaranten des christlich-frommen Bewusstseins. Man könnte diesen konstruktiven Vorgang Projektionsjesulogie nennen: sich sein Jesusbild machen. Aber religionsanalytisch plausibler ist es, den in sich reflexiven projektiven Mechanismus im Konzept der Milieuchristologien zu erfassen: der *deus incarnatus* als Garant der kollektiven Identität eines spezifischen Milieus, einer bestimmten Gruppe.

Mit seinem «gekreuzigten Grünfrosch» hat Martin Kippenberger die Imaginationslogik des religiösen Bewusstseins prägnanter erfasst als die Kurialprälaten aus dem Umkreis von Papst Benedikt XVI., die im heftig tobenden Bozener Bilderstreit 2008, wenig originell, brieflich gegen die «Verletzung religiöser Gefühle» protestiert haben. Gewiss, besonders fromme, glaubenskonservative Südtiroler fühlen sich beleidigt, weshalb das übliche bildkritische Protesttheater – Mahnwachen, Hungerstreiks, Leserbriefkampagnen – Druck auf Museumsleitung und Ausstellungsmacher ausüben sollte, den in seinen Händen Bierkrug und Ei – statt Wein und Oblate – haltenden Grünfrosch am Kreuz abzuhängen. Doch pocht das religiöse Bewusstsein auf seine modernitätsspezifische Autonomie, muss es auch die verfassungsrechtlich garantierte Autonomie der Kunst anerkennen lernen. Kippenberger erregt das christlich-religiöse Bewusstsein, weil es hier sehen kann, wie es in seiner visuellen Imaginationskraft funktioniert. Da es historisch fernen Akteuren unvergleichliche Gegenwartsbedeutung und Heilskraft sowie metaempirisch unsichtbaren Handlungssubjekten eine Aktionsmacht par excellence zuerkennt, braucht es greifbare Bilder seiner Imaginationsakteure, Fixflächen der Identifikation. So hat es Abertausende von Kreuzigungsszenen und Bilder von nahezu allen Stationen im Leben Jesu stimuliert: oft im Auftrag kirchlicher Autoritäten, die wenig lesekundigen Leuten die Heilsbotschaft nur in Christusbildern nahebringen konnten.

Das christlich-religiöse Bewusstsein hat sich androgyne Engel und apokalyptische Endzeitszenarien von der *annihilatio mundi* gemalt, dem Untergang alles Geschaffenen. Es hat, etwa auf grandios bunten und perspektivisch genial polyvalenten barocken Kirchendecken, sogar den erhöhten Herrn bildlich zu erfassen gesucht – ohne lange darüber nachzudenken, wie sich der himmlisch Erhöhte, dogmatisch korrekt: Jesus Christus im *status exaltationis*, vom Erdenblick aus himmelskorrekt wahrnehmen lässt. Aber dies ist eine religionspraktisch unsinnige Frage, die sich nur Theologenintellektuelle und andere protestantisch Bildskeptische stellen. Man kann solche religiöse Ikonomanie denkend distanziert «Veranschaulichen» nennen. Intellektuelle Anschauung, bewirkt vom *amor Dei intellectualis*, und visuelle Anschauung sind dabei jedoch prägnant zu unterscheiden. Wer das Absolute ins Sinnbild transportiert, droht es zu einem sinnlichen Gegenstand zu machen. Das tut weder dem Absoluten noch dem Gottesportraitisten gut. Gewiss, man kann die Knochen von Heiligen in die Altäre von Kirchen einbauen. Gut als *memento mori:* «Herr, lehre uns bedenken, daß wir sterben müssen, auf daß wir lebensklug werden» – also nicht mehr Zeit ans Leben, sondern mehr Leben in die Zeit bringen. Gut, weil lebensdienlich als *memento vitae;* aber schlecht für die Heiligen, die als Knochengerüste oder gar nur Knochenreste und Knochensplitter zur Altarschau gestellt werden, und mehr noch für die Frommen, die man lehrt, dass einige wenige Gottgetreue ganz heilig und die vielen anderen nur durchschnittsfromm sind. Oft erkennen die Frommen den Bildern der Heiligen magische Wirkkraft zu, keineswegs nur im Ikonenkult der Orthodoxen.

Albert Schweitzers Studie zeigt die Pluralisierung des «historischen Jesus» zur glaubensdienlichen Vielfalt ganz unterschiedlicher Jesusbilder. Was sich im neunzehnten Jahrhundert im deutschen christologischen Diskurs beobachten lässt, erscheint verstärkt und radikalisiert auch in der Gegenwart, die, wie auch immer man sie sozialtheoretisch zu beschreiben versucht, durch klare «Individualisierungstendenzen» und einen ganz neuen Pluralismus religiöser Weltdeutungen und Selbstentwürfe geprägt ist. Naheliegend ist ein Blick auf den religiösen *market place* der USA und hier speziell den boomenden theologischen Ideenmarkt. Die Vielfalt höchst unterschiedlicher religiöser Angebote und Optionen lässt sich im amerikanischen Fall gut in den Sprachen der modernen Religionsökonomie wahrnehmen – was in Europa schwieriger ist, weil die Europäer aufgrund ihrer langen staatskirchlichen Überlieferungen Religion und Glaube eher als eine Art *public good* sehen. Seit den siebziger und verstärkt seit den achtziger Jahren ist in den USA eine Hochkonjunktur von sogenannten Genitiv-Theologien zu beobachten: Theologie der Hoffnung, Theologie der Revolution, Theologie der Befreiung und so fort. Viele dieser Theologien wurden importiert – die Befreiungstheologie aus Lateinamerika, die Hoffnungstheologie aus Tübingen – und in den USA dann fortgeschrieben. Mit Elementen der Genitiv-Theologien entwarf man Spezialtheologien für bestimmte Gruppen, die man so zum kollektiven Akteur ihrer Selbstbefreiung machen, in ihrer *agency* stärken wollte. Dem seit den sechziger Jahren zu beobachtenden Boom an Feministischen Theologien von Frauen für Frauen folgten *black theologies*, *gay theologies* und schließlich *queer theologies*, mit jeweils großem Erfolg auf dem literarischen Markt. Bücher wie *The church and the second sex*, *Sexism and God-Talk* oder *Queer Theology. Rethinking the Western Body* wurden weit über den akademischen Bereich hinaus zu Klassikern eines religiösen Emanzipationsdiskurses, der die Glaubenslandschaften der USA tiefgreifend veränderte. Klientelspezifische Theologien provozierten in nahezu allen etablierten Glaubensgemeinschaften massive Konflikte und trugen durch gezielte Glaubensprovokation und Polarisierungsdynamik dazu bei, dass sich auf dem theologischen Ideenmarkt alte Anbieter von Glaubensprodukten nun mit verschärfter Konkurrenz konfrontiert sahen. Sie reagierten auf die erfolgreichen Milieutheologien ihrerseits mit der Neuerfindung theologischer Sinnprodukte: Als eine solche Gegenreaktion entstand etwa die *radical orthodoxy*, zu deren Vorkämpfern Graham Ward, Catherine Pickstock und John Milbank zählen.

Milieutheologien wurden seit den siebziger Jahren in allen Glaubensgemeinschaften produziert. Gottbezogene Vielfalt wurde so fortwährend verstärkt: Hatten ursprünglich protestantische wie römisch-katholische

Theologinnen Feministische Theologien geschrieben, so knüpften bald auch jüdische Frauen an den christlichen Diskurs an. Feministische Theologie ist hier wie dort Funktionstheologie einer religiösen Emanzipationsbewegung von Frauen, die andere Frauen für den Befreiungskampf gewinnen sollen. Um der Abschaffung des herrschenden Patriarchats willen decken sie die spezifisch männlichen Denkmuster und Urteilsstereotypen in den überkommenen, klassischen Theologien auf und dekonstruieren sie. So wird, literarisch besonders erfolgreich von Mary Daly, die Legitimationsmacht männlicher Gottesbilder für das Patriarchat analysiert und ein Gott *Jenseits von Gottvater, Sohn & Co.* (1980) zu etablieren versucht. Auch wird zu einer kritischen *relecture* der biblischen Überlieferungen aufgerufen, um die bisher verschwiegenen reichen Frauentraditionen in der Bibel zu erschließen und den Anspruch von Frauen auf einen gleichberechtigten Zugang zu kirchlichen Ämtern in der «Männerkirche» exegetisch zu rechtfertigen. Im römisch-katholischen Fall kann Feministische Theologie aber auch in Gestalt einer neuen Mariologie auftreten, etwa bei Rosemary Radford Ruether und Catharina J. M. Halkes, in der die Gottesmutter Maria zur Gründung einer eigenen egalitären Frauenkirche dient. Ihr göttlicher Sohn entpuppt sich dabei als ein ganz sanfter Gesalbter der Frauen, als feministisch idealer Gegen-Mann, der weder sexistisch den kleinen Unterschied zu einer gesellschaftlichen Fundamentalkategorie für Herrschaft und Exklusion überhöht noch sich wie ein Patriarch oder gar Macho inszeniert. Immer stehen solche theologischen Transformationsprozesse in einem sehr engen Zusammenhang mit herrschaftskritischen Emanzipationsbewegungen. Und genau so gewinnt der theologische Diskurs seine hohe Pluralisierungsdynamik: feministische Jesulogien für protestantische Frauen, feministische Mariologien für katholische Frauen, feministische Theologien für jüdische Frauen und zahlreiche feministische Spezialangebote von muslimischen Akteuren für Frauen, die den Koran als einen Befreiungstext lesen.

Elemente solcher Emanzipationstheologien können unschwer mit Symbolbausteinen anderer Milieutheologien zusammengefügt und vielfältig rekombiniert werden, etwa zu *black feminist theologies.* In den entsprechenden eigenkulturellen Milieus werden in den USA sehr erfolgreich *black* oder *latino queer theologies* vermarktet, weil sie die Gründung autonomer Gemeinden und Kirchen stabilisieren und der jeweiligen Gruppe ihren eigenen Sinnkosmos erschließen, gleichsam ihren Gruppengott schaffen: Gottseibeiuns als Garant kollektiver Identität. Im Falle von *gay theologies* und *queer theologies* hat nicht zuletzt die AIDS-Epidemie den schnellen Publikumserfolg mit befördert, mussten die Homosexuellen-Communitys doch die Traumata des grausamen Sterbens der vielen jungen Schönen verarbeiten; und wo viele Trauerfeiern und Beerdigungen anfallen, braucht man Religion, aber eben mit einem Gott, der genau passt: Im akademischen Milieu von homosexuellen Theologen geschriebene *gay theologies* dienen nicht zuletzt dazu, ein frommes Recht auf eigene Riten und Liturgien zu sichern. Und wie die freiheitsbewussten Frauen sich in der Bibel eine eigene Tradition erschließen, werden hier durch «schwule Exegese» einander liebende Männer des Alten und Neuen Testaments entdeckt. Analoges lässt sich bei muslimischen Akteuren beobachten. Religionspolitische Präsenz schwuler Muslime demonstrieren erfolgreich die 1988 in den USA begründete «Gay and Lesbian Arabic Society» oder die seit 1997 agierende Gruppe «Queer Jihad», die für sich im Netz wirbt: «Queer Jihad ist der queere muslimische Kampf um Anerkennung, zuerst der Kampf, uns selbst als genau das anzuerkennen, als das Allah uns erschaffen hat, und dann der Kampf um Verständnis unter den Muslimen allgemein.»

Leider liegen keine seriösen Zahlen für den theologischen wie religiösen literarischen Markt der USA vor. Aber dass hier seit den siebziger Jahren Milieutheologien einen immer größeren Marktanteil gewinnen, lässt sich mit einiger Sicherheit behaupten. Angesichts der immer noch deutlichen christlichen, in sich konfessionell und denominationell hoch differenzierten Bevölkerungsmehrheit ist ein Großteil dieser Milieutheologien auf den Christengott der Bibel bezogen. Alle reden dabei von dem einen Gott Himmels und der Erden, aber jeder und – gender-politisch korrekt – jede hat diesen Gott den eigenen Zwecken dienstbar gemacht, klientelspezifisch privatisiert. Radikal konservative Theologen der christlichen Rechten werfen den Starautoren und -autorinnen der Feministischen, Schwarzen oder Schwulen Theologie denn auch gern und glaubenspathetisch den «Missbrauch Gottes» vor. Dass sie dabei ihrerseits den einen

Gott der Bibel für partikulare Moralinteressen – die Stärkung von Familienwerten oder den Kampf gegen ein Frauenrecht auf Abtreibung – verzwecken, lässt diese Kritik oft als irritierend selbstgerecht erscheinen.

Ulrich Beck hat für seine kürzlich erschienene soziologische Analyse von Religion im Horizont der Globalisierung den schönen Titel *Der eigene Gott* gewählt. Am Beispiel des von März 1941 bis Oktober 1943 geschriebenen Tagebuchs der jüdischen Holländerin Etty Hillesum macht er deutlich, wie sie auf die Bedrohung ihres Lebens mit einem inneren Selbstgespräch reagiert, in dem «Selbsterfindung und Gotterfindung wie selbstverständlich zusammenfallen». Hillesums eigener Gott kennt keine Dogmen, abstrakten Theologien, Kirchen und wohnt allein im Inneren der Frommen als Garant ihrer transzendenten Würde und Freiheit. Der glaubende Mensch ist hier zugleich sein eigener Gott. Ähnliches lässt sich auf dem boomenden Religionsmarkt der USA beobachten: In kontextuell geprägten Milieutheologien wird der eigene Gott, das Unbedingte, vorrangig auf ein bestimmtes Bedingtes, die eigene Lebenswelt, den unverwechselbaren individuellen Lebensentwurf bezogen. Der eine Gott kann dabei schwarz werden oder in Gestalt einer Liebesgöttin auftreten. «Lord Jesus» wird zum Partner oder besten Freund, der einen in einzigartiger Intimität kennt und einem in allen Wirren der Zeit treu zur Seite steht. So nehmen Gott und sein Sohn und auch der Heilige Geist vielerlei Gestalt an. Alle beten zu Gott, aber jeder und jede nur zu seinem, ihrem bestimmten Gott – Monotheismus im Individualisierungsplural, eben ein Polymonotheismus der vielen Bilder des einen Gottes. Die uralte Opposition von Eingott und Vielgötterei löst sich hier tendenziell auf, weil die Frommen auf den einen Gott viele Elemente ihrer subjektiven Wunschgötter projizieren.

In theo-logischer Kritik gelebter Religion und speziell ihrer mythopoietischen Assimilationskraft und Phantasmenproduktivität kann man dies als eine fatale, tendenziell neopagane Repartikularisierung des Universellsten schlechthin, eben des einen Gottes, deuten – und um Gottes willen verwerfen. Wer Monotheismus mit radikalem Transzendenzabstand verbindet, den Schöpfer als souveränen Geistgott in erhabener Ferne zu allem Geschaffenen verehrt oder, im christlichen Diskurs, die Immanenz Gottes in der Welt christologisch strikt auf den *deus incarnatus*

Das christlich-religiöse Bewusstsein ist nicht immer geschmackssicher: «Per crucem ad lucem» – «Durch das Kreuz zum Licht». Gemälde von Hugo Schnars-Alquist, 1925/26.

begrenzt, wird Milieutheologien und die sie begründenden individualisierenden Frömmigkeitsformen als eine Art Rückfall in polytheistische Götterwelten abzulehnen geneigt sein. Der Verdacht des Gottesmissbrauchs liegt nahe und ist in der theologischen Diskussion der Moderne fortwährend präsent. Aber man kann die Prozesse der Milieuverengung Gottes auch religionsanalytisch konstruktiv – ohne theologische Normansprüche – als eine höchst produktive, erfolgreiche Überlebensstrategie des einen Gottes interpretieren. Gott kann nur in den Herzen der Menschen überleben. Und Göttern, die den Menschen nichts mehr bedeuten, wird bald die Totenmaske abgenommen; man kann sie dann im religionshistorischen Götterkundemuseum bestaunen. In den Göttergeschichten der Menschheit hat sich immer auch viel Göttersterben beobachten lassen. Als Milieugott aber ist der eine Gott den Menschen so unverzichtbar lebensnah, dass er in ihren Seelen, ihren Herzen eine ideale ökologische Nische gefunden hat. Gott überlebt hier, weil er sich als anpassungsfähig, kontextflexibel und individualisierungsfähig erweist. Und als moderner Gruppengott gewinnt er die Züge eines «Stammesgottes» (Rudolf Smend), er passt sich effizient an bestimmte sozialkulturelle Umwelten an. Unter den Bedingungen wachsender Deodiversität funktioniert *divine selection* nach dem Kriterium von Anpassungselastizität und religionssymbolisch codierter Auslegungsflexibilität. So lassen sich die vielfach zu beobachtenden Tendenzen kontextueller Remythologisierung des einen Gottes in einem weiteren Gedankenschritt auch theologisch normativ deuten: als Versuche humaner, menschendienlicher Minimierung des Transzendenzabstandes zwischen Gott und seinem vornehmsten Geschöpf. Ganz im Sinne der Sprachspiele der Christologie geht es hier um den *deus incarnatus*, den menschgewordenen Gott. Er wird von den Frommen vergegenwärtigt, indem sie ihn versinnbildlichen, im Spiegelbild ihrer selbst oder im Projektionsbild ihrer Wünsche zu erkennen suchen. Doch der eine Gott geht in den vielen Bildern nicht auf, die die Menschen sich von ihm machen. Davon ist nun zu reden: von der Gottebenbildlichkeit des Menschen und vom Gottesbildverbot, an das so viele Fromme sich nicht halten – weil sie Menschenbilder brauchen.

2. EBENBILDER

«Und GOtt schuf den Menschen ihm zum Bilde, zum Bilde GOttes schuf er ihn; und schuf sie ein Männlein und Fräulein», lautet die Übersetzung von Genesis 1, Vers 27 in der Luther-Bibel aus dem Jahre 1545. Und in der *King James Bible* aus dem Jahre 1611 heißt es: «So God created man in his own image, in the image of God created hee him; male and female created hee them.» Martin Buber und Franz Rosenzweig lassen Gott den Menschen dann «in seinem Bilde, im Bilde Gottes» schaffen, «männlich, weiblich schuf er sie». Die *Bibel in gerechter Sprache*, das traurige Dokument eines ideologiesüchtigen deutschen Gegenwartsprotestantismus, bietet diese Übersetzung: «Da sprach Gott: ‹Wir wollen Menschen machen – als unser Bild, etwa in unserer Gestalt.› ... Da schuf Gott Adam, die Menschen, als göttliches Bild, als Bild Gottes wurden sie geschaffen, männlich und weiblich hat er, hat sie, hat Gott sie geschaffen.» Doch wie auch immer man übersetzt – der «Satz, daß Gott die Menschen nach seinem Bild geschaffen hat, findet seit der Berührung der Auslegungsgeschichte mit dem griechischen und mit dem modernen Menschenverständnis ein so beharrliches Interesse wie wohl kaum eine andere Stelle im ganzen A(lten) T(estament)», konstatiert der Alttestamentler Claus Westermann in seinem seit 1966 erschienenen großen *Genesis*-Kommentar.

Das Bild vom Ebenbild, die Rede von der Gottebenbildlichkeit des Menschen ist zum zentralen anthropologischen Topos in der nun schon zweitausendjährigen Überlieferungsgeschichte christlicher Theologie avanciert. Ebenso prägt sie tiefgreifend die jüdischen Diskurse über Berufung und Bestimmung des Menschen. Bibelphilologisch gesehen ist dies überraschend. Denn die Imago Dei taucht zwar schon ganz am An-

Baum des Lebens, Baum des Todes. Miniatur von Berthold Furtmeyr aus dem Salzburger Missale, um 1481.

fang der Bibel auf, ist im Alten Testament aber singulär, sieht man von einer Anspielung auf Genesis 1 in Genesis 9,6 ab. Die prominente Stellung, die das Bild vom Ebenbilde schon in den altkirchlichen Lehren vom Menschen gewonnen hat, erkennt dem Menschen eine ganz enge, eigene Beziehung zum Schöpfergott zu. Der Transzendenzabstand zwischen Schöpfer und Geschöpf ist hier minimal, und dies steht in Spannung zu vielen anderen Lehraussagen der diversen Christentümer. Ähnlich verhält es sich in den jüdischen Überlieferungen, gilt hier doch das vorrangige theologische Interesse der Bundestreue Gottes zu seinem auserwählten Volk, den Juden, nicht aber den Menschen insgesamt. Schon Theologen der Alten Kirche und frühe Rabbinen haben deshalb die

Lex ducit ad Chriſtum. 37

CAP. VII.

LEX AD CHRISTVM DVCIT.

Lex hominem oſtendit nudum, & virtutis egentem:
Non quis ſit, ſed quis debeat eſſe monet.
Ducit & ad Chriſtum: qui nos à morte redemptos
Æterno vitæ munere ſanctificat.

E 3

«Lex ad Christum ducit» – «Das Gesetz führt zu Christus»: Das Gesetz beweist, dass der Mensch nackt ist und der Tugend entbehrt; es erinnert nicht daran, wer er ist, sondern wer er zu sein schuldig ist. So führt es auch zu Christus, der uns – als vom Tod freigekaufte Seelen – mit dem Geschenk des ewigen Lebens heiligt. Kupferstich von Johann Theodor de Bry, um 1590.

Rede von der Ebenbildlichkeit des Menschen vielfältig abzuschwächen versucht. «Gottebenbildlichkeit findet man nur in Israel»: Diese These war in den Rabbinerschulen des frühen Judentums verbreitet, wie der Alttestamentler Jacob Jervell gezeigt hat.

Viele antike jüdische wie christliche Ausleger stimmen zudem im patriarchalischen Vorbehalt überein, dass die Gottesebenbildlichkeit genau genommen nur Adam als Mann gelte. Auch sahen jüdische Theologen in ihr bald eine Bedrohung der radikalen Transzendenz Gottes und behaupteten, um wieder einen klaren Abstand zwischen Gott und Mensch zu schaffen, dass es sich nicht um das Bild Gottes, sondern nur um eine *imago angelis*, das Bild eines Engels, handele. Und schon früh traten in der Alten Kirche Theologen auf, die die klare Aussage von Genesis 1,26 f mit dem Hinweis auf Adams Fall, seine Ursünde, und die Erbsünde des Menschen einzuschränken versuchten: Im Stand der Sündhaftigkeit habe der Mensch seine ursprüngliche Ebenbildlichkeit wieder restlos verloren, sagten die Theoretiker einer starken Einschränkung. Nein, er sei ihrer durch die Sünde nur partiell verlustig gegangen, erklärten die Theologen der schwachen Einschränkung. Harte Kontroversen um die Auslegung von Genesis 1,26 f durchziehen die gesamte Christentumsgeschichte bis in die unmittelbare Gegenwart hinein. In Neuzeit und Moderne lässt sich hier nicht nur viel Streit zwischen Lutheranern, Calvinisten und römischen Katholiken beobachten. Ihre gottgewollte, gottgeschaffene «Ebenbildlichkeit» ist auch Philosophen und allen möglichen anderen Gelehrten und Intellektuellen viel zu wichtig, als dass sie sie der Deutungsmacht von Kirchenfunktionären oder akademischen Theologen überließen. Im positionell zersplitterten, vielfältig ideologisierten Anthropologie-Diskurs der Moderne ist, keineswegs nur von streng naturalistischen oder biologistischen Naturwissenschaftlern, immer auch Kritik an den menschenstolzen und schöpfungsoptimistischen Imago- Dei-Vorstellungen der jüdischen und christlichen Glaubensüberlieferungen geäußert worden. Neben massiver Traditionskritik finden sich zugleich faszinierende Versuche, das Bild vom Ebenbild für Anthropologien in Anspruch zu nehmen, die die Sonderstellung des Menschen in und gegenüber der sonstigen Natur betonen.

Gern wird im deutschen bioethischen Diskurs von sogenannten Kirchenführern die Formel von der «jüdisch-christlichen» oder gar «christlich-jüdischen» Überlieferung benutzt. Aber so werden Juden semantisch enteignet, wird jedenfalls das Eigenrecht ihrer religiösen Überlieferungen negiert. Gerade in der Auslegung der «Ebenbildlichkeit» gibt es zwischen jüdischen und christlichen Überlieferungen immer sehr enge, dichte Austauschprozesse und zugleich fundamentalen Dissens. Das ist bis in die unmittelbare Gegenwart hinein von hoher praktischer Relevanz. Nirgendwo auf der Welt gibt es vergleichbar intensive und expansive Stammzellforschung wie in Israel, und lange Jahre waren israelische Mediziner bei Techniken der In-vitro-Fertilisation führend. Dies erklärt sich zum Teil aus talmudischen Traditionen, in denen das werdende, embryonale Leben ganz anders gedeutet wird als in den dominanten christlichen Überlieferungen, aber auch aus höchst kontrovers geführten «Ebenbild»-Debatten. Die rabbinischen und modernen jüdischen Auslegungen von Genesis 1,27 und Genesis 9,6 sind jedenfalls durch viel Deutungsstreit bestimmt. Leicht ist es, wie Schalom Ben-Chorin 1986 in *Was ist der Mensch? Anthropologie des Judentums* gezeigt hat, «mit dem Pathos des religiösen Humanismus zu betonen, daß der Mensch im Ebenbilde Gottes geschaffen ist», und daraus dann «moralische Verpflichtungen» abzuleiten. Nur ist mit hohen Tönen und Pathosformeln für das Verständnis der Imago Dei nichts gewonnen.

Eine alte aramäische Überlieferung deutete das Ebenbild als «Ähnlichkeit». Philo von Alexandrien, im ersten Jahrhundert der einflussreichste jüdische Platoniker, identifizierte, mit den Begriffen der platonischen Philosophie, den Logos mit dem Ebenbild und sah in Gott das Urbild: Der Mensch sei nach dem Ebenbild des Logos geschaffen worden, und Gott habe dem Menschen seine Form wie eine Münze eingeprägt – eine wunderschöne Metapher, die in den rabbinischen Überlieferungen vielfältig variiert wurde. Die Lehre von der Gottebenbildlichkeit wurde in der Gesetzesauslegung später für einen unbedingten Schutz des Individuums in Anspruch genommen: «So ist Mord ein Verbrechen an der Ebenbildlichkeit Gottes. Wer tötet, der tötet gewissermaßen eine ganze Welt, und wer einen Menschen erhält, erhält die ganze Welt», hat Schalom Ben Chorin den halachischen Diskurs zusammengefasst. Andere jüdische Gelehrte sind ganz andere, eigene Wege gegangen. Ebenbild, hebräisch Zelem, sei etwa von Zel = Schatten abgeleitet; der Mensch sei daher im «Schattenbilde Gottes» geschaffen worden. Der Mediziner Oskar Goldberg hat in seinem berühmten Hauptwerk *Die Wirklichkeit der Hebräer*, erschienen in Berlin 1925, den Schatten als die dunkle Seite Gottes gedeutet und den Begriff «die Nachtseite des Elohim» geprägt. Auch in anderen jüdischen Überlieferungen lassen sich viel intellektuelle Neugier auf das «Ebenbild» und zugleich Ratlosigkeit und Begriffsstreit beobachten – Anlass, sich zunächst kurz von Alttestamentlern und Altorientalisten über die exegetischen Befunde belehren zu lassen. Denn trotz aller Restriktionsversuche ist deutlich: Der erste Schöpfungsbericht der Bibel, der sogenannte priesterschriftliche Schöpfungsbericht, erkennt dem Menschen den singulären Rang zu, Gott auf Erden abbildlich zu repräsentieren. Dies erinnert an den 8. Psalm: «Du hast ihn (den Menschen) ein wenig niedriger gemacht als göttliche Wesen» – hebräisch: *elohim.*

Beginnen wir mit dem Kontext. In der Forschung ist weithin Konsens, dass die Priesterschrift während des fünften und sechsten Jahrhunderts im babylonischen Exil entstanden ist. Priester des Jerusalemer Tempels, die deportiert worden waren, suchten die Katastrophenerfahrung der Zerstörung des Jerusalemer Kultes und der völligen Auflösung der altisraelitischen politischen Institutionen durch eine Radikalisierung ihres Schöpfungsmonotheismus zu verarbeiten. Dabei nahmen sie auch Elemente aus den Schöpfungsmythen ihrer neuen religionskulturellen Umwelt, vor allem Vorstellungen von der Schöpfung von Welt und Mensch durch Marduk, den Staatsgott der Babylonier, auf. Eine entscheidende Bedeutung kam dabei der Vorstellung von Urbild und Abbild, Gott und Mensch, zu. Im Babylonischen Reich war es, wie in anderen altorientalischen Kulturen, üblich, dass die Herrscher im ganzen Land neben Götterstatuen auch Standbilder ihrer selbst errichteten – Bilder, die die Präsenz des de facto ja abwesenden Herrschers bekunden und so seine Herrschaft stabilisieren sollten. Solche Standbilder sind Präsenzgeneratoren, die Herrschaft sinnlich vergegenwärtigen und so zugleich durch Beauftragte auszuüben erlauben. Ihnen eignet die gleichsam magische Kraft, dem Urbild im Abbild Gegenwart zu verschaffen. Reststufen eines solchen Herrschaftsbildkultes kennt noch die politische Kultur der Moderne: kein französisches Rathaus ohne ein Bild des Staatspräsidenten, keine deutsche Botschaft ohne ein Bild des amtierenden Bundespräsidenten. Und kaum ein moderner revolutionärer Machtwechsel, in dem die neuen, revolutionären Herrscher nicht die Denkmäler der alten Herrscher stürzen und ihre Machtinsignien zerstören ließen. Für die babylonische Bildmagie ist zudem entscheidend, dass der politische Herrscher sich seit der neuassyrischen Zeit selbst als ein lebendiges Abbild des Götterkönigs verstand, wohl unter ägyptischem Einfluss, war hier doch schon tausend Jahre früher der Pharao als ein lebendiges Bild des Sonnengottes verehrt worden. Standbilder und Bilder überhaupt sind in dieser Überlieferung also mehr und anderes als nur Artefakte zur Erinnerung an den Abgebildeten. Sie

Amerikanische Truppen sind gern Ikonoklasten: Sturz eines Denkmals von Saddam Hussein im Zentrum von Bagdad, April 2003.

sind, wie der Alttestamentler Klaus Koch in seinem Buch *Imago Dei* im Jahr 2000 eindringlich gezeigt hat, «vom Fluidum des Urbilds erfüllt ..., durch eine Ausstrahlung seiner geheimen Mächtigkeit».

Der Schöpfungsbericht der Priesterschrift knüpft daran an und markiert dennoch eine, politisch wie religiös gesehen, revolutionäre Zäsur. Was in Altägypten und bei den Babyloniern nur für den König galt – lebendiges Abbild des Gottkönigs zu sein –, wird in der Priesterschrift jedem Menschen zuerkannt. Auch wenn ein Transzendenzabstand zwischen Gott und Mensch gewahrt bleibt, gilt jeder einzelne Mensch als lebendige Repräsentation des mächtigen Schöpfers Himmels und der Erden. Hier wird die Vorstellung destruiert, dass der politische Herrscher näher zu Gott steht als seine Untertanen. Die priesterschriftliche Anthropologie hat einen egalitären und zugleich individualisierenden Grundzug: Jeder einzelne Mensch ist ein lebendiges Abbild des göttlichen Urbildes. So fällt es leicht zu verstehen, warum im religiösen wie im politischen Diskurs speziell der Moderne die Imago-Dei-Metaphorik des ersten Schöpfungsberichtes immer wieder zur Begründung der «Menschenwürde» in Anspruch genommen worden ist.

Wo der Mensch als Gottes Ebenbild vorgestellt wird, stellt sich schnell die Frage ein, worin denn das Abbild dem Urbild entspricht. Viele Alttestamentler betonen inzwischen, dass die hinter der Priesterschrift stehenden Exilspriester die intime Wesensnähe von Gott und Mensch vorrangig im Sprachvermögen gesehen hätten. Gott schafft die Welt durch performative Akte, durch sein schöpferisches Wort, das wirklichkeitsproduktiv wirkt. Auch wenn die Theologen der Priesterschrift menschlichen Sprechakten nur eine deutlich geringere Kreationskraft zuerkannten, sahen sie den Menschen doch als ein sprachmächtiges Wesen, das über sprachmagische Kompetenzen verfügt: Es kann Dingen einen Namen geben und so unbegriffenes Chaos auf geordnete Struktur hin transzendieren. Der Mensch ist eben nicht nur geschaffenes Wesen, sondern, theologisch prägnant formuliert, als Gottes Ebenbild selbst ein Mitschöpfer. Die Wurzeln von theologisch immer umstrittenen, gerade im ästhetischen Diskurs der Moderne intensiv verhandelten Vorstellungen, der Mensch sei *secundus deus*, ein zweiter kreativer Gott, etwa als Künstler oder Schriftsteller, der eigene neue (Bild-)Welten schafft, liegen in der Ebenbildlichkeitslehre des priesterschriftlichen Schöpfungsberichts. Schafft Gott die Welt durch sein kreatives Wort, können auch dem Sprechen seines vizegöttlichen Ebenbildes Momente von Kreativität nicht abgesprochen werden: Adam gibt den Tieren ihre Namen, denn das Ebenbild muss ja als lebendige Entsprechung zum Urbild gedacht werden.

Die Lehre von der Ebenbildlichkeit des Menschen ist, dogmengeschichtlich gesehen, viel voraussetzungsreicher und begrifflich komplexer, als im heutigen Würdediskurs zumeist unterstellt wird. Sie wurde in der Geschichte der christlichen Kirchen immer auch kontrovers diskutiert. Ihre klassische Fassung erhielt sie durch subtile begriffliche Distinktionen über die sogenannten *status*, die Stände des Menschen, insbesondere in seinem Verhältnis zu Gott. In der klassischen altlutherischen Theologie etwa wurden nicht weniger als fünf unterschiedliche Stände des Menschen prägnant unterschieden: der *status integritatis* oder auch *status inno-*

centiae, der von Gott unmittelbar geschaffene Stand oder Zustand des Menschen vor dem Fall, noch ohne Erbsünde – prälapsarische, paradiesische Unmittelbarkeit zu Gott. Seit dem Sündenfall jedoch befindet sich der Mensch im *status miseriae* oder *status peccati*, auch genannt *status corruptionis*. Davon wird drittens der *status gratiae* oder auch *status instaurationis per Christum* unterschieden. Schließlich werden in den vormodernen Theologien der *status gloriae* und der *status ignomiae* beziehungsweise *status damnationis* einander entgegengesetzt. Vor allem die spätmittelalterlichen Scholastiker, Meisterdenker der begrifflichen Präzision, kannten zudem fünftens noch einen *status purorum* oder *status merorum naturalium*, einen Stand des Menschen an sich, ohne göttliches Ebenbild – einen eigenen Stand der Abstraktion von der Imago Dei, weil diese als ein übernatürliches, dem von Gott geschaffenen Menschen wunderbar gewährtes Geschenk gedacht wurde. Später setzte sich aber die Ansicht durch, dass die Ebenbildlichkeit eine Art natürlicher Eigenschaft des Menschen sei und sich der Mensch niemals, nicht einmal im ersten Moment seines Geschaffenwerdens, in einem *status purorum naturalium* befunden habe. Wie auch immer – wer die Imago-Dei-Vorstellungen der christlichen und jüdischen Überlieferungen verstehen will, muss sich zunächst auf den *status integritatis* konzentrieren.

Hier lebt der Mensch, leben Adam und Eva in ursprünglicher Vollkommenheit, die die Dogmatiker zumeist *iustitia originalis* nannten. Dazu zählten sie in der Regel zwei Elemente: erstens ein *aequale temperamentum qualitatum corporis* oder, wie es im 2. Artikel der von Melanchthon geschriebenen Apologie der *Confessio Augustana* aus dem Jahre 1531 heißt, «eine feine vollkommene Gesundheit und allenthalben rein Geblüt und unverderbte Kräfte des Leibes» oder auch ein vollkommenes Gleichgewicht zwischen allen sinnlichen Trieben und der Herrschaft des Willens über sie; und zweitens eine *ratio recta* und ein *liberum arbitrium*, also eine umfassende und zutreffende Kenntnis Gottes und seines Willens sowie das Vermögen, Gott den Herrn über alles zu lieben und ihm aus Liebe völlig zu gehorchen. Die vorsündliche Vollkommenheit der ersten Menschen liegt so darin, dass sie Gott richtig erkennen, ihn von Herzen, also emotionskräftig, lieben, ihm aus Liebe gehorchen und alle sinnlichen Triebe, die ja noch unverdorben waren, willensstark beherrschen. Das *dominium terrae*, die von Gott gebotene Herrschaft des vornehmsten Geschöpfs über die Welt, wird in den lutherischen Bekenntnisschriften nicht als ein Charakteristikum des *status integritatis* erwähnt. Auch fehlt hier jeglicher direkte Hinweis auf die Unsterblichkeit oder eine Befreiung vom Tode, die im altkirchlichen und speziell mittelalterlichen Diskurs häufig als Kennzeichen des *status integritatis* genannt und ausführlich entfaltet wurden. Allerdings, und dies ist für heutige Debatten wichtig, vertreten die lutherischen Bekenntnisschriften entschieden die Behauptung, dass der Mensch durch den Sündenfall die Ebenbildlichkeit Gottes gänzlich verloren habe und, so schon Luther, auch durch die Taufe nicht zurückgewinne. Diese tilge lediglich die Schuld, könne aber nicht die *corruptio* des Menschen als solche aufheben. Gern argumentieren lutherische Spitzenfunktionäre wie der bayerische Landesbischof Johannes Friedrich oder Margot Käßmann, die Bischöfin der Hannoverschen Landeskirche, in aktuellen biopolitischen Kontroversen mit «der Ebenbildlichkeit» des Menschen, um einen «absoluten Würdeschutz» für totipotente embryonale Stammzellen zu begründen. Aber dieser gedankenlose Gebrauch der Imago Dei lässt nur einen erheblichen Mangel an theologischer Bildung und blanke Unkenntnis der eigenen Bekenntnisschriften erkennen.

Theologische Lehrstücke unterliegen zumeist dem Gesetz der wachsenden begrifflichen Expansion, etwa durch immer neue Präzisierungen und dafür nötige Distinktionen. Dies lässt sich gerade an der Entwicklung der Lehre vom *status innocentiae* beobachten. Viele altlutherische Dogmatiker verstanden darunter nicht nur negativ ein Freisein der ersten Menschen von aller Verderbnis, sondern positiv den Besitz und Gebrauch der anerschaffenen Vollkommenheiten sowie den unbefangenen Genuss der im Paradies gewährten Glückseligkeiten. Diese Vollkommenheiten wurden als ebenbildliche Attribute des ersten Menschen gedacht. Die Lehre von der Ebenbildlichkeit wurde nun begrifflich differenziert, etwa durch Unterscheidung einer Ebenbildlichkeit im weiteren Sinne von einer Imago Dei im engeren Sinne. Viel Streit erzeugte eine wichtige Unterscheidung in der lateinischen Übersetzung des hebräischen Bibeltextes. Hier ist sowohl von *imago*, also Bild, als auch von *similitudo*, Ähnlichkeit, die Rede. Schon der einflussreiche Kirchenvater Irenaeus, Verfasser der gegen die Gnostiker gerichteten Kampfschrift *Adversus haereses*, hatte die These vertreten, dass der Mensch durch Adams Fall zwar die Ähnlichkeit mit Gott verloren habe, aber im Bilde Gottes bewahrt worden, also weiterhin als Imago Dei anzuerkennen sei. Dies wurde später offizielle Lehre der römisch-katholischen Kirche, im prägnanten Gegensatz zu den Lehrmeinungen der Reformatoren, für die, aufgrund eines radikaleren Verständnisses der existentiellen Sündhaftigkeit des Menschen, der Mensch im Sündenfall seine Ebenbildlichkeit völlig verliert. Der lutherische Theologe Matthias Flacius, Begründer der protestantischen Kirchengeschichtsschreibung, sprach gar davon, dass der Mensch durch den Sündenfall zur *imago Diaboli* oder *imago Satanae* geworden sei – eine Position, die sich in der lutherischen Lehrentwicklung nicht durchsetzte und als «flacianische Häresie» abgelehnt wurde.

Die Imago-Dei-Lehre war für alle drei frühneuzeitlichen Konfessionsparteien ein zentrales Thema der Konfessionspolemik und der wechselseitigen Abgrenzung. In Trient hatte der sich neu formierende römische Katholizismus die Streitfrage nach der Ebenbildlichkeit des Menschen klar beantwortet: Durch seinen sündhaften Hochmut gegenüber Gott verliere der Mensch zwar seine Ähnlichkeit mit Gott, nicht aber die Imago Dei. Demgegenüber behaupteten die Lutheraner und Calvinisten mit großer Entschiedenheit, dass das Ebenbild Gottes nicht ein *donum supernaturale*, sondern *naturale, concretum et accidentale* und daher auch *propagabile ad posteros*, weiterzugebend an spätere, gewesen sei – was aber wegen des Ebenbildverlustes durch Adams Fall nicht eintrat. Die «hohe Würde der Gottähnlichkeit» – dies eine Formulierung aus der bekannten *Dogmatik der Evangelisch-Lutherischen Kirche* von Heinrich Schmid – wurde unter dem Einfluss italienischer Täufer von den Arminianern sowie von Faustus Sozzini, einem entschiedenen Antitrinitarier, dann primär als Herrschaft des Menschen über die Natur gedeutet, also die römisch-katholische ebenso wie die lutherische Fassung der *iustitia originalis* konsequent abgelehnt. In den dramatischen theologischen Modernisierungskonflikten des späten siebzehnten und achtzehnten Jahrhunderts setzten sich zunehmend rationalistische Interpretationen durch, die, wie David Friedrich Strauß in *Die christliche Glaubenslehre in ihrer geschichtlichen Entwicklung und im Kampfe mit der modernen Wissenschaft* brillant demonstriert hat, die überkommene Kirchenlehre vollständig

PARADISE, OR THE
With the Countries circumjacent In
To the Reverend Father in God HENRY Lord Bishop of London, This Mapp Is humbly Dedicated by J. Moxon.
Capadocia
ARMENIA
Armenia the Less
CILICIA.
MINOR.
THE PAMPHILIAN SEA.
Ciprus
THE SIRIAN SEA.
The Sea of Issus
SYRIA.
Comagena
Alexandria
Phoenicia
Aram
Palmyrena.
THE MEDITERRANEAN SEA called in the Bible THE GREAT SEA.
Jonas flies from the Lord
THE EGIPTIAN SEA.
the Land of Hus
Saccea
Nabathea in Hebrew Nabajoth
ARABIA THE STONY
Edomites
LAND OF MADIAN
ARABIA THE HAPPY
THE LAND OF EGYPT.
Red Sea.

Im siebzehnten und achtzehnten Jahrhundert setzen viele Theologen auf Paradiesfernreisen. Aber für Ebenbildtourismus braucht man Landkarten: «Das Paradies oder Der Garten von Eden mit den angrenzenden Ländern». Karte von Joseph Moxon, London 1690.

aufgaben: Hier wurde nun «das göttliche Ebenbild nicht als ein verlorenes, sondern als ein in unendlicher Annäherung zu erstrebendes gefasst».

Allerdings gab es auch im aufgeklärten späten achtzehnten Jahrhundert viele Theologen, die den ersten Menschen, den Urmenschen, ganz genau zu kennen meinten und wunderbare kulturhistorische Topographien des Paradieses entwarfen. Sie zeichneten grandiose Adam-Bilder und begannen mit zeitgenössischen geographischen Methoden danach zu suchen, wo auf der Welt denn das Paradies tatsächlich gewesen sei – Schöpfungsgeographie als Plausibilisierungswissen. Schon 1694 hatte der Leipziger Theologe Daniel Huetius über die Lage des irdischen Paradieses geschrieben, und bald hatten sich auch mehrere andere Theologen, unter anderem Hadrian Reland und Tako Hajo van den Honert, auf Spurensuche *De situ Edenis* begeben. Der schon erwähnte Helmstedter Theologe Gebhard Theodor Meier wusste in seiner *Historia religionum Christianae, Judaicae, gentilis et Muhammedanae*, erschienen 1697, Zeitpunkt und Ort der Schöpfung des Menschen genau anzugeben: «… im Anfang brachte er (Gott) den Himmel und die feste Erde, und alles, was in diesen ist, hervor; und schließlich am sechsten Tag seit Weltschöpfungsbeginn, welcher der 31. Oktober des Jahres 764 der Julianischen Periode war, den Menschen, die Zusammenfassung (compendium!) aller (geschaffenen Dinge), und zwar im Damaszenischen Felde nahe Hebron. … Und von dort versetzte er ihn in einen auf babylonischem Gebiet gelegenen anmutigen Garten – ‹Paradies› genannt …» Der Lutheraner datiert die Menschenschöpfung auf den Reformationstag, im Jahre 3939 vor Christi Geburt. Daran knüpfte um 1800 der Arzt und populartheologische Schriftsteller Christian Gottlieb Berger in seinen *Antediluviana, oder vernunft- und schriftgemäße Beschreibung von den großen Fähigkeiten und Kenntnissen der Einwohner der ersten Welt, nebst einer Beschreibung des Paradieses* (1780) an. Auch Karl Joseph Michaelers Buch *Das Neueste über die geographische Lage des irdischen Paradieses* (1796) hatte großen Erfolg. Philipp Buttmann, ein Berliner Philologe, suchte und fand 1803 in seiner *Aeltesten Erdkunde des Morgenländers* das Paradies in Indien. Wieder andere suchten es aus klimatischen Gründen – weil Adam und Eva nackt herumliefen, muss es warm gewesen sein – in Afrika oder im Nahen Osten. Wo empirische Evidenz fehlt, kann sich spekulatives Vermutungsraunen als seriös empfehlen. Und da in der kirchlichen Verkündigung viele Wortbilder des Paradieses tradiert worden waren, hatte es produktive Einbildungskraft nicht schwer, sich ideale Orte für das Paradies zu entwerfen – denn Anfang und Ursprung sind gerade in politischen wie epistemischen Umbruchszeiten viel zu wichtige Legitimationsinstanzen, als dass man sie nicht imaginativ besetzen, also auch räumlich identifizieren müsste. Deshalb viele Entdeckungsreisen an den Anfang des Menschengeschlechts, Gruppenreisen mit Ursprungsgeographen, Ebenbildtourismus in moralischer Absicht. Erst Johannes Schultheß, Theologe und Philologe in Zürich, mobilisierte 1816 kritische Vernunft und geographisches Erfahrungswissen, um der Paradiesforschung ihre Grenzen aufzuzeigen: *Das Paradies, das irdische und überirdische, historische, mythische und mystische, nebst einer kritischen Revision der allgemeinen biblischen Geographie.*

In den aufklärerischen Transformationen des theologischen Diskurses wurden auch die Grundbegriffe der überkommenen Imago-Lehren tiefgreifend umgeformt – ein ideenpolitisch äußerst spannender Prozess, der in ganz neue, auf die sittliche Freiheit des Menschen konzentrierte anthropologische Debatten mündete. Einige Aufklärungstheologen modifizierten den älteren Lehrbegriff, indem sie Ebenbildlichkeit primär mit der Vernünftigkeit des Menschen identifizierten; die ersten Menschen seien imstande gewesen, die Wahrheit zu erkennen und das Böse zu meiden, hätten aber etwa die Freiheit vom Tode nur als ein außerordentliches Gnadengeschenk erhalten. Andere gaben die traditionellen Lehrbestimmungen völlig auf und stellten, der neuen Vernunftbegeisterung gemäß, die vor dem Hintergrund der altprotestantischen Lehre gewagte These auf, dass der Mensch als Vernunftwesen das Ebenbild noch immer besitze. In der zweiten Hälfte des achtzehnten Jahrhunderts schrieben insbesondere protestantische Aufklärungstheologen Hunderte von Texten über die Imago Dei, immer in der Absicht, eine Gegenwartsbedeutung der uralten Mythen zu erweisen. Der Berliner protestantische Theologieprofessor Wilhelm Martin Leberecht de Wette, der aufgrund seines berühmten Beileidsbriefes an die Mutter des Kotzebue-Mörders Carl Ludwig Sand 1819 von seinem Lehrstuhl entfernt wurde und Preußen verlassen musste (er wurde dann, mit deutlich besserem Gehalt, 1822 Theologieprofessor in Basel), beschrieb das Ebenbild in seinem *Lehrbuch der christlichen Dogmatik* 1813 als «ein sittliches Ideal mit der religiösen Folie der Bestimmung des Menschen in die Vergangenheit zurückgetragen». Als der spätrationalistische Philosoph und Theologe Wilhelm Traugott Krug auf dem Königsberger Philosophie-Lehrstuhl 1827 sein *Allgemeines Handwörterbuch der philosophischen Wissenschaften* schrieb, deutete er das Ebenbild Gottes «als eine gewisse Aehnlichkeit des Menschen mit Gott», die darin bestehe, «daß der Mensch ein vernünftiges und freies Wesen, und dadurch fähig ist, Gott durch sittliche Vollkommenheit noch ähnlicher zu werden». «Dieses Ebenbild hat der Mensch auch nicht verloren und kann es nicht verlieren, so lang' er Mensch bleibt. Alles Uebrige, was man in der Dogmatik über das Ebenbild Gottes gesagt hat, ist nichts als theologische Träumerei.» «Wollte man den Ausdruck auch auf den Körper des Menschen beziehn, so müßte man vielmehr sagen, daß der Mensch Gott nach seinem Ebenbilde geschaffen d. h. Gott als ein Wesen von menschlicher Gestalt gedacht habe, welche anthropomorphistische Vorstellungsart der Kindheit des Menschengeschlechts noch angemessen war. ... Wenn Christen Gott so denken und abbilden, so fallen sie ins Heidenthum zurück» – was schon Mose gewusst habe, als er den alten Hebräern das Bilderverbot verkündete. Imago Dei wird hier in einen Grundbegriff des ethischen Diskurses über die praktische Vernunft und Freiheitsfähigkeit des Menschen transformiert. Sie hat hier nichts, aber auch gar nichts mit der biophysischen Ausstattung des Menschen, seiner Leiblichkeit, zu tun. Die Vorstellung, man könne sie irgendwelchen embryonalen Stammzellen zuerkennen, hätten Krug und andere Aufklärungstheologen für blanken Unsinn erklärt.

Im achtzehnten Jahrhundert veröffentlichten Theologen beider christlicher Konfessionen ebenso wie jüdische Gelehrte Hunderte von Büchern zur Anthropologie, der Lehre vom Menschen. In ihren Dogmatiken und speziell im Rahmen der Schöpfungstheologie hatten die Theologen schon zu Zeiten der Alten Kirche intensiv auch über den Menschen gehandelt: seine Sonderstellung in Gottes guter Schöpfung, seine existentielle Sündhaftigkeit und seine Erlösung. Aber seit Mitte des achtzehnten Jahrhunderts verdichtete sich die anthropologische Reflexion der Theologen in einem relativ eigenständigen, aber vom engen Ideenkontakt mit der neuen philosophischen Anthropologie geprägten

Diskurs, der eine kaum überschaubare, bisher erst in vagen Umrissen erschlossene Literatur zu «Bestimmung», «Wesen», «Natur» und «Betrachtung» des Menschen hervorbrachte.

Zudem trugen die Theologen ihr neues anthropologisches Reflexionswissen um der vollkommeneren Bildung der Frommen willen auf die Kanzel und in die Schule. Vor allem der Seele galt die Aufmerksamkeit der Theologen, und sie schrieben nun, wie etwa der Erlanger Geheime Kirchenrat und ordentliche Professor der Theologie Georg Friedrich Seiler, eigene *Animadversiones ad Psychologiam sacram* (1778–1787) und Hunderte von Texten über «Wesen», «Wirken», «Kräfte», «Unkörperlichkeit» und «Immaterialität der Seele» sowie über die «Entstehung der Seelen». Hatte sich die vormoderne theologische Lehre vom Menschen auf Schöpfung, Sünde, Erlösung, Tod, Gericht und erhoffte Auferstehung (oder definitive Verdammnis) des Menschen konzentriert, so ging es im neuen theologischen Anthropologie-Diskurs intensiv um die kontroverse Deutung der «vernünftigen Freiheit des Menschen», seiner «Sprache», seiner «Glückseligkeit» und «Tugend». Nachdem der Hauslehrer und zeitweilige schwedische Gesandtschaftssekretär Johann Joachim Spalding 1748 eine beim neuen gebildeten Publikum extrem erfolgreiche *Betrachtung ueber die Bestimmung des Menschen* veröffentlicht hatte, publizierten bald auch andere Theologen und Philosophen zu dem Thema. Im theologisch-philosophischen Diskurs über die «Bestimmung des Menschen» debattierten die Theologen entscheidend auch über den Begriff der «Würde des Menschen». Im einschlägigen Paragraphen der dritten, verbesserten und vermehrten Auflage der *Systematische(n) Entwickelung aller in der Dogmatik vorkommenden Begriffe nach den symbolischen Büchern der evangelisch-lutherischen Kirche und den wichtigsten dogmatischen Lehrbüchern* schrieb Karl Gottlieb Bretschneider, ein überaus einflussreicher, in Gotha als Generalsuperintendent wirkender Spätrationalist: «*Bestimmung* ist das angeordnete Verhältniß eines Dinges zu seinem Endzweck. Da der Mensch theils ein selbständiges Wesen ist, das als solches einen Zweck für sich hat, theils ein Theil des Universums, in dessen letztem Zwecke also auch seine individuelle Bestimmung eingeschlossen ist; so hat er eine doppelte Bestimmung, eine generische (als Gattung) und eine kosmische (als Theil des Weltalls). – Da nun die relative *Vollkommenheit* eines Dinges nichts anders ist, als die Angemessenheit zu seinem Endzweck; so kann man auch sagen, die Bestimmung des Menschen bestehe in der Ausbildung seines Wesens zur Vollkommenheit, d. i. zur völligen Angemessenheit seines Wesens und Seyns zu seinem Endzweck. – Die Bestimmung eines Dings ist eine *absolute* (innere), und eine *relative* (äußere), wenn es nur Mittel zum Endzweck ist. Dinge der letztern Art haben einen *Werth*, Dinge der ersten Art eine *Würde*. Die Würde des Menschen ist also die Beschaffenheit desselben, nach welcher es keine relative, sondern eine absolute Bestimmung hat (d. i. nicht ist, damit etwas Anderes sey, sondern ist, damit er selbst sey, um sein selbst willen).» Das erinnert an Kants berühmte Würde-Formel und schärft im theologischen Diskurs eine grundlegende Unterscheidung zwischen Wert und Würde ein, die aber schon bald unter dem Einfluss römisch-katholischen Naturrechtsdenkens wieder verwischt wurde: Der Mensch hat eine Würde. Aber er hat als Würdewesen keinen Wert. Als der ursprünglich ökonomische Begriff des Wertes in ethische Diskurse eingeführt wurde – ein ideenpolitisch abenteuerlicher Vorgang – und man gegen die Pathologien der Moderne alle möglichen «Kulturwerte», «Grundwerte» und überhaupt moralische «Werte» beschwor, wurde bald auch der Mensch zu einem «Wertewesen», «Werteträger» und «Wertegaranten» erklärt. Inzwischen redet selbst die Evangelische Kirche in Deutschland (EKD) in ihren *Denkschriften* von «Wert und Würde des Menschen». Nur: der Begriff des Wertes ist an die Unterscheidungslogik von wert und unwert gebunden. Wer vom «Wert des Menschen» redet, hat ihn immer schon der Abwertung preisgegeben.

Der moderne Anthropologie-Diskurs der Theologen ist zu breit, dicht und ideenpolitisch komplex, um hier weiter verfolgt zu werden. Er wird geprägt von durchgängig lesbaren Konfliktspuren in der Bestimmung und Auslegung von Begriffen wie «menschliche Autonomie», «Freiheit des Menschen», «Rechte des Menschen» und auch «Theonomie». Gerade konservative Theologen betonen stark die Sündhaftigkeit des Menschen und lehnen die liberaltheologischen Versuche, Autonomie in Ebenbildlichkeit zu fundieren, als theologisch illegitim ab. Für diese aufklärungsbestimmten liberaltheologischen Überlieferungen gewinnt Würdesemantik einen hohen Rang. Die «Menschenwürde» wird auf die Kanzel gebracht. Dafür typisch sind die *Predigten ueber die Würde des Men-*

schen, und den Werth der vornehmsten Dinge, die zur menschlichen Glueckseligkeit gehoeren, oder dazu gerechnet werden, die der Leipziger reformierte Prediger Georg Joachim Zollikofer in zwei mehrfach aufgelegten Bänden publiziert hat. In der Zweitauflage von 1784 gibt ihm Psalm 8,6 Anlass zu der Kanzelfrage: «Worin besteht die Würde des Menschen?» Fünf Jahre vor der Revolution in Frankreich nutzt der populäre, auch von Goethe geschätzte Prediger die Kanzel, um für seinen individuellen Begriff der Würde des Menschen zu werben. «Verstand und Vernunft adeln den Menschen. Dieß ist der erste und vornehmste Grund seiner Wuerde. ... Dadurch wird er zum Verwandten der Engel; dadurch schwingt er sich bis zur Gottheit empor.» Zollikofer deutet die Würde zweitens als Freiheitsvermögen des Menschen. «Freyheit ..., moralische Freyheit ist ein anderer charakteristischer Zug des Menschen, ein anderer Grund seiner Wuerde. ... Er kann ueberlegen, vergleichen, waehlen, Entschluesse fassen. ... So ist er weder ein blindes Triebrad in dem Weltsysteme, noch ein Sclave seiner eignen Sinne, noch ein Spiel äußerer Ursachen und Zufaelle.» Moralische Freiheit zeigt sich in autonomer vernunftgeleiteter Praxis, und so erklärt Zollikofer «Thaetigkeit, die mannigfaltigste, unermuedetste» zum «dritten Grund» der Menschenwürde. Im Sinne der aufklärerischen Theorie von der moralischen Selbstvervollkommnung des sich bildenden Individuums kann er dann «viertens die Faehigkeit, immer weiter zu gehen und vollkommener zu werden», als «einen neuen Grund seiner vorzueglichen Wuerde entdecken. ... Nie ist er (der Mensch) ganz das, was er seyn soll und kann. Ihn umschraenkt kein Raum, keine Zeit schlechterdings und auf immer. Eine Stufe der Vollkommenheit fuehret ihn zur anderen, und nie steht er so hoch, daß er nicht noch hoeher fliegen koennte.» Als fünften Grund der Würde nennt Zollikofer die Bestimmung des Individuums zur «Unsterblichkeit». Der Mensch «soll ewig fortdauern, ewig leben, ewig als ein vernuenftiges, freyes, hoechstthaetiges, nach Vollkommenheit strebendes Wesen leben!» In einer anderen Predigt überführt der Kanzelredner die Ebenbild-Metaphorik ins Würdelob: «Auch ist der Mensch, M(eine) Brueder, und dies erhoehet seine Wuerde, dies setzet sie in ihr volles Licht, der Mensch ist das Ebenbild Gottes, er stammt von ihm her, ist seines Geschlechts, und traegt sichtbare Spuren seiner Herkunft von Gott, und seiner Gemeinschaft mit Gott, an sich. ... So oft er Wahrheit denket; so oft er Gutes will und wirket; so oft er Ordnung und Schoenheit empfindet und befoerdert; so oft er Liebe und Freude und Seligkeit um sich her verbreitet: so oft denket, und will, und wirket, und empfindet, und handelt er auf eine Gott aehnliche Art; ... so oft befoerdert er die Absichten des obersten Wesen; ... und je mehr, je oefter er solches thut, desto groeßer ist seine Gottaehnlichkeit, desto heller strahlet das Bild der Gottheit an ihm, desto weniger kann man seinen hoeheren Ursprung und seine Wuerde an ihm verkennen. Dann redet und handelt Gott gleichsam sichtbarer Weise in ihm und durch ihn ...» Und deshalb darf man das Ebenbild nicht in ein fixes Bild zu bannen versuchen.

Die Dauerdebatten über die Imago Dei gewannen schon in der Alten Kirche und im Frühjudentum durch die enge Nähe zum sogenannten Bilderverbot ihre spezifische Dramatik. In der revidierten Luther-Bibel von 1975 lautet der Text von Exodus 24,4–6: «Du sollst dir kein Bildnis noch irgendein Gleichnis machen, weder von dem, was oben im Himmel, noch von dem, was unten auf Erden, noch von dem, was im Wasser unter der Erde ist: Bete sie nicht an und diene ihnen nicht! Denn ich, der HERR, dein Gott, bin ein eifernder Gott, der die Missetat der Väter heimsucht bis ins dritte und vierte Glied an den Kindern derer, die mich hassen, aber Barmherzigkeit erweist an vielen Tausenden, die mich lieben und meine Gebote halten.» Ganz vorn im Dekalog, gleich auf das erste Gebot, exklusiv Jahwe, den einen Gott, und keine anderen Götter zu verehren, folgt das Bilderverbot. Es hat in den Judentümern ebenso wie in den Christentümern und den verschiedenen muslimischen Überlieferungen faszinierende theo-logische Kontroversen über die Macht der Bilder provoziert. Der Kunsthistoriker Hans Belting, ein genialer Bilddenker, hat 2005 in *Das echte Bild* die These entfaltet, dass «die Religion ein wahres Trainingsfeld für den Gebrauch von Medien bot, die sie wechselseitig weihte und verdammte». Alle gegenwärtig umstrittenen Medienbegriffe seien «immer noch mit dem Gewicht des christlichen Glaubens beschwert», mit den jahrhundertelang umkämpften begrifflichen Distinktionen und argumentativen Strategien der Theologen, die in ihren harten Kontroversen um Gotteswort, Heilige Schrift und sakrale

Bildaura viel intensiver als alle anderen gelehrten Professionen über Macht, Verführungskraft und Glaubwürdigkeit der Bilder nachgedacht hätten. In der Tat erzeugte die reflexive Hochspannung zwischen Imago Dei und Bilderverbot immer wieder explosive Verdichtungen theologischen Bilddenkens, von magischem Bildzauber und Ikonenkult bis hin zu radikaler Bildkritik und ikonoklastischer Aggression. Erneut ist zunächst knapp der Stand der exegetischen Forschung zu resümieren, bevor ein kurzer Blick auf die Bilderverbote in Judentum und Islam sowie die vielen Bilderkämpfe in den Religionsgeschichten insbesondere des Christentums geworfen wird.

Am Anfang war das Bild. Zwar hat Hieronymus, der Kirchenvater, den *logos* aus dem Prolog des Johannes-Evangeliums als *verbum* übersetzt und so dem gesprochenen wie dem aufgeschriebenen Wort eine welterschaffende Kraft zuerkannt, hinter der die Bilder nur zurückbleiben konnten. Aber die gelehrten Religionshistoriker wissen es dank stupenden Forscherfleißes inzwischen besser: Die Glaubensgeschichten der Menschheit begannen weithin als Bildkulte. In historischen Perspektiven kommt Bildern der vielen Götter Vorrang vor dem Wort des einen Gottes zu. Alle religionswissenschaftlichen Konstrukte eines Urmonotheismus haben sich im Spurenschutt der Archäologen als bloße Phantasmen dogmatischer Einheitsbildungskraft erwiesen. In ihren Kultbildern gewannen Götter Anschaulichkeit, Präsenz und Lebensnähe. Die Frommen bekundeten den in Tempeln wohnenden Götterstatuen nicht nur dankbaren Respekt durch Proskynese, ehrfurchtsvolle Verbeugung oder scheues Erheben der Augen, sondern pflegten sie, gaben ihnen Kleidung und versorgten sie mit Speiseopfern. Auch wurden die Götterbilder gewaschen und geschminkt, analog zur Praxis kultischer Pflege der Herrscherbilder. Man ehrte sie mit Tauschopfern. Dabei waren sie nicht nur Objekte rituellen Handelns, sondern gewannen selbst Handlungsmacht: Wie lebende Menschen konnten sie sich vernehmbar machen und bluten, schwitzen, lachen, Tränen vergießen, nicken, erschöpft wirken. So waren die Bilder der Götter die Götter selbst. Man behandelte und ehrte sie als lebende Wesen.

Starker Bildglaube prägte auch die Religionsgeschichten des ganz alten, vorexilischen Jahwe-Kultes. Archäologen haben in Palästina zahlreiche menschen- und tiergestaltige Kultbilder aus der Zeit von 1150 bis 500 vor Christus finden können. Im vorexilischen Israel und Juda dürfte es auch Jahwe-Kultbilder und Jahwe-Statuen gegeben haben. Die programmatische, religionsgeschichtlich zunächst singuläre Bildlosigkeit des nachexilischen Judentums spiegelt eine harte religiöse Konkurrenzsituation, die die Jahwe-Frommen durch Überbietungslogik zu bewältigen suchten. Immer wieder stellten sie den vielen «Götzen» der Umwelt den allein wahrhaft göttlichen Jahwe gegenüber, der als Schöpfer Himmels und der Erden einen exklusiven Anspruch auf Verehrung habe – siehe erstes Gebot. In den Religionsgeschichten des antiken Judentums sind die Ausschließlichkeitsforderung des einen, einzigen Gottes und das Bilderverbot des zweiten Gebotes (in orthodoxer, reformierter und anglikanischer Zählung) eng miteinander verknüpft. Genau besehen, kennen Hebräische Bibel und Altes Testament gar nicht ein oder gar *das* Bilderverbot, sondern eine Reihe von «Gesetzestexten», in denen Anfertigung und Gebrauch von Kultbildern tabuisiert wurden. Diese Texte spiegeln viel professionsspezifisches Handwerkerwissen über die gängigen Produktionstechniken von Götterbildern und Kultstatuetten. Plastisch, kundig, direkt wird von behauenen oder geschnitzten Machwerken geredet, von figürlichen Idolen und Fetischen. Götterfiguren aus Stein, Holz oder Edelmetall seien nur «das selbstgemachte Werk eurer Hände», polemisieren die Propheten, doch als bloße Artefakte könnten sie ebenso wenig retten wie das «Staatskalb» Samarias oder eine Eherne Schlange. Um des wahren, reinen Jahwe-Glaubens willen sind hier in Technikersprache, im Berufsjargon von Idolschnitzern, Bildhauern und Metallarbeitern, zentrale Topoi aller späteren Religionskritik formuliert: Die herrschenden Bilder Gottes seien nur vom Menschen gemacht. Nichts garantiere, dass sie Gottes wahrem Wesen gerecht würden.

Jesaja 44,9–20 ist das wohl berühmteste Exempel für die prophetische Entlarvung der Götterbilder als bloßer Produkte menschlicher Einbildungs- und Herstellungskraft. Luther übersetzt: «Die Götzenmacher sind alle nichtig; woran ihr Herz hängt, das ist nichts nütze. ... Wer sind sie, die einen Gott machen und einen Götzen gießen, der nichts nütze ist? ... Der Schmied macht ein Messer in der Glut und formt es mit Hammerschlägen. Er arbeitet daran mit der ganzen Kraft seines Arms; dabei wird

Für den Schöpfungsakt sind Bann und Zerstörung der Chaosmächte konstitutiv: Baal mit Donnerkeil. Relief aus der Mitte des zweiten Jahrtausends v. Chr.

er hungrig, so daß er nicht mehr kann, und trinkt auch kein Wasser, so daß er matt wird. Der Zimmermann spannt die Schnur und zeichnet mit dem Stift. Er behaut das Holz und zirkelt es ab und macht es wie eines Mannes Gestalt, wie einen schönen Menschen; in einem Hause soll es thronen. Er haut Zedern ab und nimmt Kiefern und Eichen und wählt unter den Bäumen des Waldes. Er hatte Fichten gepflanzt, und der Regen ließ sie wachsen. Das gibt den Leuten Brennholz; davon nimmt er und wärmt sich; auch zündet er es an und bäckt Brot; aber daraus macht er auch einen Gott und betet's an; er macht einen Götzen daraus und kniet davor nieder. Die eine Hälfte verbrennt er im Feuer ... Aber die andere Hälfte macht er zum Gott, daß es sein Götze sei, vor dem er kniet und niederfällt und betet, und spricht: Errette mich, denn Du bist mein Gott! Sie wissen nichts und verstehen nichts; denn sie sind verblendet, daß ihre Augen nicht sehen und ihre Herzen nichts merken können. Er kommt nicht zur Einsicht; keine Vernunft und Verstand ist da, daß er dächte: Ich habe die eine Hälfte mit Feuer verbrannt und hab auf den Kohlen Brot gebacken und Fleisch gebraten und gegessen, und sollte die andere Hälfte zum Götzen machen und sollte knien vor einem Klotz? Wer Asche hütet, den hat sein Herz getäuscht und betört, so daß er sein Leben nicht erretten und nicht zu sich sagen wird: Ist das nicht Trug, woran meine Rechte sich hält?» Prägnanter lässt sich Götzenkritik nicht formulieren: Schmied und Zimmermann fabrizieren sich ihre Götter nur aus dem Material, aus dem sie ansonsten ihre Werkzeuge herstellen und Wärme erzeugen. Hier werden die Kultidole dem Brennholz gleichgesetzt. Man kann sie verbrennen und mit ihnen Wärme erzeugen. Man kann sie anbeten, sich vor ihnen niederwerfen und in sich trügerische, illusionäre Seelenglut entfachen. Man kann die Phantasmen, Heilsimaginationen der eigenen Einbildungskraft in Holz oder Metall verbildlichen. Aber die figürlichen Abbilder der eingebildeten Götter taugen zu nichts – außer zur Selbstverblendung und wahnhaften Selbstverknechtung unter die fetischisierten Objekte der eigenen Imaginationskraft. Hier wird Götter- oder Götzenproduktion herstellungstechnisch entmystifiziert. Dafür stützen sich die alttestamentlichen Propheten auf strikt theo-logische Argumente: Jahwes einzigartige Transzendenz, die sich jeder innerweltlichen Fixierung entziehe; die bleibende Differenz von Schöpfer und

Geschöpf; der nicht-sinnliche, geistig abstraktere Charakter der jüdischen Gottesvorstellung.

Die permanenten christlichen Streitigkeiten über die Auslegung des Bilderverbots hängen eng mit den Kontroversen über die angemessene Zählung der Zehn Gebote zusammen. Im Alten Testament ist der Dekalog an zwei Stellen überliefert: im Buch Exodus, dem Zweiten Buch Mose, im 24. Kapitel, und im Buch Deuteronomium, dem Fünften Buch Mose. Deuteronomium 5, Vers 8–10, bietet das Bilderverbot als integralen Teil des ersten Gebotes, ausschließlich den einen Jahwe-Gott anzubeten. Es stellt hier gleichsam einen erläuternden Kommentar zum exklusiven Jahwe-Gebot dar, indem es gebietet: Du sollst keine anderen Götter verehren, also auch keine Kultbilder oder Idole solcher Götter anfertigen. Das Bilderverbot meint hier das Verbot der Produktion sinnlicher Repräsentationen möglicher Jahwe-Konkurrenten. Es wird als Fremdgötterbildverbot, Götzenbildverbot gefasst. Da römische Katholiken und Lutheraner ihre Zehn Gebote nach dem Deuteronomium zählen, haben sie das Bilderverbot denn auch im Sinne eines der Ehre Gottes dienenden Verbots der Herstellung und Verehrung möglicher Konkurrenzgötter gedeutet. Hier weiß man um die Macht der Bilder und die Neigung der Menschen, sich an Fetische zu binden. Die Bilder anderer Götter werden abgelehnt, weil sie Macht über die Frommen gewinnen können. Gegen kultische Idolatrie wird mit ungeheurer Strenge und, wie Jan Assmann gern betont, entschiedener Gewaltbereitschaft die Glaubenswelt geteilt in die Götzendiener, die ihre Bildgötter pflegen und verehren, einerseits und die Jahwetreuen andererseits. Bilder versklaven die von Jahwe Abgefallenen an die Mächte dieser Welt und unterwerfen sie ihrer magischen Bindungskraft. «Einst, als ihr Gott noch nicht kanntet, wart ihr Sklaven der Götter, die in Wirklichkeit keine sind», schreibt Paulus im Brief an die Galater. Ins Bild gesetzte Götter sind falsche Götter. Wer sich von diesen Bildern lossagt, emanzipiert sich von versklavenden Scheingöttern, die Herrschaft über unsere Seelen ausüben, unser Inneres kolonisieren.

Einen ganz anderen Bedeutungsgehalt gewinnt das Bilderverbot in der Exodus-Überlieferung als eigenes zweites Gebot. Es bedeutet nun: Du sollst dir keine Götterbilder machen. Dies kann sich nicht nur auf die Götter beziehungsweise Götzen der Umwelt beziehen, sondern auch auf

Jahwe selbst, im Sinne eines Verbots der kultischen Visualisierung Jahwes, seiner Darstellung in Statuen, Idolen und auch heiligen Steinen. In der ersten Lesart, dem Fremdgötterbildverbot des Deuteronomiums, geht es um die von Jahwe selbst eingeklagte religionspolitische Korrektheit, eben um Ausschließlichkeit. Die Exodus-Überlieferung rückt hingegen die Frage der Darstellbarkeit Gottes selbst ins Zentrum. Sie insistiert darauf, dass der transzendente Gott Himmels und der Erden nicht bildlich repräsentiert werden kann. Die entscheidende alttestamentliche «Stelle» findet sich in Deuteronomium 4,15–20. In der Zürcher Bibel, die auf Zwinglis Reformation zurückgeht und 1907 bis 1931 im Auftrag der Kirchensynode im Kanton Zürich nach dem Grundtext aufs Neue übersetzt wurde, lautet der Text: «So hütet euch nun wohl um eures Lebens willen – ihr habt ja keinerlei Gestalt gesehen an dem Tage, da der Herr am Horeb aus dem Feuer zu Euch redete –, dass ihr nicht frevelt und euch ein Gottesbild macht in Gestalt irgendeiner Bildsäule, das Abbild eines Mannes oder Weibes, das Abbild irgendeines Tieres auf der Erde, das Abbild irgendeines beschwingten Vogels, der am Himmel fliegt, das Abbild irgendeines Kriechtieres auf dem Boden, das Abbild irgendeines Fisches im Wasser unter der Erde, und dass du, wenn du deine Augen aufhebst und Sonne, Mond und Sterne schaust, das ganze Heer des Himmels, doch nicht verführen lassest, sie anzubeten und ihnen zu dienen, da der Herr, dein Gott, sie doch allen Völkern unter dem Himmel zugeteilt hat. Euch aber hat der Herr genommen und euch herausgeführt aus dem Schmelzofen, aus Aegypten, dass ihr sein Eigentumsvolk würdet, wie ihr es heute seid.» Hier geht es nicht um die religionspolitische Opposition zwischen dem einen Gott und den gemachten Götzen, sondern primär, wie Jan Assmann dies prägnant genannt hat, um «die Medienfrage», um den Vorrang von Wort und Ohr vor Bild und Auge. In der Exodus-Überlieferung wird die Ohrenreligion privilegiert, die als entscheidendes Medium der Selbstoffenbarung Gottes sein Wort – und nicht die Natur oder irgendwelche innerweltlichen Epiphaniegestalten – und das rein passive Hören (und Befolgen) als einzig wahre Gotteserkenntnis kennt. Gott lässt sich nicht ins Bild fassen, und wer es versucht, das Unsichtbare zu visualisieren, hat immer schon den falschen Gott, einen Abgott verbildlicht. Nur Mose – wenn überhaupt – ist Gott je von Angesicht zu

Angesicht begegnet, aber andere Geschaffene, Sündhafte können Gott nicht bildlich verobjektivieren, weil er sich selbst nicht als irgendein *Urbild*, sondern rein in seinem Wort, in der Tora, offenbart.

Bilder drohen die Alleinwirksamkeit des souveränen Gotteswortes zu stören, und deshalb haben sie in der Gottesverehrung keinen Ort. *Was ist so schlimm an den Bildern?*, hat Jan Assmann 2006 gefragt: «Daß sie dem Wort im Wege stehen. Es geht nicht nur darum, die Welt zu entbildern und zu entzaubern, sondern vor allem darum, etwas anderes an ihre Stelle zu setzen: die Tora. Die Tora ersetzt die Bilder, macht sie überflüssig. Wo Bild war, soll Tora werden. Wo Bild ist, kann Tora nicht sein. Bilder sind nur Folgeprodukte von Einbildungen. Deshalb: Statt des Goldenen Kalbes – Damien Hirsts virilitätsstolzes, kraftstrotzendes *Golden Calf* hat momentan einen Kunstmarktwert von 9,2 Millionen Pfund – Bundestreue und distributive, kommunitäre Gerechtigkeit. Und statt Bildmagie und Devotionalienhandel nun rationalistische Demystifizierung der Bilder.

Einige jüdische Rabbinen und ihnen nachfolgend auch einige muslimische Gelehrte vertraten ein radikales Imaginierungsverbot aller gottgeschaffenen lebendigen Wesen: In Malerei und Glyptik dürfe überhaupt keine Gestalt abgebildet werden, weder Engel noch Menschen noch Tiere. Um des lebendigen Schöpfergottes willen dürfe man Lebendiges nicht objektivieren, fixieren, vergegenständlichen. Hier hat man Angst vor der appellativen Macht der Bilder, ihrer Fähigkeit, starke Emotionen zu erzeugen, emphatische Begeisterung ebenso wie Schock, Verletzung, aggressive Abwehr. Allerdings führen keine direkten Wege von den Bilderverboten des Alten Testaments zu den zahllosen Bilderstreitigkeiten in und zwischen den christlichen Kirchen. Auch muss man die aggressive Bilderfeindlichkeit moderner muslimischer Klerikereliten von den zunehmend kompromissorientierten Bilddiskursen der Rabbinen unterscheiden; die oft zu lesende Behauptung, «Judentum» und «Islam» stimmten im scharfen religiösen Bilderverbot überein, wird weder der religiösen Alltagspraxis noch den weit verzweigten theologischen Bilddebatten gerecht.

Bilder bleiben und wirken auch dann, wenn ihr Produzent gar nicht anwesend oder schon tot ist. Und wo man an die Präsenz der Götter in ihren Bildern glaubt, ist regelmäßiger, geordneter Bildkult unausweichlich. Die Rabbinen deuten solche Götzenverehrung als Verrat am Gottesbund, und gemeinsam mit Mord und Inzest gilt ihnen Bildkult als eine kardinale Sünde. Juden sollen sich deshalb von den Orten der Bildverehrung fern halten, um nicht unrein zu werden. Allerdings entstand im religiösen Pluralismus der späten Antike unter den jüdischen Gelehrten bald heftiger Bilderstreit. Menschen müssen Geschäfte machen, um ihr Auskommen zu sichern. Dies provozierte die Frage, ob jüdische Händler und Handwerker Stoffe, Gegenstände und Werkzeuge an Heiden liefern durften, die diese dann zur Produktion von Götterstatuen nutzten. Weithin setzte sich bei den Rabbinen pragmatische Kompromissbereitschaft durch. Sie entwickelten nun kategoriale Distinktionen zur prägnanten Bestimmung der Funktion von Bildern und unterschiedlicher Modi des Bildgebrauchs. Götterartefakte, die man proskynetisch verehren muss, sind etwas kategorial anderes als Bilder, die man zum Zwecke der Verschönerung seines Wohnhauses anfertigen lässt und aufhängt. So wurden solche rein ästhetisch gedachten Bilder und Kunstwerke zunehmend erlaubt. Später tolerierten viele jüdische Gottesgelehrte auch in heiligen Räumen, in den Synagogen, Bilder, sofern sie allein der Verschönerung dienten. Aber der Glaubensgefahren, die von der Wirkkraft der Bilder ausging, blieben sich die jüdischen Gelehrten durchgängig bewusst. In der Neuzeit sind vor allem in den verschiedenen jüdischen Orthodoxien immer wieder harte Konflikte über die Frage ausgetragen worden, ob das biblische Bilderverbot nicht im Sinne eines generellen kunstkritischen Prinzips zu deuten sei, also etwa dramatisches Theater, Oper und auch Bildkunst und Bildhauerei aus religiösen Gründen zu verwerfen seien. Denn Jahwe ist ein bildloser Gott. Wo auch immer Ikonophilie einen religiösen Bedeutungsgehalt gewinnt, wird in den jüdischen Diskursen deshalb Bilddistanz eingeklagt. Moderne jüdische Denker erklären das Bilderverbot zudem zum normativen Identitätsanker des Judentums.

Für Hermann Cohen, den Marburger Neukantianer und Vordenker des wilhelminischen Reformjudentums, hat «das Bilderverbot des Dekalogs» dafür gesorgt, dass «der Monotheismus durchgängig seine Selbständigkeit im Gottesbegriffe gegenüber allem Mythos und aller Bildnerei behauptet» hat (*Der Begriff der Religion im System der Philosophie*, 1915). Und Sigmund Freud erklärte 1939 in *Der Mann Moses und die monotheisti-*

sche Religion: «Unter den Vorschriften der Mosesreligion findet sich eine, die bedeutungsvoller ist, als man zunächst erkennt. Es ist das Verbot, sich ein Bild von Gott zu machen, also der Zwang, einen Gott zu verehren, den man nicht sehen kann. ... Aber wenn man dieses Verbot annahm, mußte es eine tiefgreifende Wirkung ausüben. Denn es bedeutete eine *Zurücksetzung der sinnlichen Wahrnehmung gegen eine abstrakt zu nennende Vorstellung, einen Triumph der Geistigkeit über die Sinnlichkeit, streng genommen einen Triebverzicht* mit seinen psychologisch notwendigen Folgen. ... Es war gewiß eine der wichtigsten Etappen auf dem Wege der Menschwerdung.» Postmoderne jüdische Alteritätsenthusiasten wie Jacques Derrida und Emmanuel Lévinas nutzen das Bilderverbot zur kritischen Destruktion einer identitäts- und präsenzfixierten Metaphysik und suchen eine als «Spur» sich manifestierende Anwesenheit des Absoluten in seiner Abwesenheit zu denken, um einen diskursiven Raum für radikale Vielfalt und das Eigenrecht des anderen als ganz Anderen zu erschließen – das Imaginierungsverbot, Unendliches zu verendlichen, als Pluralitätsgarant. Max Weber, der gern religiös unmusikalische Heidelberger Kulturprotestant, deutete in *Wirtschaft und Gesellschaft* das Bilderverbot als entscheidenden Schritt hin zur Rationalisierung der Lebensführung der Frommen: «Daß das zweite Gebot geradezu die entscheidende Ursache des jüdischen Rationalismus sei, wie manche Vertreter einflußreicher jüdischer Reformbewegungen annehmen, geht wohl zu weit. Daß aber die systematische Verdammung aller unbefangenen Hingabe an die eigentlichen Formungswerte der Kunst, deren Wirksamkeit ja durch Maß und Art der Kunstproduktivität der frommen jüdischen und puritanischen Kreise genügend belegt ist, in der Richtung intellektualistischer und rationaler Lebensmethodik wirken muß, ist andererseits nicht im geringsten zu bezweifeln.»

In den religiösen Bilderkämpfen der Gegenwart, vor allem im sogenannten Karikaturenstreit, ist in der westlichen Presse oft das Bild eines radikal bilderfeindlichen Islams gezeichnet worden. Dies ist bestenfalls ein Zerrbild, das weder den Frömmigkeitspraktiken der diversen Islame noch den Bilddiskursen der theologischen und juristischen Schriftgelehrten gerecht wird. Silvia Naef hat in *Bilder und Bilderverbot im Islam* 2007 gefragt,

Die Taliban nehmen ihr erstes Gebot ganz ernst. Neben Allah ist kein Platz für andere Götter: Gesprengte Buddha-Statuen von Bamiyan, März 2001.

ob «das islamische Bilderverbot» nicht bloß ein Konstrukt des westlichen Orientalismus sei. Denn in der Moderne seit 1800 hat sich in allen islamischen Gesellschaften eine reiche Bildkultur entfaltet, und wie in den westlichen Gesellschaften lässt sich im Alltag seit 1900 eine fortwährende Steigerung der Bildproduktion beobachten: durch Lithographie, Buchdruck, Presse, Photographie, Film, Fernsehen, Video; infolge wachsenden Wohlstands entwickelt sich auch ein Kunstmarkt; hinzu kommt nun die Bildmanie im Internet.

Im Koran spielt das Bildthema keine Rolle. Doch in den Hadithen, der von der Textmenge her sehr viel reicheren Überlieferung von Pro-

Der junge Moslem auf dieser frommen Broschüre der Moschee Faizan-e Madina in Karatschi hat kein Gesicht.

phetenworten, findet die Sorge, dass Bilder zum Objekt kultischer Verehrung werden könnten, große Aufmerksamkeit. Sunnitische wie schiitische Hadithe stimmen in Bilderkritik und auch aggressiver Bilderfeindlichkeit überein. Hier wie dort wird von Mohammed berichtet, dass er im Jahre 630 die 360 Götzenbilder zerstören musste, die in der Kaaba aufgestellt gewesen seien. Bilder gelten als unrein, und deshalb darf man in ihrer Gegenwart kein Gebet verrichten; die schiitischen Überlieferungen betonen die Unreinheit der Bilder besonders stark. Allerdings erlauben die Schiiten Bilder auf Kissen und Teppichen. Wer Bilder produziert, wird freilich im Jenseits von Gott verdammt werden. Denn Gott wird dann die Maler und Zeichner dazu zwingen, ihren Geschöpfen Leben einzuhauchen – was ihnen, weil allein Gott Schöpferkraft eignet, nicht gelingen kann, weshalb sie in der Hölle landen werden.

Die muslimischen Glaubensgelehrten entwickelten in ihren Bilddiskursen ganz unterschiedliche Argumentationslinien. Einige verurteilten die Herstellung von Bildern generell, andere ließen Bilder unter bestimmten Bedingungen zu. Gefahrlos konnte man bildlich darstellen, was weder tierisches noch menschliches Leben ist; aber Tiere und Menschen können ins Bild gebracht werden, wenn deutlich ist, dass die visualisierten Körper nicht leben – etwa, weil sie verstümmelt sind oder der Kopf vom übrigen Körper getrennt ist. Muslimische Bilderstürmer haben immer wieder Köpfe ausradiert oder, beim Sturm auf kappadozische Kirchen, die Gesichter der christlichen Heiligen unkenntlich gemacht. In modernen pakistanischen Missionsschriften treten die Glaubenseifrigen oft mit einem gesichtslosen Kopf auf. Einige klassische Theologen vertreten zudem die Meinung, dass man auch fruchttragende Bäume nicht darstellen darf, und großen Konsens gibt es in der Ablehnung dreidimensionaler, plastischer Darstellungen von Menschen und Tieren. Von Moscheen, Gebetssälen und allen öffentlichen Räumen wurden figürliche Darstellungen konsequent ferngehalten, um den reinen Raum für das Gebet zu schaffen; Moscheen sind deshalb, mit einigen wenigen Ausnahmen in Anatolien, prinzipiell bildlos. Anders als in einigen Christentümern, in denen figürliche Kunst zum religiösen Kultobjekt erhoben wurde, ist sie in den islamischen Überlieferungen nur als strikt weltliche Kunst überhaupt möglich. Wegen des Ausschlusses aus dem öffentlichen Raum hatte sie ihren Ort allein in der Privatsphäre.

Allerdings lassen sich immer wieder Gegentendenzen beobachten. Die in der Mitte des achten Jahrhunderts gebauten Lustschlösser der Umayyaden waren reich ausgestattet mit Mosaiken, Fresken und Malereien, die auch Jagdszenen und selbst nackte Frauengestalten zeigten. Und seit dem zwölften Jahrhundert sind illustrierte Manuskripte heiliger Texte überliefert, die wohl nach dem Vorbild des christlichen Psalters entstanden. Auch ist schon aus dem Jahr 1250 ein Prophetenbild bekannt, und seit Beginn des vierzehnten Jahrhunderts wurden in Isfahan reich bebilderte Manuskripte zum Leben Mohammeds vertrieben. In Persien, Indien und dem

Mohammed mit verdecktem Gesicht auf seinem Reittier Buraq, umgeben von Himmelsgefährten. Persien, 1458.

osmanischen Riesenreich experimentierten viele Künstler mit sogenannten figürlichen Kalligraphien, indem sie mit den erlaubten Schriftzeichen tierische und menschliche Figuren zu entwerfen suchten. Obgleich die Geistlichkeit Bilder immer wieder ablehnte, ließ sich die Bildproduktion niemals ganz stoppen. Intensivierter Austausch mit den europäischen Län-

Oft kann man in westlichen Zeitungen lesen, «der Islam» verbiete es, Mohammed-Portraits anzufertigen. Aber in Nordafrika wurde ein junger, glaubensverführerischer Prophet im großen Stile vertrieben. Bis heute ist das Bild im islamischen Orient verbreitet.

dern durch Reisen, Ideenimport, Kolonialismus und wachsenden Warenverkehr provozierte dann modernitätstypische Bilderkämpfe. Als der Reform-Sultan Mahmud II. um 1830 in den Kasernen Istanbuls sein Portrait aufhängen ließ, machten die Imame und ihnen folgend die frommen Leute gegen solche Sündhaftigkeit mobil. Auch gab es viel Streit um die Frage, ob man im öffentlichen Raum Denkmäler errichten dürfe – dies wird etwa in Saudi-Arabien, unter dem Einfluss der strengen wahhabitischen Überlieferungen, bis heute abgelehnt.

Tendenzen der Verwestlichung vor allem in den urbanen Bourgeoisien Kairos, Bagdads oder Istanbuls sowie die Allpräsenz von Bildern im

Alltagsleben setzten die theologischen Glaubenswächter und die Scharia-Rechtsgelehrten unter starken Reflexionszwang. Einige versuchen, kontrafaktisch die alten Bildtabus zu bewahren oder gar zu verschärfen, weithin ohne besonderen Erfolg. Andere Glaubensgelehrte akzeptieren die normative Kraft des faktisch Gewordenen und suchen durch Relecture der alten heiligen Texte zwar Bilder zu akzeptieren, aber zugleich religiösen oder religionshaltigen Bildkult zu verhindern. Das fällt unter den Kommunikationsbedingungen der Gegenwart sehr schwer. Nicht nur werden erfolgreich die Bilder großer Heiliger vermarktet. Selbst vermeintlich «fundamentalistische» Religionsführer sind so klerikaleitel, dass sie die massenhafte Verbreitung von Verehrungsbildern und großen Portrait-Plakaten fördern. Auch der Prophet selbst wird ins Bild gesetzt. Die in der europäischen Presse während des Karikaturenstreits oft zu lesende Behauptung, der Islam verbiete die bildliche Darstellung des Propheten, lässt wenig Sachverstand erkennen. Viele Muslime fühlten sich durch die Karikaturen beleidigt, weil sie hier den Propheten verächtlich gemacht sahen. Die diversen Islame kennen in der Tat keinerlei relevante Traditionen einer satirisch gebrochenen oder ironisch distanzierten öffentlichen Reflexion ihrer religiösen Symbolbestände.

Westlicher Triumphalismus ist allerdings ebenso fehl am Platze wie der pauschale Antiislamismus mancher jüdischer Intellektueller in Deutschland, etwa Henryk M. Broders oder Ralph Giordanos. Denn das fromme Bewusstsein hat sich auch in den Christentümern und den Judentümern nicht gern durch Ironie, Satire oder kritische Vernunft über sich aufklären lassen. Als die BBC 2006 die satirische Comic-Serie «Popetown» über die fiktiven Erlebnisse eines Pater Nicholas im Vatikanstaat – er begegnet hier einem kriminellen Kardinal und einem «durchgeknallten Papst» – senden wollte, mobilisierte die römisch-katholische Kirche in Großbritannien so massiv frommen Protest, dass die BBC auf die Ausstrahlung verzichtete. Ein neuseeländischer Privatsender, der die zehn Folgen sendete, handelte sich einen Boykottaufruf der katholischen Kirche ein. Und in Deutschland legten die beiden großen Kirchen erfolgreich beim Deutschen Werberat dagegen Beschwerde ein, dass der Musiksender MTV für die Serie in Zeitschriften mit einem Plakat «Lachen statt rumhängen» warb – man sah im Hintergrund ein leeres

Kreuz und im Vordergrund einen lachenden Jesus Christus mit Dornenkrone vor einem Fernsehapparat. Die Anzeige habe eine Beschwerdeflut ausgelöst, konnte man in der Presse lesen. Und der damalige CSU-Generalsekretär Markus Söder forderte sogleich, das Strafrecht um neue «konkrete Tatbestände» zum Schutz zentraler religiöser Symbole zu erweitern.

Religiöse Bilderverbote lassen sich religionskulturell konstruktiv deuten: als Versuche, prägnante Grenzen zwischen Heiligem und Profanem, Reinem und Unreinem zu markieren. Wer seinen Gott nicht ins Schaubild bringen darf, erspart seinen Mitmenschen peinlichen Glaubenskitsch. Denn den unsichtbaren Gott sichtbar zu machen, ist ein äußerst riskantes, zu Banalästhetik verführendes Unterfangen. Jesus im Ährenfeld – eher anstrengend. Aber sehr viele Fromme lieben gerade die bunten Bilder der Heiligen und sind auf Sinnlichkeit abonniert. Das stärkste Argument *für* die Glaubensbilder, das in den immer wieder aufflammenden Bilderstreitigkeiten der Christentumsgeschichten vertreten wurde, lautet schlicht: Die meisten Leute brauchen, wollen sie. Ohne Bilder bleibt ihnen die Heilsbotschaft unverständlich und fremd. Bilder als Verkündigungsmedien und Missionsvehikel. Die akademischen Theologen nannten dies schon im sechzehnten Jahrhundert den *usus didacticus* oder *usus paedagogicus* der Bilder. Er war erfolgreich. Der Ethnologe Karl-Heinz Kohl hat in seinem Buch *Die Macht der Dinge* 2003 gezeigt, dass es gerade der faszinierende Reichtum an Bildern und materiellen Verkörperungen des Heiligen – Monstranzen, Weihrauchgefäßen, Rosenkränzen, Kruzifixen, Heiligenfiguren – war, der die Missionserfolge der römisch-katholischen Kirche sicherte. Diese sakralen Objekte glichen den eigenen Ahnenstatuen, und Ethnologen haben inzwischen überzeugend nachweisen können, dass etwa die berühmten Nkisi Nkondi der Yombe oder die Fetischfiguren anderer Bevölkerungsgruppen stark von christlichen Kultobjekten beeinflusst wurden. Portugiesische Missionare ließen die alten heiligen Gegenstände der Bakongo, deren «Fetische» und «Idole», wie sie in zeitgenössischen Quellen genannt werden, einsammeln und in großen Autodafés verbrennen, um den Leuten stattdessen Heiligenbilder und Kruzifixe zu geben. In der Verschmelzung der christlichen Gottessymbole mit dem lokalen Pantheon wurde die Trinität oft in eine Quaternität transformiert, mit Maria als weiblicher Gottesmutter und entsprechendem Bildkult. Volksfrömmigkeit ist nun einmal von der magischen Gegenwart des Dargestellten im Bild überzeugt.

Die harten theologischen Begriffskämpfe um Bild und Bilder waren schon in der Alten Kirche eine Reaktion auf die massive Durchsetzung von Bildglaube und Bilderverehrung der Frommen. Zwar lehrten die christlichen Apologeten unter Verweis auf den Dekalog, dass die Christen keine Gottesbilder brauchen und Bildproduktion von Gott selbst untersagt ist. Aber der staatlich geförderte Polytheismus im Römischen Reich mit seiner Allgegenwart von Götterbildern im öffentlichen Raum erwies sich insoweit als wirkmächtiger, als Christusbilder seit dem sechsten Jahrhundert die Sakralfunktionen übernahmen, die bis dahin den Kaiserbildern zukamen. Seit dem frühen dritten Jahrhundert sind erste christliche Bilder und Mosaiken belegt, trotz der bildkritischen Polemik der Apologeten. In Kirchen aus dem vierten und fünften Jahrhundert finden sich Bilderzyklen mit biblischen Geschichten und einem thronenden Christusherrscher in der Apsis – wie Jupiter beim Götterkonvent. Oft wurden im vierten Jahrhundert die Wunderheilungen Jesu in Katakomben und auf Sarkophagen dargestellt. Auch sind Bilder überliefert, in denen Jesus wie ein Sokrates-Typos seinen Schülerkreis belehrt. Spätestens im sechsten Jahrhundert lassen sich zahlreiche Bilder nachweisen, denen intensive kultische Verehrung entgegengebracht wurde: Bilder von Märtyrern, Heiligenbilder, Marienbilder, Bilder Christi. Vor allem Mönche organisierten nun Produktion, Vertrieb und Handel. Und analog zum politischen Bildkult, der Verehrung des Kaiserbildes, wurden die Bilder mit Kränzen und Goldbeschlägen geschmückt. Man zündete vor ihnen Kerzen an, stellte Öllampen auf und schuf mit Weihrauch eine sakrale Aura. Man küsste sie, und man fiel in Proskynese vor ihnen nieder. Man betete sie an: *adorare.*

Der Bildkult wurde gefördert durch Wunderberichte, dass das Beten vor dem Bilde aus Not errettet oder in schwerer Krankheit Linderung und Heilung bewirkt habe. Bilder, Mosaike, Wandmalereien, denen man die Kraft zum Heilungswunder zuschrieb, wurden im prägnanten Sinne des Begriffs zu Ikonen: geweihten Kultbildern, die demütige Ehrfurcht erzeugen und eine ganz starke seelische Verbindung zwischen dem Frommen und dem Dargestellten – Christus, die Gottesmutter, Apostel, Heilige – stiften sollen. Unterstellt wird immer ein charismatischer Selbsterweis der wundertätigen Bilder: Im Bild lebe die Wundermacht des abgebildeten Heiligen fort. Durch Berühren, Streicheln, Küssen des Bildes soll die Kraft des Heiligen auf die Anbetenden übertragen werden.

Wo Bilderkult floriert, bedarf es theologischer Legitimation. Dazu wurde das Bilderverbot des Dekalogs christologisch relativiert. Indem Gott in seinem Sohn selbst Mensch geworden sei, in der irdischen Existenz Jesu Christi Gestalt gewonnen habe, habe er sich selbst anschaulich gemacht – denn Jesus Christus sei nach dem Zeugnis des Neuen Testaments das «Ebenbild Gottes» (2. Korinther 4,4): Jesus Christus «ist das Ebenbild des unsichtbaren Gottes, der Erstgeborene vor aller Schöpfung», heißt es im Brief des Paulus an die Kolosser (1,15). Kontroversen um die Legitimität der Bilder verbanden sich in der Alten Kirche mit sehr komplizierten, aber theologisch fundamentalen Debatten über die zwei Naturen Jesu Christi und die Einheit seiner Person, die sogenannte Zweinaturenlehre. Die Bilderstreitigkeiten haben ihren systematischen Ort in der Christologie – was oft übersehen wird.

Die christologische Debatte konzentrierte sich auf die Frage, wie das Verhältnis der zwei Naturen – wahrer Gott und wahrer Mensch – zueinander und die personale Identität Jesu Christi zu denken seien. Wo dabei Bildreflexion bemüht wird, zeigt sich eine deutliche Kontinuität zum politischen Bildkult der römischen Kaiser. Athanasius, einer der einflussreichsten christlichen Denker im Alexandrien des vierten Jahrhunderts, ein Teilnehmer des Konzils von Nicäa im Jahre 325 und seit 328 Bischof von Alexandrien, rückt den Bildbegriff ins Zentrum der Christologie: «Die Göttlichkeit des Sohnes ist auch die des Vaters, und sie ist die gleiche im Sohn. Wer dies begriffen hat, wird leicht verstehen, dass derjenige, der den Sohn geschaut hat, den Vater geschaut hat (Johannes 14,9), denn er hat im Sohn die Göttlichkeit des Vaters erblickt. Dies wird noch besser verständlich, wenn man das Kaiserbild als Beispiel nimmt. Im Bild finden sich nämlich Aussehen und Gestalt des Kaisers; der Kaiser hat genau das Aussehen, das im Bild geschaut wird. Es besteht im Bild eine so vollkommene Ähnlichkeit, dass, wer das Bild schaut, darin den Kaiser sieht, und umgekehrt, wer den Kaiser schaut, ihn als jenen erkennen wird, den man im Bild sieht. Da sie sich in nichts Unähnlichem unterscheiden, könnte zu einem, der den Kaiser zu schauen wünscht, nachdem er das Bild geschaut hat, das Bild ganz zu Recht sagen: Der Kaiser und ich sind eins; ich bin in ihm, und er ist in mir. Alles was du in mir schaust, erkennst du in ihm gleich, und was du in ihm geschaut hast, siehst du in mir. Wer sich also vor dem Bild niederwirft, wirft sich auch vor dem Kaiser in ihm nieder, denn das Bild ist sein Aussehen und seine Gestalt.» Hier wird die Differenz zwischen Urbild und Abbild eingezogen und, ganz im Sinne der alten politischen Repräsentationstheorie, dass das Bild des Kaisers der Kaiser in seiner Macht selbst ist, zur Deutung der Doppelnatur Jesu Christi reformuliert: Der fleischliche Leib des ebenbildlichen Menschen Jesus von Nazareth hat immer schon Anteil an der Göttlichkeit seines himmlischen Vaters. Dieser politischen Christologie korrespondiert in der religiösen Praxis die Errichtung großer Christusstatuen, die nicht zuletzt die nun errungene Macht der Kirche und ihrer Bischöfe demonstrieren sollten. Im zu Konstantinopel gelegenen Palast von Tiberios II. – er war von 574 bis 582 Kaiser – überragte das Christusbild den Königsthron, und seit Justinian II. – Kaiser von 685 bis 695 und wieder 705 bis 711 – wurde ein Christusbild auf Münzen geprägt.

Im Oströmischen Reich wurde Jesus Christus in Bilddarstellungen häufig durch eine kreisförmige, eine ovale oder auch eine elliptische Umrahmung hervorgehoben, um seine Göttlichkeit zu demonstrieren. Christus ist, wie das Nicänum noch einmal bekräftigt, wahrer Gott und wahrer Mensch, und deshalb ist er als Gott zu verehren. Kritiker dieses Christusbildkultes wandten ein, dass seine Göttlichkeit prinzipiell nicht darstellbar sei und er deshalb wegen der manifesten Einheit von göttlicher und menschlicher Natur überhaupt nicht bildlich dargestellt werden dürfe – ganz im Sinne des Gottesbildverbotes. Wichtig für die großen Bilderkämpfe von 726 bis 843 wurde eine Formulierung des Basilius von Caesarea in dem wohl um 374 entstandenen Traktat *De spiritu sancto:* «Die dem Bild erwiesene Ehre geht über auf den Dargestellten.» Und wer das Bild des Kaisers schmäht, beleidigt damit den Kaiser selbst. Im lateinischen Christentum werden die Bilder Christi denn auch häufig *vultus Christi*, Christi Antlitz, genannt. Die Identifikation von Urbild und

Abbild, dargestellter Person selbst und Darstellung, befördert die Vorstellung, dass Gewalt gegen ein Bild reale Gewalt gegen die dargestellte Person bedeute und dieser physische Qualen bereite.

In entschiedener Bilderkritik bildeten sich Koalitionen, die die überkommenen Grenzen zwischen den Glaubensgemeinschaften transzendierten. Im frühen achten Jahrhundert protestierten orthodoxe Juden, fromme Muslime und Christen in Konstantinopel gemeinsam gegen die bildlichen Darstellungen Christi, die nur Abgötterei seien. Kaiser Leo III. ließ daraufhin zahlreiche Christusbilder entfernen. 726 erteilte er den Befehl, das große Christusbild an den Toren seines Palastes in Konstantinopel zu zerstören. Auch Bildersturm bedarf theologischer Legitimität, und so waren bilderkritische wie bildergläubige Theologen nun zu intensivierter Bildreflexion gezwungen. Diese intellektuell faszinierenden, medientheoretisch hoch aktuellen Bildbegriffskämpfe sollen hier nicht im Einzelnen verfolgt werden. Kurz zu erwähnen ist jedoch die äußerst einflussreiche Bildertheologie des Johannes Damascenus, der in der römisch-katholischen Kirche als letzter der Kirchenväter verehrt wird und seit 1890 auch in den Rang eines Lehrers der Kirche erhoben ist. Der einer sehr vornehmen Familie aus Damaskus entstammende und dank exzellenter Ausbildung hoch gebildete Gottesdenker entwickelte eine normative Kategorienlehre von Bildtypen, in der Urbild, Ebenbild, dreidimensionale Plastik und gemalte Bilder unterschieden werden. Seine klugen Distinktionen laufen auf die Pointe hinaus, dass Bilder eben mehr als bloß Bilder sind, weil sie an der Wirkkraft der dargestellten Person teilhaben – im Falle von Christus also an seiner Göttlichkeit und bei den Heiligen an ihrer sakralen Wunderkraft. Gewiss, der Maler kann die göttliche Natur Jesu Christi nicht visualisieren. Aber indem er den Heiland in seiner menschlichen Gestalt zeige, bringe er, aufgrund der manifesten Einheit beider Naturen, indirekt auch die göttliche zur Darstellung – weshalb man Christusbilder anbeten dürfe. Das alttestamentliche Bilderverbot sei nur zur Verhinderung von Götzendienst erlassen worden und nun durch das Wirken Jesu Christi hinfällig. Zwar sei Gott selbst unsichtbar, habe uns aber in der Inkarnation seines Sohnes ein anschauliches Bild seiner selbst gegeben. Johannes sieht allerdings, dass Jesus Christus in seiner menschlichen Natur geschaffen ist, und deshalb unterscheidet er zwischen der allein Gott geltenden *latria* und einer einfachen Anbetung, die er, abgeleitet vom griechischen Wort für Hörigkeit, *doulia* nennt. Mit großer gedanklicher Konsequenz bestimmt Johannes dabei, dass die Ehrerbietung, die man Heiligenbildern entgegenbringe, nicht den Bildern in ihrer stofflichen Materialität, sondern exklusiv dem jeweiligen Heiligen gebühre. Dennoch wurde er bald nach seinem Tod am 4. Dezember 754 vom ikonoklastischen Konzil von Hiereia als «Manzeros», Bastard, verflucht, nach dem Sieg der Ikonodulen aber beim zweiten nizänischen Konzil 787 feierlich rehabilitiert.

In den Streit griff auch der neue Kaiser Konstantin V. selbst ein, der, so lässt sich aus Gegenschriften rekonstruieren, aus der Personenidentität Jesu Christi, der Einheit seiner beiden Naturen, die These seiner Nichtdarstellbarkeit ableitete: Bilder könnten Christus nur in seiner Menschengestalt zeigen und drohten so seine personale Einheit zu missachten. Auf dem Konzil von Hiereia wurde dies 754 bestätigt: Durch die personale Einheit seiner beiden Naturen sei der Gottmensch Christus vollkommen göttlich und könne folglich ebenso wenig wie der Vater oder der Heilige Geist verbildlicht werden. Politisch setzten sich beim zweiten Konzil von Nicäa 787 jedoch die Ikonophilen durch, mit der gedanklich schwachen Begründung, die Anbetung des Bildes gehe von diesem auf die dargestellte heilige Person über.

Im weiteren Gang des Streites wurden dann, weil religiöser Dauerkonflikt intellektuell stimulierend wirkt, differenziertere Bildtheorien entwickelt. Der ob der östlichen Bildgläubigkeit erboste Karl der Große bestellte 794 seine Bischöfe zu einer Synode nach Frankfurt ein und ließ sich zum Gottesideenkampf gegen die byzantinischen Bildhuldiger *Libri carolini* schreiben, in denen narrative Bibelbilder im Sinne des *usus paedagogicus* zugelassen, aber Anbetung und sonstige Verehrung von Gottes- und Heiligenbildern strikt verboten wurden. Dennoch setzte sich auch im lateinischen Christentum seit dem zwölften oder frühen dreizehnten Jahrhundert Bilderfrömmigkeit im großen Stil durch. Als Legitimation einer Volksfrömmigkeit, die sich theologisch gar nicht steuern ließ und zunehmend der klerikalen Kontrolle entglitt, wurde nun oft betont, dass die Bildfrommen genau besehen ja nicht das Bild, sondern Gott im Bilde oder durch das Bild anbeteten. Das Bild wurde theologisch gleichsam auf

seine Medialität reduziert – was die Bildergläubigen nicht daran hindern konnte, dem Bild in seiner stofflichen Materialität, etwa durch Küsse, Ehre zu erweisen.

Unter den vielen Bildertheologien, die im späteren Mittelalter entwickelt wurden, verdient in rezeptionsgeschichtlichen Perspektiven vor allem die 1265 bis 1273 veröffentlichte *Summa theologica* des Thomas von Aquin Beachtung. Gut aristotelisch unterscheidet Thomas zwischen dem Bild als Ding und dem Bild als Bild. Die «Bewegung der Seele zum Bild hin» sei eine doppelte, «einerseits zum Bild selbst in seiner Eigenschaft als Ding, andererseits zum Bild in seiner Eigenschaft als Bild von etwas anderem. Nun liegt der Unterschied zwischen beiden Bewegungen darin, daß die eine, die zum Bild als Ding führt, verschieden ist von der Bewegung zum Ding, während die andere, die zum Bild als Bild führt, identisch ist mit der Bewegung zum Ding. Das heißt also, daß dem Bild Christi als einem beliebigen Ding – sagen wir ‹geschnitztem oder ge-

Luther predigt in einer von Bildern «gereinigten» Kirche. Das Bild von der bilderlosen Kirche mit dem übergroßen Kruzifix schmückt den Hauptaltar der Pfarrkirche in Wittenberg. Cranach-Werkstatt, 1539–1547.

maltem Holz› – keinerlei Ehrerbietung entgegengebracht wird, denn Ehrerbietung wird nur einem vernunftbegabten Wesen geschuldet. Es bleibt also nur die eine Möglichkeit, ihm als Bild Ehrerbietung zu erweisen. Daraus folgt, daß dem Bild Christi und Christus selbst dieselbe Ehrerbietung entgegenzubringen ist. Da die Anbetung Christi latria ist, muß die Anbetung seines Bildes ebenfalls latria sein.» Der am 25. April 1567 durch Pius V. in Rom zum «Lehrer der Kirche» erhobene Dogmatiker legitimiert den ostkirchlichen Bilderkult, indem er den gemalten Christusbildern die dem dreieinen Gott gebührende demütige Verehrung und Anbetung zuerkennt. Hier werden Christus und seine Bilder identifiziert. Analog muss dann auch die betende Anrufung der Gottesmutter mit der Anbetung von Marienbildern gleichgesetzt werden – eine Gebetspraxis zwischen *latria* und *doulia*, für die die allemal unterscheidungsstarken mittelalterlichen Dogmatiker den wohl von Thomas von Aquin geprägten Begriff der Hyperdulia, Hyperdulie einführten. Und Heiligenbilder haben hier ebenso wie die Heiligen selbst einen Anspruch auf die Anbetung der Gläubigen. Obwohl prominente Hochscholastiker, etwa Bonaventura in seinem berühmten *Itinerarium mentis in Deum*, mit Thomas für die Christusbilder *latria* einklagten, blieb im gelehrten Diskurs die Kritik an der Gleichsetzung von Zeichen und Bezeichnetem fortwährend präsent.

Gerade die weite Verbreitung kirchlicher Bildkulte und der damit verbundene Geschäftssinn provozierten schon vor den reformatorischen Protestbewegungen des sechzehnten Jahrhunderts massive religiöse Kritik. Populäre Frömmigkeit setzte in ihrer Erlösungssehnsucht in großem Stil auf die sichtbaren, tastbaren Kunstgebilde. Eine gigantische Glaubensbildindustrie lebte davon, dass die Frommen mit Gebet, Kniefall, Kerzen und Geldspenden die Wunderkraft der Bilder für sich aktivieren wollten. Je länger sie in ihrer spirituellen Sinngier sich auf Knien betend quälten und vor den Bildern alle möglichen erregungssteigernden Schmerzen zufügten, desto mehr wurden sie beim längeren Hinschauen ihrer realen Lebenswelt entrückt. Das Sich-Versenken ins Bild konnte einerseits eine innerliche Abkehr von der äußeren Welt und spirituelle Konzentration auf das Göttliche befördern. Aber es brachte andererseits die Versuchungen metaphysischer Theatralität mit sich, den heilspathetischen Irrglauben, sich im Bilde Gottes selbst ganz sicher sein zu können. Bildmagie kennt keinen Ort reflexiver Distanz zur eigenen Unmittelbarkeit. So wurde vor den Bildern weniger langsame, ruhige, konzentrierte Versenkung ins Göttliche als vielmehr schneller Tauschhandel fürs Jenseitige inszeniert. Der mit der Fetischisierung der Bilder eng verbundene Ablasshandel bot die Chance, Entlastung von den Sünden «mit bloßem Geld zu kaufen» (Hegel). Eine Heilsökonomie, die innerweltliche soziale Ungleichheit ins Jenseits verlängert, musste Gegenreaktionen provozieren. Sowohl die entscheidend von John Wyclif inspirierten antihierarchischen Lollarden als auch die Hussiten inszenierten Bilderstürme und riefen um der Heiligkeit des einen Gottes willen zur Zerstörung der Kultbilder auf. Niemand konnte freilich kontrollieren, ob der Fromme oder eine Gruppe von Gläubigen das Bild selbst oder aber den im Bild dargestellten Heilsgaranten anbetete.

Niederländische Calvinisten haben schmale Lippen und viel Ordnungssinn. Selbst ihre Bilderstürme sind effizient organisierte Reinigungsunternehmen: Amsterdam am 20. August 1566. Kupferstich von Frans Hogenberg, 1588.

Die harte reformatorische Kritik an den Bildern bezog sich, ganz im Sinne der Wiederentdeckung der paulinischen Souveränität der Gnade Gottes, zunächst auf die mit dem Bilderkult eng verknüpfte Hochschätzung frommer Werke. Bilderstiftung sei kein frommes, gutes Werk, erklärte Luther. Am *usus paedagogicus* der Bilder hielt der Reformator in seinen gegen die Wittenberger Bilderstürmer um Andreas Karlstadt gerichteten *Invokavit-Predigten* aber ausdrücklich fest: Bilder könnten insbesondere die Ungebildeten zur meditativen Versenkung ins Evangelium anleiten, ohne den Vorrang der Wortverkündigung zu beeinträchtigen. «Und ist Christi Reich ein hör Reich, nicht ein sehe Reich. Denn die Augen leiten und führen uns nicht dahin, da wir Christum finden und kennen lernen, sondern die Ohren müssen das tun», formulierte Luther am 6. August 1545 in einer berühmten Predigt, die er in Merseburg über Psalm 8 hielt. Halte das Bild sich an die Bibel, könne man es didaktisch nutzen. Der theologische Vorrang des Wortes werde dadurch nicht tangiert. Um dieses Vorrangs willen sollen die Bilder jedoch mit einem *titulus*, einer erhellenden Beglaubigung durch die Heilige Schrift, versehen werden. Da Luther das Bilderverbot nicht als eigenes Gebot zählte, bezog er es strikt nur auf das Gottesbild.

Ganz anders Andreas Karlstadt in Wittenberg sowie Zwingli und Calvin in Zürich und Genf. Ab 1523 wurden in Zürich, ab 1535 in Genf die Kirchen in gut organisierten Zerstörungsaktionen von den Bildern gereinigt, und dies wiederholte sich seit 1562 in den Hugenottenkriegen. Man dürfe Gott allein im Geist anbeten, lautete das verbozentrische Credo der Calvinisten und Zwinglianer. Dem Geist aber bleibe jede materielle Repräsentationsgestalt äußerlich. So wurden Inneres und Äußeres, Geist und Körper radikal getrennt. Mit großer Denkschärfe setzten die oberdeutschen und schweizerischen Reformatoren Wort und Bild, Heiliges und materiell Sinnliches einander entgegen, immer im Rekurs auf das zweite Gebot und die Nichtdarstellbarkeit des Göttlichen, also auch der göttlichen Natur Jesu Christi. Hier wurde in radikaler theologischer Konsequenz der Sieg des Wortes über das Bild gefeiert. Man dürfe nur malen, was die Augen sehen können, erklärte Calvin. Phantastische Seelenbilder und sonstige Objektivationen der Einbildungskraft haben innerhalb des legitim Darstellbaren keinen Ort. Diese Kritik der phantastischen Imagination begründet Calvin damit, dass sich die Objekte der Einbildungskraft gegenüber dem Wort verselbständigten und die Menschen zur zerstreuenden Ablenkung vom Entscheidenden, dem Gotteswort, verführten. Zum Bilderverbot heißt es in Calvins *Institutio Christianae religionis:* «Die Absicht dieses Gebots geht dahin, dass er (Gott) seine rechte Verehrung nicht durch abergläubische Gebräuche entweihen lassen will. Deshalb will er uns – und das ist im wesentlichen Inhalt des Gebots – von allen fleischlichen Vorstellungen, die unser Sinn, wenn er Gott nach seiner eigenen, groben Art denken will, notwendig aufbringt, gänzlich wegrufen und abziehen und uns zu dem rechtmäßigen Gottesdienst, der da geistlich ist und den er selbst angeordnet hat, bereit machen. … Ich habe ja auch im ersten Buche klar genug dargelegt, daß alle sichtbare

Gestalt, die der Mensch Gott andichtet, ganz und gar mit Gottes Wesen im Widerspruch steht, und daß jegliche Aufstellung von Götzenbildern die wahre Religion verderbt und verfälscht.» Mit ikonoklastischer Entschiedenheit verwirft der Genfer Reformator das Zweite Nicänum. Jedes Bild Gottes stelle allein durch seine bloße Existenz einen Angriff auf die Souveränität des nicht sinnlich darstellbaren Gotteswortes dar. Die Bindung des Frommen an Gott bedürfe hier keiner gegenständlichen Vermittlung mehr, sondern werde radikal spiritualisiert. Das befreie von der Knechtschaft unter die Bilder und dem entehrenden Niederknien vor materiellen Objekten. Zwingli klagt die Vernichtung der in den Kirchen hängenden Bilder mit dem Argument ein, dass im Kirchenraum jedes Bild, ganz unabhängig vom dargestellten Inhalt, zu einem Götzen werde, der zum sündhaften Missbrauch innerer *adoratio* verführt und die Konzentration auf das souveräne Gotteswort behindert. Und der Heidelberger Katechismus aus dem Jahre 1563 duldet Bilder auch dann nicht im Kirchenraum, wenn sie allein pädagogisch, zur Belehrung der Illiteraten und Ungebildeten eingesetzt werden.

Die entschiedene Gegenposition wird von der sich formierenden römischen Konfessionskirche im Konzil zu Trient formuliert. Das Bilderdekret des Tridentinums aus dem Jahre 1563 erneuert die alte Lehre vom *usus didacticus* der Bilder und mahnt zugleich die respektvolle Verehrung der Bilder an. Zustimmend werden hier die Lehrentscheidungen des zweiten nicänischen Konzils zitiert. Den Bischöfen wird nun das Recht zu einer Bilderkontrolle und -zensur zugestanden: Sie sollen sittengefährdende und theologisch falsche Bilder aus den Kirchen entfernen. Theologiehistorisch spannend ist die im modernen römisch-katholischen Diskurs gern tabuisierte implizite Distanzierung von der Bildertheologie des Aquinaten. «Vor allem in den Tempeln sollen die Bilder Christi, der Jungfrau und Mutter Gottes und anderer Heiliger aufgestellt und bewahrt werden, es soll ihnen die geschuldete Achtung und Verehrung bezeugt werden, nicht etwa aus dem Glauben, sie bärgen etwas Göttliches oder eine Kraft, die ihre Anbetung rechtfertigte, auch nicht, weil man etwas von ihnen erbitten kann oder weil man ihnen vertrauen muß, wie einst die Heiden, die ihre Hoffnung in die Götzenbilder setzten, sondern weil die ihnen erwiesene Ehre auf die dargestellten Personen übergeht, so daß wir durch die Bilder, die wir küssen und vor denen wir unser Haupt entblößen und niederknien, Christus anbeten und die Heiligen verehren, deren Gleichnis sie sind.» Nun haben die Bilder selbst weder eine irgendwie göttliche Kraft, noch werden Christus und sein Bild hier identifiziert – eine klare konziliare Absage an Thomas, den *magister ecclesiae*. Die *doulia*, die durch das Bild auf Christus übergeht, und die gebotene *latria* Christi, Anbetung des Herrn, treten auseinander – zumindest in der konziliaren Kompromisstheologie.

Die Volksfrömmigkeit hat sich in den diversen europäischen Katholizismen und mehr noch in den indigenen außereuropäischen Katholizismen, vor allem in Lateinamerika, um die manifesten Widersprüche im kirchenamtlichen Bildbegriff wenig gekümmert. Hier wird den Bildern ungebrochen Wunderkraft und göttliche Erlösungsmacht zuerkannt. Man muss nur einmal nach Altötting, Tschenstochau oder Guadalupe reisen, um die starke emotionale Erregungs- und Bindungskraft der heiligen Bilder zu beobachten. Der römische Katholizismus ist in seiner reichen Ritenkultur, in der demonstrativen Zurschaustellung von Klerikalmode und in seiner schwelgerischen Sinnenfreude eine Augenreligion par excellence.

Dies hat in die Glaubensgeschichten der christlichen Neuzeit und Moderne eine frömmigkeitspraktische Grundspannung zwischen Ohrenglaube und Bildkult eingezeichnet, die bis in den ästhetischen Diskurs der Gegenwart hinein vibriert. Werner Hofmann hat in einer faszinierenden Hamburger Ausstellung über *Luther und die Folgen für die Kunst* 1983/84 Transformationswege von der reformatorischen Bilderkritik hin zur modernen abstrakten Kunst gezeigt. Hofmann spricht vom «entscheidenden Freibrief, den das moderne Kunstverständnis von Luther empfangen hat», und von Tendenzen einer Spiritualisierung, die mit dem Verzicht auf religiöse Gebrauchskunst der Einsicht in die Autonomie der Kunst den Weg bereite. In den modernitätstypischen Konflikten um abstrakte und figürliche Kunst werden nur alte theologische Ideenkämpfe um Unrecht und Unmöglichkeit der Visualisierbarkeit des geistig Absoluten reinszeniert.

Die Kunstgeschichten der Christentümer lassen die Tendenz erkennen, in Umkehr der Ebenbild- oder Abbild-Metapher den göttlichen Schöpfer in Menschengestalt darzustellen: als vornehmen Greis, gütigen Großvater, älteren Himmelsherrn, richtenden Pantokrator und so fort. Und im theologischen Diskurs wurde immer die Einsicht bewahrt, dass der geschaffene Mensch ohne irgendwelche Gedanken- oder Seelenbilder von Gott kein Urvertrauen in seinen Schöpfer zu gewinnen vermag. Aber im protestantischen Wort-Bild-Diskurs ist andererseits auch das Wissen um unüberwindbare Grenzen der Darstellung des unbedingt Geistigen präsent gehalten worden. Unter dem unmittelbaren Einfluss der reformatorischen Bilderkontroversen haben der Wittenberger Reformation eng verbundene Künstler wie Lucas Cranach und Albrecht Dürer immer die Grenzen der Visualisierbarkeit des Individuums betont. Unter seinem bekannten Bildnis des Reformators hält Cranach fest, dass Martinus zwar ein ewiges Abbild seines Geistes zum Ausdruck gebracht habe, er selbst als Maler aber nur das vergängliche Gesicht festhalten könne. Und Dürer betont, dass er zwar Melanchthons Kopf, aber nicht seinen Geist darstellen könne. So steigert der reformatorische Bilddiskurs die Sensibilität für die Schwierigkeit, in sichtbarer Gestalt Geistiges transparent zu machen.

Sind wir als Ebenbild gerade in unserer Seele, im Inneren, unserem Herzen, Gott ähnlich, dann kann dieses Innerliche nicht visualisiert werden – weil Gott in seinem Wort selbst sich jeder Visualisierbarkeit entzieht. Das Bilderverbot dient insoweit dem Interesse, die sprachbezogene Gottunmittelbarkeit des Menschen präsent zu halten. Kann man den unsichtbaren Gott nicht sichtbar machen wollen, so auch den *homo invisibilis* nicht. Das Gebot «Du sollst dir kein Bildnis machen» tabuisiert nicht nur die immer schon scheiternde Verobjektivierung Gottes, sondern auch die Selbstobjektivierung des Menschen: Du sollst das Ebenbild nicht in ein Bild bannen wollen. Hier wird der heillose Missbrauch untersagt, über den anderen verfügen zu wollen, indem man ihn auf die Rollenbilder festlegt, in denen er sich auf den vielen Bühnen des Lebens selbst inszeniert. Hier wird verboten, den anderen auf die Bilder festzulegen, die man sich von ihm (oder ihr) gemacht hat. Die spannungsreiche biblische Gleichzeitigkeit von Ebenbildüberlieferung und Bilderverbot spiegelt weise Einsicht in Grenzen menschlicher Selbstrepräsentation. Niemand ist sich selbst völlig transparent, und kein Mensch kann anderen ins Herz sehen. Der spontane Vollzug des Lebens wird nur unterbrochen, wo man es bildlich zu verobjektivieren versucht – das ist die kluge Intuition im jüdischen wie islamischen Verbotsdiskurs, geschaffene Lebewesen, vor allem den Menschen, als lebendig darzustellen: Sie sind es im Bilde einfach nicht. Die Geistigkeit des Ebenbildes lässt sich nicht figürlich visualisieren. Und wer Menschenbilder malt, kann immer nur scheitern – was sich im «Menschenbild»-Diskurs der Moderne seit 1800 an allen möglichen Selbstbildern des Menschen zeigt.

3. MENSCHENBILDER

In seiner *Ältesten Urkunde des Menschengeschlechts* (1774–1776) feiert Johann Gottfried Herder, einer der genialsten Menschendeuter der Moderne, «das heilige Menschenbild», das eben nichts anderes als das «Bild Gottes», das alttestamentliche Imago Dei, sei: «Das *Licht* der Gottheit, was von seiner höchsten Höhe danieden alles durchschimmert: das heilige *Menschenbild* und *Menschenantlitz* ...» Gern spricht der Weimarer Kanzelredner von der «Rege- und Schöpfungskraft des Menschen». Geschickt nutzt er den dreifachen Sinn des Begriffs «Gottesbild» aus. «Gottesbild» kann, schon lange vor Herder, das innere Bild bezeichnen, das der Mensch sich von Gott macht: der Versuch der Visualisierung des Unsichtbaren. Der Begriff wurde weiterhin streng christologisch gefasst für Jesus von Nazareth – den menschgewordenen Gott. Und drittens wurde «Gottesbild» früh schon auf den gottebenbildlichen Menschen, das Bild und Abbild Gottes, bezogen. In *Die Schöpfung. Ein Morgengesang* verwendet Herder «Menschenbild» christologisch:

Gottes Bild in Wort und That,
Menschenbild in Gottes Rath,
Mittler, Schöpfer, Pfleger bist
Du in Allem, Jesus Christ!

Aber er nimmt «Gottesbild» auch zur Vergegenwärtigung der Imago Dei in Anspruch: Jeder Mensch ein «Gottesbild», und der Mensch als «Ebenbild» ein gottnahes heiliges «Menschenbild».

Was bei Herder ein hoch reflektierter religiöser Grundbegriff für die gottebenbildliche Heiligkeit des Individuums war, wurde in den Weltanschauungskämpfen des neunzehnten und frühen zwanzigsten Jahrhunderts schon bald zu einem vielfältig ideologisierten Kampfbegriff gegen

Andersdenkende. Trotz der prominenten Rolle des Begriffs liegt, überraschend genug, keine einzige begriffs- oder problemhistorische Studie vor. Dies mag damit zusammenhängen, dass sich in seinem Gebrauch auch viel konfessioneller Kulturhader spiegelt. Der Bonner Neutestamentler und Patristiker Wilhelm Schneemelcher, einer der Mitherausgeber des *Evangelischen Staatslexikons* (1966), hat in kleiner akademischer Runde erzählt: «Als vor acht Jahren das Evangelische Staatslexikon vorbereitet wurde, versuchten wir, einen Artikel ‹Menschenbild› zu bekommen, sind damit aber kläglich gescheitert. Es fand sich kein Autor, der uns einen Artikel geliefert hätte. Dabei waren wir völlig offen: Es hätte auch jemand sein können, der nicht prononcierter Protestant war. Aber es war einfach nicht zu machen.»

Obgleich nicht nur in allen möglichen Human- und Sozialwissenschaften, sondern auch im juristischen und im ethischen Diskurs sehr viel vom «Menschenbild» gesprochen wird, eine vierstellige, derzeit schnell wachsende Zahl von «Menschenbild»-Titeln eine eigene Bibliothek füllen könnte und in den aktuellen Auseinandersetzungen um «Geist und Gehirn» auf allen Seiten wieder «Menschenbilder» beschworen werden, findet sich in keinem einzigen Fachlexikon aus Philosophie, Theologie, Pädagogik oder Jurisprudenz ein Artikel «Menschenbild». Dies sollte erstens Anlass sein, kurz einige Stationen in der problematischen Karriere des Begriffs zu beleuchten, und zweitens Gelegenheit zu einem scheinbar trivialen Hinweis bieten: Der Mensch malt Bilder seiner selbst und hängt sie verdopplungssüchtig auf. Aber er scheint dies präreflexiv zu tun, begleitet seine «Menschenbildproduktion» jedenfalls nicht mit historisierender, relativierender Selbstreflexion.

Im Vormärz, bei Heinrich Heine etwa und bei David Friedrich Strauß, wird «Menschenbild» als Synonym für die menschliche Gattung verwendet. Feuerbach, Marx und Engels benutzen den Begriff nicht, obwohl er später in sozialistischen Selbstverständigungsdebatten, zum Beispiel bei den Austro-Marxisten, eine prominente Rolle spielt. Auch bei Rosa Luxemburg, August Bebel, Franz Mehring und Leo Trotzki hat sich der Begriff nicht nachweisen lassen. Wer der erste linke Maler des «sozialistischen Menschenbildes» war, muss offenbleiben.

Oft kann man lesen, es sei die neue «Philosophische Anthropologie» der zwanziger Jahre gewesen, die der «Menschenbild»-Semantik zum Durchbruch verholfen habe. Dies ist nicht zutreffend. Max Scheler benutzt den Begriff nicht. Der geniale Helmuth Plessner spricht im «Nachtrag» zur Zweitauflage seines *Die Stufen des Organischen und der Mensch* (1930) zwar vom «Menschentypus» und erläutert zudem die «exzentrische Positionalität» des Menschen im «Bild des Darüberstehens» und im «Bild des Hinter sich Stehens». Prägnant sieht er, dass «der Mensch» von sich ein Bild macht. Aber der kirchendistanzierte Intellektuelle vermeidet «das Menschenbild», weil jede bildliche Fixierung seiner exzentrischen Positionalität widerspricht. Plessner sieht anders als die meisten Theologen die Korrelativität von Gottesbild und Menschenbild, die er, theologisch weise, konstruktiv würdigt: «Bewußtsein der Individualität des eigenen Seins und der Welt und Bewußtsein der Kontingenz dieser Gesamtrealität sind notwendig miteinander gegeben und fordern einander. An der eigenen Haltlosigkeit, die dem Menschen zugleich den Halt an der Welt verbietet und ihm als Bedingtheit der Welt aufgeht, kommt ihm die Nichtigkeit des Wirklichen und die Idee des Weltgrundes. Exzentrische Positionsform und Gott als das absolute, notwendige, weltbegründende Sein stehen in Wesenskorrelation. Nicht das Bild ist entscheidend, das sich der Mensch von Gott macht, ebenso wenig wie das Bild, das der Mensch von sich selbst macht, entscheidend ist. Dem Anthropomorphismus der Wesensbestimmung des Absoluten entspricht notwendig ein Theormorphismus der Wesensbestimmung des Menschen – ein Scheler'sches Wort –, solange der Mensch an der Idee des Absoluten auch nur als des Weltgrundes festhält. Diese Idee aufgeben heißt aber, die Idee der Einen Welt aufgeben. Atheismus ist leichter gesagt als getan. Selbst Leibniz vermochte den Gedanken des Pluralismus nicht völlig konsequent auszugestalten und den Begriff einer Zentralmonade zu entbehren.» Wer so klar denkt, braucht keine Bilder.

Arnold Gehlen spricht 1940 vom «Begriff des Menschen», von der «Wesensart des Menschen», der «Gesamtanschauung des Menschen» – aber er vermeidet um seiner Deutung des Menschen als eines «nicht festgestellten» «Mängelwesen» willen bewusst das formelhafte «Menschenbild».

Nach dem Ersten Weltkrieg dient der Begriff in allen politisch-kulturellen Milieus dazu, das definitive Ende der bürgerlich-liberalen Welt mit ihrem «autonomen Individuum» zu verkünden und ein neues, stärker «gemeinschafts»gebundenes Konzept zu entwerfen. In den Universitäten gehört es seit Mitte der zwanziger Jahre zum guten Ton, akademische Qualifikationsarbeiten über das Menschenbild zu schreiben. Normann Körber veröffentlicht 1927 eine Studie über *Das Bild vom Menschen in der Jugendbewegung und unsere Zeit*, Konrad Pfeiffer 1932 eine Arbeit über *Das Bild des Menschen in Schopenhauers Philosophie*, Friedrich Berger im Jahr darauf über *Menschenbild und Menschenbildung. Die Philosophisch-Pädagogische Anthropologie J. G. Herders.* Harald Poelchau, damals Assistent Paul Tillichs in Frankfurt, später als Gefängnispfarrer in Tegel der ebenso sensible wie mutige Begleiter zahlreicher Gestapo-Häftlinge, schreibt 1932 seine Dissertation über *Das Menschenbild des Fürsorgerechts.* Vorrangig interessiert ihn die Frage, zu welcher «Menschenbehandlung» ein bestimmtes «Menschenbild» führt. Dabei hebt er die starke Spannung zwischen christlicher Caritas einerseits und moderner «Humanitätsidee» andererseits hervor. «Menschenwürde» ist für Poelchau kein irgendwie christlicher Begriff, sondern ein Ausdruck modernen «humanitären Denkens», das sich gerade der Absage an die christliche Anthropologie verdanke.

Zur Durchsetzung des «Menschenbild»-Begriffs trägt entscheidend die «deutsche Revolution» der Nationalsozialisten bei, zwingt sie doch dazu, nun den idealen «deutschen Menschen» in der Volksgemeinschaft zu porträtieren. Otto Friedrich Bollnow schreibt 1934 über *Das neue Bild des Menschen und die pädagogische Aufgabe* und feiert den «sittliche(n) Aufschwung, der durch die nationalsozialistische Revolution herbeigeführt ist»: Diese Revolution bedeute keineswegs «nur eine Veränderung der äußeren Ordnung ..., sondern zugleich und ursprünglich eine Verwandlung des Menschen selbst». Es gehe um «die Herausarbeitung eines solchen Menschentypus, wie er in der Geschichte noch kein fertig geformtes Vorbild vorfindet und dessen Verwirklichung unserer Zeit als eine im echten Sinne schöpferische Leistung aufgegeben ist». Vom Typus her erhalte «die Persönlichkeit die Bedeutung eines Führers»: «Menschenbild» als Sakralgarant für Führerkultus. Auch die ganz bildharten Vordenker der «nationalsozialistischen Weltanschauung» besetzen offensiv den Begriff, um im neuen biologistischen Garantiediskurs die Rassebindung des Menschen einzuschärfen. Der «arische Mensch» setzt sich nun als «Herrenmensch» in Szene. In seiner *Völkisch-politischen Anthropologie* (1936/37) überführt Ernst Krieck, damals Professor für Philosophie und Pädagogik in Heidelberg, die übliche Kritik des liberalistischen Individualismus – «Das führende Menschenbild über den letzten Jahrhunderten abendländischer Geschichte war gezeichnet durch den autonomen und autarken Einzelmenschen ...» – in ein «Zukunftsbild völkisch-politischen Menschentums», in dem statt des freien Individuums nun das «Volk als Ganzheit überpersönlichen Lebens» zum welthistorisch entscheidenden Handlungssubjekt stilisiert wird. «Über jedem Zeitalter unserer völkischen Geschichte steht ein anderes Bild vom Menschen in der Führung.»

Der Nationalsozialismus hat die historische Mission, den «neuen Menschentyp» hervorzubringen. Dies impliziert den Kampf gegen Institutionen und Geistesmächte, die regressiv noch den Menschenbildern früherer Epochen verhaftet geblieben sind. Neben dem Vernichtungskampf gegen die «jüdische Rasse» ist vor allem das Christentum definitiv zu überwinden, hat es doch die rassisch-substantielle Einheit des Menschenbildes zerstört. «Der Einbruch des Christentums in den germanischen Bezirk brachte eine Aufteilung des vorher einheitlichen Menschenbildes mit sich», schreibt 1938 Kriecks enger Schüler Hans-Jörg Herkendell in *Die Persönlichkeitsidee Wilhelm von Humboldts und das völkisch-politische Menschenbild*. Den kommenden Krieg deutet er als Entscheidungskampf um das «wahre Menschenbild». Denn Europa drohe in der Menschenbildfrage auseinanderzubrechen. «Während auf der einen Seite das mehr und mehr sich von allen Pflichten und Bindungen lösende Individuum der Demokratie steht, finden wir im bolschewistischen Rußland nur noch eine breite, unterdrückte Masse, die sich willenlos der Gewaltherrschaft einer vom Judentum stark durchsetzten Gruppe fügt. Mit der völkisch-politischen Weltanschauung des Nationalsozialismus sind wir endgültig aus der Frage Demokratie oder Kollektiv herausgetreten und haben damit die Naturrechtslehren als Wurzel beider innerlich überwunden. Für uns lautet heute das Problem nicht mehr: Individuum und Menschheit, sondern Persönlichkeit und Volk. Es ist nun Aufgabe einer völkisch-politischen Wissenschaft, an diesem Neuaufbau deutschen

Lebens mit ihren Methoden und Mitteln zu helfen.» Sehr sachlich und quellenorientiert stellt Herkendell Humboldts Persönlichkeitsidee dar, bevor er das «völkisch-politische Menschenbild» entfaltet. Keineswegs habe Humboldt sein individualistisches Ideal des «Menschenbildens» nur wegen seiner «Verranntheit in die Welt der Humanitätsideen» und der «vollkommenen Überbetonung des Geistes» nicht zum wahren, «völkischen Menschenbild» fortbilden können. «Es war die fehlende Stimme des gemeinsamen Blutes ...»

Der arische Tatkampf für den «neuen Menschen» bleibt in den christlichen Kirchen nicht ohne Gegenreaktion. 1936 veröffentlicht Josef Pieper, damals Leitender Mitarbeiter am Institut für neuzeitliche Volksbildungsarbeit in Dortmund, im katholischen *Hochland* zwei Aufsätze *Über das christliche Menschenbild*, in denen er gegen die Selbstideologisierung des Menschen in eindrucksvoll nüchterner Sprache, eng gebunden an Thomas von Aquin, die These entfaltet, dass «die Morallehre das Menschenbild sichtbar machen muß und daß also die christliche Morallehre über das christliche Richtbild des Menschen handeln muß». Es gehe in der Morallehre gar nicht um Tun und Lassen, wie oft behauptet werde, sondern um «das wahre Sein des Menschen ..., das Menschenbild», das «Bild des guten Menschen», und das sei der Mensch, der ein «anderer Christus» sein soll. Pieper unterscheidet zwischen «ostchristlicher» und «westchristlicher» Form der «Interpretation des christlichen Menschenbildes» und legt dann die Tugendlehre des heiligen Thomas dar, vor allem die vier Kardinaltugenden – sachlich, unaufgeregt und scheinbar ohne jeden Bezug auf die Zeitlage.

Auch auf protestantischer Seite wird viel zur Anthropologie publiziert, obgleich hier, wohl vor dem Hintergrund der alten reformatorischen Bilderstreitigkeiten zwischen Lutheranern und Reformierten, bei einigen Autoren deutliche Reserven gegen den «Menschenbild»-Begriff zu spüren sind. Aber der Begriff kann, so zeigt Erich Schick 1939 in *Christus und das Menschenbild*, auch für missionarische Zwecke und ein «anbetendes Schauen» oder eine «schauende Anbetung» in Anspruch genommen werden, die «im Gegenbilde Satans» implizit auch die nationalsozialistische Weltanschauung kritisiert. Max Müller, damals Privatdozent in der Theologischen Fakultät der Freiburger Universität, kann erst nach dem Ende des Krieges zwei Vorträge über *Das christliche Menschenbild und die Weltanschauungen der Neuzeit* veröffentlichen, die er schon am 30. Juni und 5. Juli 1939 in der Katholischen Studentenseelsorge zu Freiburg im Breisgau gehalten hat. In der katholischen Schweiz hingegen kann Wilhelm Oswald, Ordinarius für Rechtswissenschaften in Fribourg, 1944 über *Das Dilemma des säkularisierten Staates. Seine Rückbiegung auf das christliche Menschenbild* nachdenken, also die Menschenbildideen-Politik nach dem Weltkriegsende vorbereiten.

Ganz große Konjunktur hat «das Menschenbild» nach 1945. Der Zwang zur Auseinandersetzung mit dem Nationalsozialismus, die Suche nach einem normativen Fundament für die neue bundesdeutsche Demokratie, der Legitimationsbedarf der DDR und der Ideenkrieg zwischen «freiem Westen» und «kommunistischem Osten» tragen ebenso wie die in der Bundesrepublik vor allem von der römisch-katholischen Kirche eindrucksvoll inszenierte Renaissance des Naturrechtsdenkens dazu bei, dass das «Menschenbild» ins Zentrum eines ethischen und fundamentalpolitischen Diskurses über die wahre Ordnung menschlichen Zusammenlebens rückt. Es gibt aus den ersten Wochen nach Kriegsende zahlreiche eindrückliche Beispiele für eine existentielle Selbstreflexion und die Suche nach neuen Fundamenten. Die von Hans-Ulrich Wehler im fünften Band seiner *Deutschen Gesellschaftsgeschichte* vertretene These, dass die beiden großen Kirchen eine selbstkritische Auseinandersetzung mit ihrer höchst ambivalenten Rolle im Nationalsozialismus verweigert hätten, ist allzu undifferenziert. Sie setzen nun mit «Menschenbild»-Rhetorik auf umfassende Rechristianisierung der Gesellschaft.

Schon kurz nach dem Einmarsch der Amerikaner hält der Praktische Theologe Alfred Dedo Müller auf Veranlassung der Goethe-Gesellschaft in der überfüllten Leipziger Thomaskirche, der Wirkungsstätte Johann Sebastian Bachs, den ersten öffentlichen Vortrag in der neuen Zeit: *Prometheus oder Christus? Die Krisis im Menschenbild und Kulturethos des Abendlandes.* «Es ging um den Versuch eines radikalen und umfassenden, bis zu den letzten Ursachen der Katastrophe vordringenden Neubeginns», schreibt Müller 1967 im Rückblick. Die Freiburger Universität veranstaltet im Wintersemester 1945/46 eine Vorlesungsreihe «Das Menschenbild», in der unter anderem der Pathologe Franz Büchner, Max Müller, Constantin von Dietze – und Gerhard Ritter sprechen. In Marburg ist es die Evangelische Studentengemeinde, die, gefördert durch Rudolf Bultmann, über das «christliche Menschenbild» diskutiert. Im November 1946 findet in Basel die «IV. Helvetische Disputation» zum Thema «Das Menschenbild im katholischen, protestantischen, anthroposophischen Erziehungs-Ideal» statt, bei der nicht nur «das Bild des Menschen als Zielbild der Pädagogik» geklärt, sondern auch das «Menschenbild des ‹Rütli›», das Bild der freien Eidgenossenschaft gestärkt werden soll: «Findet ‹der Mensch› und ‹die Wahrheit› in einem wahrhaftigen Bild des Menschen sich zu einander? Das ist im grauenhaften Dschungel der Nachkriegsjahre, in denen sich Unmenschlichkeiten und Unwahrheiten weiterhin zuchtlos verschlingen werden, eine wahrhaft eidgenössische, helvetische Frage.» Für Josef Rudin ist das «katholische Menschenbild» nur ein einziges Mal perfekt realisiert worden, «in Gestalt jenes einen Menschen, ‹dessen Bild wir gleichförmig werden sollen› (Röm. 8,29)» – allein Jesus Christus sei «der Idealkatholik». Denn dem «katholischen Menschen» hafte eine spezifische «Geistigkeit» an. «Der Besitz dieser Geistigkeit macht die personale Würde des Menschen aus, die jedem einzelnen Menschen unveräusserlich zukommt. Die erste grosse Leistung, die der katholische Mensch vollbringen muss, ist der Glaube an das Geistige.» Hat nur der katholische Geistigkeits-Mensch eine «personale Würde»? Das «katholische Menschenbild» ist hier fest im «katholischen Gottesbild» fundiert – offenkundig agiert Gott selbst ganz papsttreu.

Heinrich Barth, der Philosophen-Bruder Karl Barths, sucht den Begriff «Menschenbild» zumeist nur in distanzierenden Anführungszeichen zu verwenden. Die Rede «von einer Bildhaftigkeit des christlich-protestantischen Menschen» verfehle die gläubige Einsicht, dass man zwar Bilder von «Variation(en) des christlichen Menschen» machen, aber niemals den christlichen Glauben selbst im Bilde fassen könne: «Protestantisches Reden über das ‹Menschenbild› … bedeutet, dass zunächst eine ‹Protestation› vorgenommen wird, – eine verwahrende Kundgebung im Hinblick auf die Aufrichtung eines solchen Bildes, in welchem Zeichen sie immer geschehe, sofern wenigstens in dieser Aufrichtung des Menschenbildes eine grundsätzliche Ueberhebung aufgedeckt werden muss!» –

Allerdings mag Barth auch keine «Bilderstürmerei» betreiben, und so beginnt er bald, dem «Moment bildhafter Anschaulichkeit» entsprechend sich ein Bild des transzendenzbewussten Menschen zu machen. In Basel kennen weder Katholik noch Protestant ein «christliches Menschenbild», sondern reden konsequent von konfessionsspezifischen «Menschenbildern». Der eurythmisch begabte Anthroposoph will ein noch besserer Menschenmaler sein. Das «anthroposophische Menschenbild» sei «umfassender als das des überlieferten Christentums beiderlei Konfessionen», weil Rudolf Steiner «die Tatsachen der übersinnlichen Existenz des Menschen mit in sein Menschenbild so aufzunehmen» vermocht habe, «dass nicht subjektiv-egoistische Interessiertheit an seinem (scil. des Individuums) persönlichen Seelenheil» die Offenheit für die «übersinnlichen Erkenntnisresultate» beeinträchtige.

Die Basler Veranstaltung steht für Hunderte von Tagungen und Tausende von Vorträgen zur «Menschenbildthematik» in den Jahren nach dem Krieg, organisiert von politischen Bildungswerken, Evangelischen Tagungsstätten, Katholischen Akademien, aber auch Volkshochschulen ganz unterschiedlicher Prägung. Das Kleinschrifttum zum Menschenbild ist zumeist von einer Geschichtssicht geprägt, die in Nationalsozialismus, Faschismus und Kommunismus den letzten barbarischen Triumph des gottlos autonomen *homo saecularis* der antichristlichen Aufklärung sieht. In den mit groben Pinselstrichen gezeichneten Bildern des «modernen Menschen» werden Kant, Fichte und Hegel in die Nähe Hitlers gerückt. Deshalb beschwört man allerorten eine tiefe «Krisis des Menschenbildes».

Der in Wien, München und Salzburg lehrende Kunsthistoriker Hans Sedlmayr, ein NS-Intellektueller von einigem Rang, der 1945 wegen seiner Parteiaktivitäten den Wiener Lehrstuhl verliert, ganz schnell seinen katholischen Glauben wiederfindet und 1951 nach München berufen wird, bescheinigt der Moderne seit der «Krisenzeit um 1770» den «Verlust des Menschenbildes». In *Verlust der Mitte. Die bildende Kunst des 19. und 20. Jahrhunderts als Symbol der Zeit* (1948), einem der modernitätspessimistischen Klassiker der Nachkriegszeit, macht er sich die kritischen Analysen der modernen Kunst zu eigen, die der Architekt und Kunsthistoriker Bernard Champigneulle 1939 in *L'inquiétude dans l'art d'aujourd'hui* vorgetragen hatte. «Ich werfe den Meistern der jungen Malerei vor, daß sie die Würde des Menschengesichts nicht begreifen – oder nicht zu begreifen vorgeben», hatte Champigneulle geschrieben. Sedlmayr selbst macht die «antihumanen Tendenzen» seit 1770 am luziferischen «Suprahumanismus, Drang zum Übermenschen und zur Überkunst» einerseits und am «Infrahumanismus», der zynischen Selbstherabsetzung des Menschen andererseits deutlich. Die «Deshumanisation» des modernen, vermeintlich «autonomen» Menschen, die in der «Hypertrophie der niederen Geistesformen im Menschen auf Kosten der höheren» beschlossen sei, deutet Sedlmayr als pathologische Störung. Gestört sei der moderne Mensch in seinem Verhältnis zu Gott, zu sich selbst, zu den anderen, zur Natur, zur Zeit und zur geistigen Welt. «Es fehlt die Vermittlung zwischen Gott und den Menschen, die es in irgendeiner Form immer gegeben hat, seit es Menschen gibt – der Glaube an den Menschen als Ebenbild Gottes, ohne welchen die Idee des Menschen nicht festgehalten werden kann.» Nur «das Bewußtsein der Kreatürlichkeit» des Menschen könne zum erhofften Neugewinn der Mitte führen, das «Menschenbild» als «Ebenbild».

Sedlmayrs Diagnosen werden, weniger prägnant formuliert, von zahlreichen anderen Zeitdiagnostikern geteilt. Rettung aus dem nihilistischen Chaos der Moderne könne nur durch Rückkehr zum «abendländischen Menschenbild», durch Erneuerung des «christlichen Menschenbildes» kommen. In seinem Leipziger Thomaskirchenvortrag kämpft Alfred Dedo Müller mit dem «augustinischen Menschenbild» gegen die erlittene «Dämonie» des «prometheischen Menschentypus», der mit seiner nihilistischen «Selbstvergottung» das «christliche Selbstverständnis des Menschen» mit seiner «totalen Abhängigkeit von Gott» zerstört habe. So wird die Aufklärung zum Beginn einer Verfallsgeschichte des «Menschenbildes» erklärt, die im Nationalsozialismus ihren bisherigen Tiefpunkt erreicht habe. Auf den Bühnen im großen Menschenbildtheater spielt der «prometheische Mensch» nun den brutalen Verderber, und der «abendländische», «christliche» Mensch besetzt die Rolle des Retters.

Ein publizistisch stark beachteter Menschenbilderstreit wird im Sommer 1950 in der Künstlerkolonie auf der Mathildenhöhe in Darmstadt inszeniert. Die große Sommerausstellung der «Neuen Darmstädter Sezession» ist dem «Menschenbild in unserer Zeit» gewidmet. Zugleich findet hier das erste «Darmstädter Gespräch» statt. Gestritten wird über abstrakte und figürliche Kunst, und natürlich geht es wieder um den «Verlust der Mitte». Johannes Itten spricht über «die Möglichkeiten der modernen Kunst», Sedlmayr über deren «Gefahren». Adolf Köberle setzt sich mit dem Menschenbild der Theologie, Alfred Weber mit dem der Soziologie, Alexander Mitscherlich mit dem der Medizin auseinander. Der berühmte Maler, Typograph und Bühnenbildner Willi Baumeister fragt: «Wie steht die ‹gegenstandslose› Kunst zum Menschenbild?». Theodor W. Adorno, der Emigrant, trifft auf Sedlmayr, den Alt-Nazi. Und Josef Adolf Schmoll genannt Eisenwerth, ein bekannter Kunsthistoriker, hört zu. Menschenbild im Mittelpunkt.

Im Wissen um die Fragilität von Ordnung und die leichte Zerstörbarkeit der Kultur wird der traumatisch erlittene Einbruch der Barbarei nun gern bildtheoretisch erklärt: Falsche Bilder machen «verwahrloste Menschen». «Verabsolutieren eines immer partikularen Erkennens zum Ganzen einer Menschenerkenntnis führt zur Verwahrlosung des Menschenbildes. Die Verwahrlosung des Menschenbildes aber führt zur Verwahrlosung des Menschen selber», schreibt Karl Jaspers 1948 in *Der philosophische Glaube.*

Und das «Menschenbild» dient nun auch dazu, die jüngste Vergangenheit in den Blick zu nehmen, eine Debatte, an der sich viele Autoren dieser Zeit beteiligen. Darüber hinaus wird das «Menschenbild» in der akademischen Ideenzirkulation zum Goldstandard der Wiedergewinnung wahrer Humanität aufgewertet. Kaum ein klassischer europäischer Dichter und Denker entgeht in den fünfziger Jahren dem bisweilen grausamen Schicksal, von jungen orientierungssüchtigen Doktoranden als «Menschenbildner» gelesen und als Menschenvorbild vergegenwärtigt zu werden. Und fortwährend wird die Abendlandkrise beschworen, etwa von Heinrich Weinstock 1953 in *Die Tragödie des Humanismus. Wahrheit und Trug im abendländischen Menschenbild.* Zur Inflation des Begriffs tragen die Pädagogen mit Hunderten von Erziehungsbild-Texten bei, und die Juristen bemühen ihn gerne im Zusammenhang mit den Kontroversen über die Strafrechtsreform. Da darf eine entschiedene Kritik am *Menschenbild der Kinsey Reporte* (Hans Lutz, 1957) nicht fehlen.

Und immer wieder werden tiefe Spannungen zwischen dem naturwissenschaftlichen oder biologischen Menschenbild einerseits und den religiösen, dichterischen und geisteswissenschaftlichen Menschenbildern andererseits dramatisiert, häufig auch im Rundfunk. Adolf Portmanns erstmals 1944 (unter dem Titel: *Biologische Fragmente zu einer Lehre vom Menschen*) erschienene *Zoologie und das neue Bild des Menschen* erreichen 1958 eine Auflage von über 50 000. Im Wintersemester 1941/42 hatte Portmann vor der Studentenschaft der Universität Bern über *Die Biologie und das neue Menschenbild* gesprochen und den «Anteil, den die Zoologie am Menschenbilde der jüngsten Vergangenheit nimmt», betont. Es gehe nun um ein «physiologisches Menschenbild», in dem sehr viel von «rassetypische(n) Körpergrösse(n)» sichtbar wird. Die «oftmals führende, beherrschende Rolle des zentralen Nervensystems» muss im «neuen Menschenbild» visualisiert werden. So entsteht «das Menschenbild einer Gesellschaft, in der der Arzt so manche der Aufgaben des Priesters übernommen hat» – der Biologe als therapeutischer Sinnstifter.

Menschen machen Bilder, nun besonders gern von sich. Zur Inflation der Menschenbilder in den fünfziger und sechziger Jahren trägt stärker noch als der Streit um «das neue Menschenbild» der Biologie der heiße Ideenkrieg zwischen Ost und West bei. Marxistische Philosophen in der DDR sehen sich durch die «Philosophische Anthropologie» Schelers, Plessners und Gehlens massiv unter Argumentationsdruck gesetzt, weshalb sie gegen das von diesen entwickelte «Menschenbild» den Anspruch auf sozialtheoretische Überlegenheit erheben. «Die bürgerliche Philosophie, Soziologie und Ethik bemächtigt sich der naturwissenschaftlichen Erkenntnis über die biologische Konstitution des Menschen, um eine ... den Zielen der herrschenden Bourgeoisieklasse entsprechende Antwort zu finden. Das führt zu Einseitigkeiten und Entstellungen des Denkens, die in der imperialistischen Praxis verheerende Konsequenzen haben, deren schlimmste der Rassenterror und die ‹Vernichtung lebensunwerten Lebens› ist. Das Menschenbild der heutigen bürgerlichen Ideologie verdeutlicht die tiefe Krise, den Pessimismus und bei den extremistischen Strömungen die vollständige Enthumanisierung ihrer Anschauungen über den Menschen. Durchgängig wird das bürgerliche Klassenindividuum, d. h. der Mensch als Privateigentümer, als isoliertes und in der Konkurrenz vereinsamtes, als scheinfreies, egoistisches, gewinnsüchtiges und verdorbenes Wesen zum Menschen schlechthin erhoben. Die modernen bürgerlichen Ideologen entwürdigen den Menschen ...» «Auf die Frage nach dem Wesen des Menschen hat allein der Marxismus-Leninismus eine wissenschaftliche Antwort gegeben, deren Richtigkeit durch die fortschreitende wissenschaftliche Erkenntnis und gesellschaftliche Praxis des Sozialismus und Kommunismus bestätigt ... wird. Das auf der Grundlage des dialektischen und historischen Materialismus geschaffene Menschenbild ist nicht mehr bloße Theorie, sondern ist und wird Wirklichkeit in den sozialistischen Ländern. ... Während der Imperialismus den arbeitenden Menschen in der Ausbeutung entwürdigt, ... bewirkt der Sozialismus und Kommunismus mit der Herausbildung des Menschen der sozialistischen Gesellschaft mit seinen charakteristischen moralischen Zügen den größten historischen Fortschritt in der Geschichte der Menschheit» – so ein von Georg Klaus und Manfred Buhr 1964 herausgegebenes *Philosophisches Wörterbuch.*

In der DDR werden zahlreiche Arbeiten zum «sozialistischen Menschenbild», dem «wahrhaft humanistischen Menschenbild der Arbeiterklasse» und so fort geschrieben. Die westliche Gegenpropaganda wirft über der DDR Menschenbildbroschüren ab und ermuntert die DDR-Bürger zur Flucht ins Wirtschaftswunderland der wahren Bilder. Nur wer die Bildproduktion des ideologischen Gegners kennt, kann auf Dauer besser malen. Bei Tagungen des «Steinbacher Kreises», eines vom Nordrheinwestfälischen Ministerialdirigenten Ludwig Landsberg initiierten Gesprächskreises für führende Repräsentanten aller gesellschaftlichen Gruppen, lässt die Bundesregierung den katholischen Politikwissenschaftler Gerhard Möbus, damals Professor der Politischen Theorie an der Hochschule für Politik in Berlin, über *Das Menschenbild des Ostens und die Menschen im Westen* (1955) reden. Selbst der Papst schaltet sich in den deutsch-deutschen Bilderstreit ein. Am 9. Mai 1956 will S. Heiligkeit Papst Pius XII. in einer Grußbotschaft an die Katholische Arbeiter-Bewegung Westdeutschlands die katholischen Arbeiter Deutschlands «mit dem Bewußtsein des eigenen Wertes als eines von Gott geschaffenen und erlösten Menschen ... erfüllen». Der «Sinn seines konkreten Lebens ...

kann dem Arbeiter nur von seinem eigenen Innern her gegeben werden, da, wo der Kern der Person ist, in der Ebenbildlichkeit Gottes …». Im Westen drohe die Gefahr der «reinen Diesseitsorientierung», und im Osten wolle man «die produzierende Gesellschaft an die Stelle Gottes setzen». Doch Rom kennt dritte Wege und weiß, dass ein rein immanentes «Menschenbild in der westlichen Welt der Arbeit den Arbeiter für die gleichgeartete Menschenauffassung der vom Osten andrängenden Ideen reif macht» – deshalb zurück zum Ebenbild, das aber nur die Kirche richtig deuten kann.

Nur selten wird in den Bilderkämpfen nach 1945 über die Frage nachgedacht, wie es dem Menschen überhaupt möglich sei, ein angemessenes Bild seiner selbst zu erzeugen. Eine prominente Ausnahme bildet der damals im deutschen Sprachraum führende römisch-katholische Sozialethiker Oswald von Nell-Breuning, der an der Hochschule St. Georgen des Jesuitenordens lehrte. In den späten vierziger und frühen fünfziger Jahren begnügt sich Nell-Breuning noch mit der zeitgeisttypischen Polemik gegen moderne Vermassung: «Der Mensch ist Einzelwesen heißt: der Mensch ist nach Gottes Ebenbild erschaffen … Das erschreckende Gegenbild von Wert und Würde der menschlichen Person haben wir im heutigen Massenmenschen», erklärt er 1950 in *Einzelmensch und Gesellschaft*. Zentrale Begriffe sind hier «Personwürde und Personwerte». In *Gerechtigkeit und Freiheit. Grundzüge katholischer Soziallehre* stellt Nell-Breuning, der wohl einflussreichste sozialpolitische Vordenker der alten Bundesrepublik mit exzellenten Kontakten zu führenden C-Politikern, zu prominenten Gewerkschaftlern und auch zu Helmut Schmidt, 1980 drei konkurrierende moderne «Menschenbilder» vor: «das individualistische Menschenbild», «das kollektivistische Menschenbild» und schließlich «das solidaristische Menschenbild». «Zwei dieser Menschenbilder verzerren unser Bild vom Menschen einseitig; das dritte zeigt beide Seiten – Individualität und Sozialität – im ausgewogenen Gleichgewicht.»

Der adelige Jesuit, der 1931 für Papst Pius XI. die Sozialenzyklika *Quadragesimo anno* miterarbeitet hatte und von den Nationalsozialisten 1936 bis 1945 mit einem Schreib- und Publikationsverbot unterdrückt worden war, betont zunächst die nicht hintergehbare Perspektivität unseres Sehens: «Sowohl unser leibliches Auge als auch unser geistiges Erkenntnisvermögen sehen die Dinge immer nur von einem Blickpunkt aus und bekommen daher auch immer nur eine Seite des betrachteten Gegenstandes in den Blick.» Oft nehme man dies dann für das wahre Abbild des betrachteten Objekts. «Sehr groß erweist sich die Neigung oder Versuchung, es bei dieser einen optischen oder intellektuellen Inaugenscheinnahme bewenden zu lassen und das so gewonnene einseitige Bild als das Bild des Gegenstands anzunehmen ...» Gegen diesen Reduktionismus des Einseitigen insistiert Nell-Breuning auf eine komplexere, entschieden mehrseitige Sichtweise. Die Beziehung zwischen «Einzelmensch» und «Gesellschaft» sei «von *beiden* Seiten» her zu betrachten. Dazu nimmt Nell-Breuning zunächst einen «Standpunkt auf der Seite des Einzelmenschen» ein und entwirft so «das individualistische Menschenbild» der modernen bürgerlichen Gesellschaft, entstanden in der Renaissance und voll entfaltet «in den Jahrzehnten eines extrem individualistisch-liberalistischen Kapitalismus». Dann wechselt er die Seite und legt das «kollektivistische Menschenbild», in dem einseitig nur die Leistungen des Einzelnen für die Gesellschaft in den Vordergrund treten, dar. Gegen die «falsche Hypostasierung» von «Gesellschaft, Staat und Kirche» zu Entitäten sui generis betont von Nell-Breuning ein Eigenrecht der individuellen Person; es kann nicht überraschen, dass er den «Kollektivismus»-Vorwurf primär an den «braunen (Hitler), den schwarzen (Mussolini)» und den «roten Faschismus (Lenin, Stalin, Mao)» adressiert.

Die Einseitigkeit beider Menschenbilder werde nur vermieden, wenn man Individuum und Gesellschaft jeweils «von beiden Seiten her ..., von der Seite des Einzelmenschen und von der Seite der Gesellschaft» aus betrachte – ein komplizierter, langwieriger Wahrnehmungsprozess. Gut nur, dass es eine Institution gibt, die «Geduld» hat und lange Dauer repräsentiert: die römisch-katholische Kirche. Da man nicht gleichzeitig von beiden Seiten aus blicken könne, «müssen wir es aufeinanderfolgend tun, und da es nicht genügt, es einmal getan zu haben, müssen wir es mehrmals tun, es so lange wiederholen, bis es uns gelungen ist, uns beide Seiten so fest einzuprägen, daß, während wir uns mit der einen befassen, über sie nachdenken, reden oder schreiben, stets auch die andere gegenwärtig ist und wir niemals vergessen, daß beide Seiten zusammengehören, nur beide zusammen den Menschen so fassen und würdigen, wie er wirklich ist.» Mit diesem intensiven, methodisch kontrollierten und besonders genauen Sehen erzeugt von Nell-Breuning das «solidaristische Menschenbild».

Oswald von Nell-Breuning erhebt mit großer gedanklicher Konsequenz den Anspruch, dass allein die römisch-katholische Kirche über das «wahre» und «vollständige» Bild des Menschen verfüge. Seine «Grundzüge», geschrieben für das Aufbaustudium an der «Katholischen Sozialakademie Österreichs», spiegeln insoweit die bemerkenswerte sozialtheoretische Arroganz, allein die «katholische Soziallehre» könne Orientierungswissen zur Konstruktion einer «gerechten Gesellschaftsordnung» und zur Bewältigung neuer sozialpolitischer Herausforderungen, etwa zum Umbau der «Weltwirtschaftsordnung», bieten. Und ernsthaft geht der einflussreiche Frankfurter Soziallehrer davon aus, dass bald die ganze freie Welt dem römisch-katholischen «Solidarismus» folgen werde. Theologisch überraschend, weil wenig reflektiert, ist die Formulierung, dass «die katholische Soziallehre» sich zum «solidaristischen Menschenbild» «bekennt». Nun hat der tridentinische Katholizismus, die Augenreligion par excellence, gern die Sakralmagie religiöser Bilder beschworen und der Macht der Bilder mehr vertraut als der Wirkkraft des Wortes. Dass man vor Bildern niederkniet, ist im römisch-katholischen Symbolsystem nur selbstverständlich. Aber seit wann sind Menschenbilder der idealen Gesellschaft Konfessionsobjekte? Muss man vor dem «solidaristischen Menschenbild» die Knie beugen?

Gerade im deutschen Sprachraum werden in den fünfziger und sechziger Jahren große Menschenbild-Galerien errichtet. Wer kann, der malt, oder genauer: wer können zu sollen meint, macht nun Bildpropaganda für den wahren Menschen. In diesen Menschenbildmuseen hat die christlich-abendländische Abteilung mit ihren vielen Malern die höchsten Besucherzahlen: Hier hängen etwa das «biblische Menschenbild», das «jüdisch-christliche Menschenbild», das «katholische Menschenbild», das «europäische Menschenbild» und auch das «Menschenbild der Demokratie». Hohe Aufmerksamkeit gilt dem «freiheitlichen Menschenbild», einem «christlich-sozialen Menschenbild», dem «westlichen Menschenbild» und dem

«Menschenbild der NATO», die mehr als nur ein Verteidigungsbündnis, nämlich eine ikonenfrohe «transatlantische Wertegemeinschaft», sein will. «Das Menschenbild der Kirche» schauen wohl nur Katholiken an. In der Mitte dieses Saales stehen auf edlen Sakralsäulen einige Werte-Statuen und gar Grundwert-Idole, die eigentümlich schillern, fortwährend zwischen Recht, Ethos und Moral changieren. Sie werden zwar als heilig, staatssakral inszeniert, erweisen sich beim strengen Königsberger Klarblick aber als nur scheinheilige Wertgötzen.

In anderen Sälen hängen außereuropäische Menschenbilder, etwa der «asiatische Mensch» oder das «buddhistische» und das «konfuzianische» Menschenbild – Bilder des Menschen, die, so erläutert der Museumsführer, zwar Menschen, aber keine richtigen Personen, echte Subjekte zeigen, weil der asiatische Mensch weder den Persönlichkeitsgedanken des Christentums noch die großen Traditionen okzidentaler Subjektivitätsphilosophie kenne. Obendrein entbehre der ferne Osten der kulturellen Tiefenprägung durch das «antike Menschenbild» oder «hellenistische Menschenbild», das stark auf das «humanistische Menschenbild» eingewirkt habe. Auch werden hier «der Neger» und «die Primitiven» gezeigt, deren Kunst, so Sedlmayr, sich «die Moderne» zu ihrem antihumanistischen Schaden zum Vorbild genommen habe.

Den Raum für die menschengefährdenden Bilder der Moderne dürfen Schulklassen nur in Begleitung von Lehrern betreten, die politisch korrekt um Kulturpessimismus als Gefahr wissen. Hier hängen das früher so beliebte «germanische Menschenbild», «der gotische Mensch», der «Rembrandtdeutsche» und überhaupt der «heldische Mensch». Nur den zionistischen «Muskeljuden» zeigt man nicht. Man hat Angst, dass er mit Heldengestalten anderer Nationalismen verglichen wird.

Doch hängt hier das «atheistische Menschenbild» mit dem «nihilistischen Nietzsche-Menschen» oder dem «gottlosen Menschen», der auch als «sich selbst vergötzender Mensch» auftritt. Zum «völkisch-politischen Menschenbild» werden Hermann Görings russische «Tiermenschen», jüdische «Untermenschen», aber auch arische Muskelnazis gezeigt. Und hier hängen eben auch ein «kommunistisches Menschenbild», ein «marxistisches Menschenbild», «das Menschenbild des real existierenden Sozialismus», in der Formelsprache der Kritiker «das rote Menschenbild»,

Der zionistische Held baut Häuser: Plakat des Sportvereins Makkabi, 1936.

«das Menschenbild des Ostens», eben nur «das falsche Menschenbild der Zone». Daneben sieht man drahtige Arbeiter und Bauern, «Werktätige», die den welthistorischen Fortschritt «verkörpern».

Nach Sedlmayrs «Verlust des Menschenbildes» nun also Menschenbildüberproduktion. Alle möglichen Leute bieten, vor allem in den fünfziger und sechziger Jahren, den Menschenbildmuseen ihre Sinnportraits an. Offenkundig ist der Mensch ein Bilderzwangwesen, dazu getrieben, immer neu sich selbst abzubilden. Ganz unterschiedliche Akteure streiten um die Definitionshoheit über das «Menschenbild», und dies bedeutet im politischen Klartext: um politisch-soziale Macht und Herrschaft über den Menschen. Misstrauisch beäugen einander die Maler, und wechsel-

Arno Breker entwirft in seinem Atelier den arischen Menschen: Modell für eine Großplastik, 1939.

seitig werfen sie sich vor, mit allzu grobem Pinsel, ohne Realitätssinn, perspektivisch verfälscht zu malen. Jeder hält den jeweils anderen für einen Bildideologen, der seinen Reduktionismus, eine falsche, einseitige, entstellende Sicht des Menschen, dank ideologischen Tunnelblicks gar nicht wahrnehme und seinen halbierten Menschen als «ganzen Menschen» ausgebe.

Schon bald müssen in den Menschenbildmuseen nach 1945 Anbauten errichtet werden. Denn zahlreiche Menschenbilder entwerfen nun nicht nur die sich schnell differenzierenden Wissenschaften. Vielmehr begeben sich auch Politiker und, besonders wirkmächtig, die klugen Staatsrechtslehrer an die Kunstakademien, um Grundkurse in Selbstpor-

Der proletarische Heldenmensch wehrt die Gefahr neuer Kriege ab. Plakatentwurf von Alexander Nikolajewitsch Samochwalow aus den dreißiger Jahren.

traitmalerei zu besuchen. Hier treffen sie auf zahllose Theologen, die oft Meisterschaft in der Kunst beanspruchen, den Leuten seriell gestanzte Menschensprachbilder als individuelle Ebengeistbilder zu verkaufen.

2006 beginnt der Thüringer Landesverband der CDU mit der Arbeit an seinem Grundsatzprogramm, um die «Grundwerte in der Thüringer Union» zu formulieren. Dazu braucht der Landesverband eine Klärung des anthropologischen Fundaments. «Wir müssen tiefer in uns hineinschauen!», sagt deshalb der Generalsekretär und organisiert Menschenbildtourismus. Die Parteifreunde begeben sich auf ökumenische Pilgerreise nach Rom, wo sie sich am Palmsonntagswochenende von Kardinal Walter Kasper und dem protestantischen Landesbischof Christoph Kähler belehren lassen: über das «christliche Menschenbild» natürlich. Aber der deutsche Kardinal kann nur ideologische Kitschbilder zeigen, eine Art religiöse Gebrauchskunst, die, wie all die peinlichen Bildwerke auf den langen Gängen der Vatikanischen Museen, nur die tiefe Krise kirchlicher Bildreflexion in der Moderne demonstrieren. «Es waren die Werte des christlichen Menschenbilds, die Europa gestaltet haben, die es geformt, die es groß gemacht haben», sagt der Kardinal. Gewiss, Bilder haben einen Wert, denn auf Kunstmärkten können sie mehr oder minder hohe Preise erzielen. Aber wie können die Werte eines Bildes so wirkmächtig sein, Europa zu formen? Als Tübinger Theologieprofessor hätte Kardinal Kasper die Metaphern-Studien des ortsansässigen Eberhard Jüngel lesen können. Ist es Zufall, dass sein protestantischer Episkopalkollege die «Menschenbilder» sehr viel kritischer sieht? Kähler teilt den Thüringer CDU-Politikern in Rom jedenfalls mit, dass «Definitionsmacht zugleich Verfügungsmacht über Menschen» bedeute. Das dürfte in Rom nicht gern gehört worden sein. Doch das «Menschenbild der Kirche» ist auch bei den Katholiken selbst umstritten. «Eine schwangere schwarze Päpstin würde das irrige Menschenbild der Kirche gründlich revidieren», hat Gotthold Nathan Ambrosius Hasenhüttl erklärt, ein Saarbrücker Theologieprofessor, der wegen eines demonstrativen ökumenischen Abendmahls von seinen geistlichen Funktionen als Priester entbunden wurde.

Wann genau das «Menschenbild» in die Sprache der politischen Parteien einwanderte, hat sich noch nicht zureichend klären lassen. Doch spielt «Menschenbild»-Rhetorik im Parteienkampf bis heute eine wichtige Rolle. Wer grundsätzlich werden will, beruft sich auf sein «Menschenbild». Im aktuellen «Grundsatzprogramm der CDU» gibt es einen eigenen Abschnitt über «Das christliche Menschenbild»: «Für uns ist der Mensch von Gott nach seinem Bilde geschaffen. Aus dem christlichen Bild vom Menschen folgt, dass wir uns zu seiner unantastbaren Würde bekennen. ... Auf diesem Menschenbild beruhen die Grundlagen der demokratischen Rechts- und Verfassungsstaaten.» Auf einem Bild beruhen die Fundamente freiheitlicher Rechtsstaaten. Ist der Rechtsstaat bloß eine Projektionsmaschinerie und die CDU nur eine Partei von Feuerbach-Lesern? Und bekennt sich die CDU nun zur Würde «des christlichen Bildes vom Menschen» oder zur Würde jedes einzelnen Menschen? Bilder können auch gefälscht sein. Gibt es falsche Gottesbilder, sind falsche Menschenbilder nicht auszuschließen.

Die CSU will in ihrem «Grundsatzprogramm» religionspolitisch korrekter als die «Schwesterpartei» sein: Sie nimmt die Juden mit ins Bild. «Unser Menschenbild hat seine Grundlage im Christentum mit seinen jüdischen Wurzeln. Maßstab und Orientierung unseres Handelns ist das christliche Menschenbild mit der Entwicklung aus Antike, Humanismus und Aufklärung. ... Dem christlichen Menschenbild entsprechen die Grundlagen unseres Handelns: Freiheit und Verantwortung, Solidarität und Chancengleichheit, Subsidiarität als Verantwortungs- und Strukturprinzip.» Solche Bildprosa muss man mehrfach lesen, ist ihr doch die spezifische Imaginalaura des Vieldeutigen zu eigen. Ein Bild ist hier «Maßstab und Orientierung» des politischen Handelns von – hoffentlich klugen – Menschen. Bilder als Normeninstanz. Bayerische Ikonophilie. Selbst in die ganz alten Probleme der Analogielehre wird man hier verstrickt. Einem Bild «entsprechen Grundlagen des Handelns». Macht das Handeln das Bild oder sich das Bild das passende Handeln?

Das «christliche Menschenbild» wird in den C-Parteien gern beschworen, wenn in fundamentalen ethischen Fragen substantieller Konsens fehlt und im Dissens alte konfessionelle Trennlinien zutage treten. Dafür stehen Reden von Helmut Kohl und Annette Schavan sowie ein Text von Volker Kauder, dem Vorsitzenden der Bundestagsfraktion der C-Parteien, vom Juli 2008. Zwar lasse sich aus der Bibel kein Parteiprogramm ableiten und aus dem Christentum keine konkreten parteipolitischen Handlungsanweisungen. «Das Christentum schenkt uns aber das christliche Menschenbild als Fundament christlich-demokratischer Politik.» Kauder kann die «Enttäuschung der katholischen Kirche» über die von ihm selbst abgelehnte Verschiebung des Stichtags zur Einfuhr humanembryologischer Stammzellen nachvollziehen, spricht Andersdenkenden aber eine sorgfältige Gewissensprüfung nicht ab. Das christliche Menschenbild sei geprägt «vom Spannungsverhältnis von Kreativität und Kreatürlichkeit», und dies bedeute eine «tiefe Skepsis gegenüber dem Machbarkeitswahn einer Politik ..., die Rationalität als Götzen verehrt».

Da ist sie wieder, die Urszene vom Sinai: Man selbst hat den einen wahren Gott, und die anderen beten nur Götzen an.

Die arme SPD hat kein Menschenbild mehr, weil sie ihr sozialistisches in Bad Godesberg verloren hat. Doch hat Bundespräsident Johannes Rau gern vom «Menschenbild des Grundgesetzes» geredet. «Die Linke» traut sich nicht mehr, den sozialistischen Menschen zu feiern. Die Freien Demokraten sind bilderfeindlich, auch wenn ihr Vorsitzender sich gerne Norbert Biskys juvenile Muskelknaben hinter den Schreibtisch hängt. Bündnis 90/DIE GRÜNEN aber haben in ihrem Grundsatzprogramm ein Menschenbild. «Wir Grünen werden auch in Zukunft alle Entwicklungen in vorgeburtlicher Diagnostik daran messen, ob sie mit unserem an der Vielfalt und Individualität des menschlichen Daseins orientierten Menschenbild übereinstimmen.» Und die NPD bietet acht eigene «Thesen … zu Menschenbild und Volksgemeinschaft» und erhebt offensiv den Anspruch auf das «lebensrichtige Menschenbild», wofür sie große Philosophen «wie Kant, Hegel, Herder oder Fichte» bemüht. Wissenschaftliche Erkenntnisse über den Menschen unterlägen einem permanenten Wandel. «Aufgrund dieser Wandelbarkeit ist das lebensrichtige Menschenbild nicht statisch, wie dies beispielsweise bei religiösen oder weltanschaulichen Menschenbildern oder den Menschenbildern dogmatischer Ideologien der Fall ist, sondern dynamisch. … Wir sprechen von der natürlichen Ungleichheit der Menschen und von der Gleichheit ausschließlich in bezug auf das Recht.» Immerhin kennen die NPD-Theoretiker in ihrem «Europaprogramm» den naturalistischen Fehlschluss. «Das lebensrichtige Menschenbild enthält keinerlei ethische Bewertungen oder Zielbestimmungen, es ist nur beschreibend. Vom Sein des Menschen auf sein Sollen zu schließen ist ein methodischer Fehler.» Aber natürlich leiten die Radikalnationalisten aus ihrem «richtigen Menschenbild» dann massiv politische Forderungen ab.

Das Ende des Kalten Krieges und der politischen Spaltung Europas hat zwar dazu geführt, dass in den osteuropäischen Satrapie-Staaten der UdSSR die «real-sozialistischen Menschenbilder» abgehängt wurden und an sehr vielen Orten, ganz in der Tradition der politischen Bilderstürmerei, Marx-, Engels- und Lenin-Denkmäler gestürzt wurden – Visualisierung der Epochenzäsur durch Ikonoklasmus. Doch kaum waren die «sozialistischen Menschenbilder» entsorgt oder ins Ideologiekundemuseum gehängt, flammte neuer Bilderstreit auf, nun wissenschaftsinduziert durch die neuen naturalistischen Selbstbilder des Menschen, die von den Lebenswissenschaften und speziell der neuen Hirnforschung entworfen wurden. Wolfgang Frühwald, als einstiger DFG-Präsident und langjähriger Präsident der Alexander von Humboldt-Stiftung einer der einflussreichsten deutschen Wissenschaftsmanager, hat die im Streit um «Geist und Gehirn», «freier Wille oder neuronale Determination» bestehenden Konflikte auf die Formel gebracht, wir erlebten derzeit eine neue «Auseinandersetzung um ein christliches, zumindest kantianisches Menschenbild auf der einen Seite und ein szientistisch-sozialdarwinistisches Menschenbild auf der anderen Seite». In den biopolitischen Debatten lässt sich seit den frühen sechziger Jahren in der Tat eine bemerkenswerte Renaissance von Menschenbildproduktion beobachten.

Für die neue Menschenbildmanie sind im Lande nicht zuletzt die beiden großen Kirchen, speziell ihre Spitzenfunktionäre, und auch prominente Universitätstheologen verantwortlich. Aus Gründen der konfessionellen Fairness sei nicht abermals ein römisch-katholisches Bildmissgeschick gewählt. Viele «christliche Menschenbilder» werden derzeit in der Diakonie – und analog auch im Deutschen Caritas-Verband – gemalt, weil auf konkurrenzbestimmten Sozialmärkten nun jedes Unternehmen sein «Leitbild» braucht. In solchen «Leitbildern» wird feierlich und fromm statuiert, dass «im Lichte der biblischen Verkündigung der Mensch ganzer Mensch vor Gott ist». Aber wegen der Konkurrenz mit anderen Anbietern sozialer Dienstleistungen muss «das diakonische Unternehmensleitbild» auch *corporate identity* profilieren, also sich markant abgrenzen, etwa vom «Durchschnitts-Menschen ohne Geheimnis». Gut nur, dass kein protestantischer Christenmensch lediglich Durchschnitt ist.

Der Bischof der Evangelischen Kirche Berlin-Brandenburg-schlesische Oberlausitz und derzeitige Vorsitzende des Rates der Evangelischen Kirche in Deutschland, Professor Dr. Wolfgang Huber, hat sich, zeitgeistfreudig und verbalversatil, seit einigen Jahren die Rede vom «christlichen Menschenbild» zu eigen gemacht. In seinem 2008 erschienenen Buch *Der christliche Glaube. Eine evangelische Orientierung* spricht der einstige

Heidelberger Sozialethiker, der die mediale Bilderflut geißelt und manchen von den gern Allpräsenten gar pathologische Selbstbildzeigesucht attestiert, sowohl vom «biblischen Gottesbild» als auch vom «biblischen Menschenbild» und vertritt die These, dass das alttestamentliche Denken von «einem ganzheitlichen Bild vom Menschen ausgehe». Die Spitzenformulierung lautet: «Denn das biblische und mit ihm auch das christliche Menschenbild hat gerade den ganzen Menschen im Blick.» Da ist sie wieder, die verwirrende Suggestivkraft der Bilder. Können Bilder sehen? Gibt es Bilder ohne Perspektivität des Sehens, Bilder, in denen der Maler oder Zeichner nicht von einem bestimmten Standpunkt aus entwirft? Und wie lässt sich der «ganze Mensch» – dies ist, wie Dietrich Rössler gezeigt hat, eine Formel aus der medizinischen Anthropologie des frühen zwanzigsten Jahrhunderts – in ein Bild bannen? Haben Kirchenfromme einen polyperspektivischen Blick? Manche Bildertheologen sind nur gedankenlose Übertreibungskünstler. Sie beanspruchen den gottgleichen Blick. Aber man muss den Gottesbildgelehrten zugute halten, dass es bei den Bildjuristen nicht viel besser aussieht.

Gern lesen deutsche Juristen Luhmann. Sie preisen dann die Autonomie des Rechtssystems, das nach einer ganz einfachen Unterscheidung funktioniere: der Leitunterscheidung von Recht und Unrecht. Doch strikte Autonomie des Rechts ist nur eine sozialtheoretische – wenn auch berechtigte, wichtige – Fiktion. Recht wird, bei aller funktionalen Differenzierung, immer auch von Ethik und nicht selten auch von Religion mitbestimmt. Und viele der Begriffe, die Juristen im Interesse einer immanenten Rationalität des Rechtssystems verwenden, haben sie gar nicht selbst geprägt, sondern bei anderen aufgenommen und bisweilen schlicht geklaut. Folgt man Carl Schmitt, der hier recht hat, dann sind vielleicht nicht alle, aber doch zentrale Begriffe des modernen Staatsrechts nur säkularisierte theologische Begriffe. An Adam kommt nicht leicht vorbei, wer Ursprungsfiktionen des politischen Gemeinwesens mit Bindungskraft ausstatten will. Doch wo vom Urmenschen die Rede ist, kommt schnell die Bildproduktion in Gang. Kurz zu erzählen ist nun die traurige Geschichte vom juristischen Menschenbild. Viel Bildmagie auch im Verfassungsdiskurs.

Juristische Menschenbildproduktion beginnt spätestens im kulturprotestantischen Heidelberger Gelehrtenmilieu. 1893 hält Georg Jellinek, Sohn eines prominenten Wiener Rabbiners und nach einer Professur in Basel seit 1891 Ordinarius für Allgemeines Staatsrecht an der Ruperto Carola, im «Historisch-Philosophischen Verein zu Heidelberg» einen Vortrag über *Adam in der Staatslehre.* Es ist Jellinek, dem väterlichen Freund Ernst Troeltschs und Max Webers, «voller Ernst ... mit der Beantwortung der Frage, welche Rolle der biblische Adam in den staatswissenschaftlichen Lehren des Mittelalters und der Neuzeit gespielt, und welche bleibenden Spuren diese Gestalt in der Staatslehre einerseits, in dem Bau der modernen Staaten andererseits hinterlassen habe». Denn «die Ansichten einer Zeit vom Staate» seien «wesentlich bedingt ... von ihrer Ansicht vom Menschen». Jellinek will zeigen, «wie die von theologischen Voraussetzungen ganz unabhängige moderne Staatslehre Jahrhunderte hindurch von der Vorstellung des Adam beherrscht ist, oft ohne es zu ahnen». Adam als Ursprungsheld im Diskurstheater der Staatsrechtslehrer und Historiker des öffentlichen Rechts. So trat der erste Mensch zunächst im Naturrecht und sodann im positiven Staatsrecht auf. Dabei hat er selbst, aber mehr noch das Recht Schaden genommen. Denn nun beginnen die Juristen, sich selbst ihre Rechtsmenschenbilder zu malen – ein ikonomaner Produktionsprozess, der noch immer hohe akademische Renditen abwirft.

Gut 25 Jahre später, 1927, knüpft Gustav Radbruch in seiner Heidelberger Antrittsvorlesung *Der Mensch im Recht* programmatisch an Jellineks «so geistvollen wie stoffreichen Vortrag» an. Es geht dem prominenten sozialdemokratischen Rechtspolitiker und Rechtsphilosophen um die «Auffassung vom Menschen» als Grundlage jeder Rechtsordnung: «Mein Thema ist nicht der wirkliche Mensch, sondern das Bild des Menschen, das dem Recht vorschwebt und auf das es seine Anordnungen einrichtet.» Radbruch spricht vom «Menschentypus» und analysiert die «Auffassung einer bestimmten Rechtsordnung vom Menschen», speziell die «fiktive Konstruktion des sehr eigennützigen und sehr klugen Menschen», des *homo oeconomicus* in den klassischen Vertrags- und Naturrechtslehren des achtzehnten Jahrhunderts, denen er unhistorisch abstrakten Individualismus und sozialschädliche Eigennutzfixierung vorwirft. Das «werdende Bild des neuen Menschen», des Menschen, der von den Juristen nun prononciert als Sozialwesen wahrgenommen werde, sei sehr viel realitätstauglicher: «Das neue Bild vom Menschen ist im Verhältnis zu dem abstrakten Freiheits-, Eigennutz- und Klugheitsschema des liberalen Zeitalters ein viel lebensnäherer Typus, in den auch die intellektuelle, wirtschaftliche, soziale Machtlage des Rechtssubjekts mit eingedacht wird. Der Mensch im Recht ist fortan nicht mehr Robinson oder Adam, nicht mehr das isolierte Individuum, sondern der Mensch in der Gesellschaft, der Kollektivmensch». Radbruch verkündet, durchaus zeitgeistkonform, nicht nur das Ende des liberalen Zeitalters, sondern stellt zugleich dem egofixierten «Menschentypus» des liberalen Individualismus den Totenschein aus. Durchaus affirmativ erklärt er 1927: «Der auf das isolierte Individuum eingestellte demokratische Gedanke wird vom Begriff des Kollektivmenschen aus umgedacht.» Das Substantiv-Kompositum «Menschenbild» verwendet er selbst nicht, spricht aber mehrfach vom «Bild des Menschen» und von der «Auffassung des Menschen» im Recht.

Die Rezeptionsgeschichte seiner Antrittsvorlesung ist noch nicht geschrieben. Aber seit den Anfängen der Bundesrepublik findet sich im deutschen Verfassungsrecht kaum ein Text zum «Menschenbild», der nicht auf Radbruchs Heidelberger Sprechakt verweist. Denn auch das «Grundgesetz der Bundesrepublik Deutschland» hat ein «Menschenbild». Im Gesetzestext wird der Begriff zwar nirgends verwendet. Den Vätern und Müttern der Verfassung genügten die «Menschenwürde» und die «Grundrechte». Aber manche Staatsrechtslehrer brauchen mehr. Denn nicht der Gesetzgeber, sondern die Richter entscheiden darüber, wie der Gesetzestext gemeint ist. Und so haben sich die Staatsrechtslehrer ein «Menschenbild des Grundgesetzes» gemalt und die Hüter der Verfassung in Karlsruhe bald eine eigene «Menschenbildjudikatur» entwickelt.

Wer deutsche Rechtsgeschichte schreiben will, braucht einen konfessionssensiblen Blick. Gerade die Entstehungsgeschichte des Grundgesetzes und die frühe Judikatur des Bundesverfassungsgerichts lassen sich nur mit viel Deutungskompetenz für römisch-katholische Ethik verstehen. Zwar reden, wie gezeigt, alle möglichen Leute gern vom «christlichen Menschenbild». Doch gibt es, genau genommen, kein christliches Ethos, sondern nur die jeweils eigenen Ethosformen der unterschiedlichen Christentümer. Schon im späten sechzehnten und frühen siebzehnten Jahrhundert diskutierten Theologen und Rechtsgelehrte intensiv darüber, dass Lutheraner, Calvinisten und römische Katholiken jeweils unterschiedliche Deutungen politischer Obrigkeit und einander widerstreitende Auffassungen weltlichen, staatlichen Rechts vertraten. Spätestens seit dem Vormärz, als Kirchenhistoriker wie Carl Bernhard Hundeshagen und Matthias Schneckenburger die ethischen Konzeptionen der beiden protestantischen Konfessionen komparatistisch analysierten und zugleich bleibende Differenzen zur römisch-katholischen Ethik profilierten, ist gut bekannt, dass sich in ethischen Fragen die genannten christlichen Konfessionsparteien mindestens so sehr unterscheiden wie in dogmatischen Lehren. Ernst Troeltsch hat dies in seinen großen *Soziallehren der christlichen Kirchen und Gruppen* detailliert und mit großem Respekt vor der hohen Integrationskraft der katholischen Naturrechtsüberlieferung gezeigt. Nimmt man die orthodoxen Christentümer des Ostens hinzu, die erst in der zweiten Hälfte des zwanzigsten Jahrhunderts explizit «Soziallehren» entwickeln, wird das Spektrum christlicher Ethik noch einmal sehr viel breiter. Konfessionelle Besonderheiten spielen auch stark in die Debatten um das Grundgesetz hinein, wie sie in den späten vierziger und fünfziger Jahren geführt wurden. Man darf hier nicht konfessionsblind sein. Denn wo staatliches Unrecht endlich beendet war, sollte nun überstaatliches Naturrecht die neue Rechtsordnung fundieren und präventiv einen Rückfall in die Barbarei verhindern.

1952 veröffentlichte der römisch-katholische Staatsrechtslehrer Günter Dürig, Ehrenmitglied der katholischen Alemannia in Tübingen, in der *Juristischen Rundschau* einen kleinen, nur fünf Druckseiten umfassenden Aufsatz über *Die Menschenauffassung des Grundgesetzes.* Darin vertritt er die Auffassung, der Satz von der Unantastbarkeit der Würde des Menschen könne sowohl «als phrasenhafte Deklaration belächelt» werden als auch als Mittel zum «‹Wiedergewinnen der Mitte›» dienen – der Tübinger Privatdozent als Sedlmayr-Leser. Dürig rückt die Menschenwürde in jene Mitte, deren Verlust Sedlmayr beklagt. Dabei wird die Würde zum Wert.

Nun hat, wie sowohl der katholische Offenbarungsjurist Carl Schmitt als auch der lutherkundige evangelische Theologe Eberhard Jüngel prägnant gezeigt haben, der Wert eine Würde gewonnen, aber die Würde auch einen Wert. «Der Wert hat sich sozusagen aufgewertet», hat Carl Schmitt 1960 in *Die Tyrannei der Werte* geschrieben. Jedenfalls ist die Würde nun als Würde-Wert oder Wert-Würde der ursprünglich ökonomischen Logizität von Aufwertung und Abwertung ausgeliefert. Dürig sieht dieses Problem nicht. Mit dem *magnus consensus* der deutschen Verfassungsrechtler deutet er als das «Negativum» der Würdegarantie den Kollektivmenschen der nationalsozialistischen Diktatur: «Dieser Wertträger Mensch, von dem das GG ausgeht, ist nicht der zum Objekt des Kollektivs degradierte Mensch des verflossenen Systems ...» Aber er fügt sofort hinzu: «Verhältnismäßig leicht läßt sich auch erkennen, daß der Mensch des GG nicht jenem anderen Extrem entspricht, wonach im klassischen liberalistischen Sinne des 19. Jahrhunderts der Mensch ein autonomes, in sich geschlossenes, jede Einwirkung von außen ablehnendes ‹Individuum› ist.»

Zur Begründung rekurriert er auf den Artikel 100 der Bayerischen Verfassung als «Ausgangsnorm»; darin war 1946 erklärt worden: «Die Würde des Menschen ist unantastbar. Sie zu achten und zu schützen ist Verpflichtung aller staatlichen Gewalt.» Wo im Gesetzestext nur «der farblose Ausdruck ‹Mensch›» steht, der «die Vorstellung eines atomisierten Individuums ... noch zuläßt», will Dürig nun aber Deutungsarbeit am «wertschweren Ausdruck Persönlichkeit» leisten. Die alte «liberalistische» Entgegensetzung von Staat und Individuum sei dem Grundgesetz nämlich fremd. Es nehme schließlich «Sozialgebilde» zwischen Staat und Individuum – also Institutionen wie Ehe, Familie, Gemeinde, Kirche und auch Parteien – ernst. «Eine Verfassung aber, die dies erkennt ..., erteilt dem Leitgedanken des Liberalismus eine Absage.»

Der einflussreiche Verfassungsjurist, der gemeinsam mit Theodor Maunz und später auch Roman Herzog den lange führenden Kommentar zum Grundgesetz verantwortete und die sogenannte «Objektformel» zur Auslegung der Menschenwürde prägte, steht damit vor der anspruchsvollen Aufgabe, eine nicht-«liberalistische» rechtsverbindliche Auslegung zu entwickeln. Zwar sei die Menschenwürdegarantie «kein echtes Grundrecht», aber doch mehr als nur «eine ethische Deklamation», eben «eine aktuelle Norm des objektiven Rechts». Doch Juristen können die Wert-Würde der Persönlichkeit nicht aus eigener Kraft und Kompetenz definieren. Vielmehr sei «seit jeher der Begriff ‹Persönlichkeit› ein fester Begriff der christlich-philosophischen Anthropologie, der christlichen Gesellschaftslehre und der Moraltheologie». Daher weiß der Verfassungsjurist auch ganz genau, dass die «säkularisierte Humanitätslehre … niemals die christliche Klarheit erreicht» habe. Nun geht es an die harte Arbeit, die bloße «Person» von der «Persönlichkeit» zu unterscheiden: «Obwohl keiner der beiden Begriffe ohne den anderen erfaßt werden kann, ist ‹Person› (Individuum) ein ontologischer Seinsgehalt, ‹Persönlichkeit› dagegen ein axiologischer Wertgehalt. Bis zum Nachweis des Gegenteils muß vermutet werden, daß bewußt oder unbewußt der christliche Persönlichkeitsbegriff in das GG rezipiert wurde. Dieser Persönlichkeitsbegriff aber, der vom Christentum … auch bereit gehalten wurde, als der seit der Aufklärung bedingungslos gewordene Mensch sich bald maßlos als Übermensch fühlte, bald angstvoll in das Kollektiv flüchtete, beinhaltet seit jeher ein Zweifaches.»

Man kann nur die Konsequenz bewundern, mit der Dürig seinen christlichen Persönlichkeitsbegriff dem «Typus des Menschen» der Aufklärung, dem prometheischen, titanischen, sich selbst verabsolutierenden Individuum entgegensetzt. Der Mensch sei «Person» (Individuum) kraft seines Geistes, seiner Selbstbestimmung und Selbstgestaltung, aber immer schon eingebunden in eine «Seinsordnung». «Bereits in dieser Seinsordnung ‹ist› die Person nicht nur und erkennt sich nicht nur, wie ein theoretisches Subjekt Objekte erkennt, sondern steht sie wesensmäßig bereits in Beziehung zu Werten. Im Dialog mit dem ewigen ‹Du› Gottes, dem ‹Du› des Mitmenschen und dem ‹Wir› der Gemeinschaft, in deren ‹Koexistenz› die Person nur ‹existiert›, erkennt sie erst, daß sie Person ist. Bejaht die Person aus innerer Freiheit diese Werte und dient sie ihnen, dann reift die Person zur ‹Persönlichkeit›.»

Aber diese Persönlichkeit werde entscheidend eben christlich, im Glauben konstituiert. Zwar kann Dürig – so darf man in der frühen Bonner Republik noch reden – ernsthaft behaupten, dass die Germanen allen anderen Völkern etwas voraus hatten, nämlich die in Gierkes Genossenschaftsrecht entfaltete romantische Idee der Freiheit, in der Individualität und Sozialität immer schon vermittelt sind. Aber es geht Dürig primär um das Christentum. Es habe den Einzelnen wirklich frei gemacht, indem «es ihn als Persönlichkeit der innerlich begründeten Gemeinschaftsbindung unterworfen hat». Dazu zitiert Dürig den reformierten, in Zürich lehrenden Sozialethiker Emil Brunner, einen einstigen engen Kampfgefährten Karl Barths, und den mit der «deutschen Revolution» von 1933 sympathisierenden lutherischen Kirchenrechtler Johannes Heckel, der das Grundgesetz auf eine «salus publica christiana» verpflichtet sieht. Sehr viel stärker noch stützt Dürig sich jedoch auf römisch-katholische Sozialethiker und Moraltheologen wie Otto Schilling und Theodor Steinbüchel, den er zustimmend zitiert: «Der freie Dienst an der Gemeinschaft macht die Person zur Persönlichkeit.»

Kaum den Folgekatastrophen der «völkischen Revolution» und dem Terror der kämpfenden «Volksgemeinschaft» entronnen, fürchteten die Wert-Würde-Hüter der frühen Bundesrepublik den liberalen «Individualismus» wie der Teufel das katholische Weihwasser und predigten wieder Gemeinschaftsbindungen. Anders als das Bundesverfassungsgericht hatte sich der Bayerische Verfassungsgerichtshof 1948 darauf eingelassen, eine materiale, positive Definition zu wagen. Die Würde des Menschen liege darin, «Träger höchster geistig-sittlicher Werte zu sein und einen Eigenwert zu verkörpern, der unverlierbar und jedem Anspruch der Gemeinschaft und Gesellschaft gegenüber eigenständig und unantastbar sei». Dass bayerische Verfassungsrichter ein prinzipielles Eigenrecht des Individuums gegenüber «Gemeinschaft und Gesellschaft» vertreten, hält Dürig für eine liberalistische Verirrung. Das Urteil des Bayerischen Verfassungsgerichtshofs berge in sich die «Gefahr, den Satz von der Würde der menschlichen Persönlichkeit, gerade weil er als Reaktion gegen den Kollektivismus entstanden ist, zur *magna charta* des Individualismus zu machen. Mitgedacht muß immer die Erkenntnis werden, daß es unlösbar zu dem, was das Wesen des Menschen als Persönlichkeit ausmacht, was seine Würde ausmacht, worin sein sittlicher Eigenwert besteht, gehört, in innerlich begründeter Bindung zur Gemeinschaft zu stehen. Würde haben heißt Persönlichkeit sein. Aber Persönlichkeitsein und in Ganzheitsverbindung stehen, Persönlichkeitsein und Verantwortlichsein, Persönlichkeitsein und dem Gemeinwohl dienen, sind ein und dasselbe.» Inspiriert vom «Sittengesetz», redet Dürig von der «Ganzheit der Persönlichkeit», und deshalb hält er nur partikulare Bilder des Menschen – wie insbesondere den *homo oeconomicus* – für verfassungswidrig. Auch das ökonomische Handeln nehme «an der Sperre des Rechtsbegriffs ‹Persönlichkeit› teil». Wer das im Grundgesetz kodifizierte «Bild vom Menschen» für eine «Ganzheit» erklärt, für den ist evident, «daß der Persönlichkeitsbegriff auch die liberalistische ... ‹Zerlegung› des Menschen in einen vom Staat freien ‹homo oeconomicus› und in einen zum Staat hingeordneten ‹homo politicus› verbietet». Da ist er wieder, der alte deutsche Antiliberalismus, expliziert nun im Menschenbild der ganzheitlichen Persönlichkeit.

Im selben Jahr, in dem Dürig seinen kleinen, aber folgenreichen Aufsatz veröffentlichte, publizierte der politisch einflussreiche Münchner Richter Josef Marquard Wintrich in der Festschrift für Wilhelm Georg Josef Laforet, seit 1927 ordentlicher Professor des Staatsrechts und Verwaltungsrechts an der Universität Würzburg und als Gründungsmitglied der CDU 1946 bis 1949 Abgeordneter des Bayerischen Landtags und 1949 bis 1953 des Deutschen Bundestags, einen Text *Über Eigenart und Methode verfassungsgerichtlicher Rechtsprechung.* Wintrich, geboren am 15. Februar 1891 in München, war 1921 als Gerichtsassessor zum Dr. iur. promoviert worden und hatte dann als nebenamtlicher Lehrbeauftragter für Staatsrecht an der Ludwig-Maximilians-Universität mit seiner Habilitationsschrift begonnen, die er aber niemals abschloss. Von 1921 bis 1945 war er als Richter und Staatsanwalt im bayerischen Justizdienst tätig. Nach dem Ende der nationalsozialistischen Diktatur machte er schnell große juristische Karriere: 1947 wurde er Oberlandesgerichtsrat und Mitglied des neu errichteten Bayerischen Verfassungsgerichtshofs, 1949 dann Senatspräsident des Oberlandesgerichts München, ab 1953 dessen Präsident. Bei den Vorberatungen des Bundesverfassungsgerichtsgesetzes trat er entschieden dafür ein, dass dem einzelnen Bürger das Recht auf Verfassungsbeschwerde gegeben wurde. Als frommer Katholik – er war als Student in die K.D.St.V Aenania München, eine Verbindung im Cartellverband der katholischen deutschen Studentenverbindungen, eingetreten und später als «alter Herr» hier sehr aktiv – und Mitglied der CSU wurde er im November 1953 zum Stellvertreter des Präsidenten des Bundesverfassungsgerichts nach Karlsruhe berufen. Im März 1954 wurde er zum zweiten Präsidenten des Bundesverfassungsgerichts gewählt.

Theodor Maunz hat ihm lobend ein intensives «Ringen um ein wertgebundenes Recht» bescheinigt.

Wer «Werte» in die Rechtsprechung bringen will, braucht Wertbegriffe. Einer der zentralen Wertbegriffe Wintrichs heißt, wenig überraschend, «Menschenbild». Wohl unter dem Einfluss von Dürigs Essay unterscheidet auch Wintrich zwischen «Person» und «Persönlichkeit». Doch nimmt er, anders als Dürig, aus klassischen Texten der «katholischen Soziallehre» auch den Begriff der «Personenwürde» oder «Personwürde» auf, identifiziert also «Person» nicht von vornherein mit atomistischem Individualismus. Sein «Menschenbild» weist, wie Ulrich Becker 1996 in *Das ‹Menschenbild des Grundgesetzes› in der Rechtsprechung des Bundesverfassungsgerichts* gezeigt hat, vielfältige «Berührungspunkte mit der katholischen Soziallehre» auf. Wintrich ist insbesondere beeinflusst von Johannes Baptist Lotz SJ, der an der Hochschule für Philosophie der Jesuiten in München Ontologie, Philosophische Anthropologie und Geschichte der Philosophie lehrte. Rechtspolitisch äußerst folgenreich ist, was Wintrich in seinem Beitrag zur Laforet-Festschrift schreibt: «Die Freiheit des einzelnen ist nicht ‹prinzipiell unbegrenzt›, weil der Mensch nicht ‹isoliertes› Einzelwesen, sondern Person und als solche notwendig zugleich Gemeinschaftswesen und damit gemeinschaftsgebunden ist. Da die Gemeinschaft sich aus freien eigenständigen Personen aufbaut, die durch ihr Zusammenwirken das Gemeinschaftsgut verwirklichen, muß aber der Mensch auch in der Gemeinschaft und ihrer Rechtsordnung immer ‹Zweck an sich selbst› (Kant) bleiben …» Wintrich denkt die Freiheit des Individuums, trotz aller Aufnahme von Kant-Formeln, insoweit als immer schon restringiert, als er Gemeinschaftspflichten betont und vorstaatlichen Grundrechten vorstaatliche Bürgerpflichten zuordnet.

Zwei Jahre nach der Publikation des Beitrags zur Laforet-Festschrift ist Wintrich Präsident des Bundesverfassungsgerichts. Noch einmal zwei Jahre später schreibt er bundesdeutsche Rechtsgeschichte. Am 20. Juli 1954 verkündet das Bundesverfassungsgericht sein berühmt-berüchtigtes «Investitionshilfe-Urteil» (BVerfGE 4, 15 f), in dem die Hüter der Verfassung erstmals vom «Menschenbild des Grundgesetzes» reden. Hier wird höchstrichterlicher Menschenbildglaube in individualismuskritischer Absicht «rechtsverbindlich» festgeschrieben:

«Das Menschenbild des Grundgesetzes ist nicht das eines isolierten souveränen Individuums; das Grundgesetz hat vielmehr die Spannung Individuum – Gemeinschaft im Sinne der Gemeinschaftsbezogenheit und Gemeinschaftsgebundenheit der Person entschieden, ohne dabei deren Eigenwert anzutasten. Das ergibt sich insbesondere aus einer Gesamtsicht der Art. I, 2, 12, 14, 15, 19 und 20 GG. Dies heißt aber: der Einzelne muß sich diejenigen Schranken seiner Handlungsfreiheit gefallen lassen, die der Gesetzgeber zur Pflege und Förderung des sozialen Zusammenlebens in den Grenzen des bei dem gegebenen Sachverhalt allgemein Zumutbaren zieht, vorausgesetzt, daß dabei die Eigenständigkeit der Person gewahrt bleibt.» Die Ähnlichkeit mit der Sozialitätsformel Wintrichs ist evident; «sie reicht», wie Ulrich Becker formuliert, «bis in die Satzkonstruktion hinein». Das «Investitionshilfe-Urteil» gilt als der «Urtext» der sogenannten «Menschenbildjudikatur» des Bundesverfassungsgerichts.

Insofern ist Josef Isensee höflich zu widersprechen, der die Karlsruher Menschenbildformel von 1954 zu einem bloßen «Gemeinplatz» erklärt hat. Gewiss, dass der Mensch nicht nur Individuum ist, sondern mit anderen zusammenleben muss oder darf, ist nur eine sozialtheoretische Trivialität. Alles andere als trivial sind aber die Folgen, die das Bundesverfassungsgericht aus Wintrichs heimlich übernommener Formel gezogen hat. Immer wieder hat es in seiner Rechtsprechung «das Menschenbild des Grundgesetzes» im Sinne einer allgemeinen Grundrechtsschranke bemüht. Seine sogenannte «Wertordnungsrechtsprechung» stützt sich entscheidend auf die Formel vom «Menschenbild des Grundgesetzes». Die Karlsruher Richter verwiesen gern auf das verfassungsimmanente «Menschenbild», wenn sie Freiheit begrenzen und Gemeinschaftspflichten begründen wollten. Die berufenen Hüter der Verfassung des freiheitlich-demokratischen Rechtsstaates maßen sich hier nicht nur an, freien Bürgern ein spezifisches Menschenbild vorzuschreiben. Vielmehr setzen sie die diffuse Rede vom «Menschenbild des Grundgesetzes» auch noch dafür ein, Grundrechte auf Sozialpflichten hin zu relativieren – mit einem Begriff, der dem Verfassungstext selbst fremd ist. Erst 1990, nach dem Beitritt der DDR zum Staat des Grundgesetzes, hat das Bundesverfassungsgericht seine Menschenbilder abgehängt und in irgendeine rechtshistorische Rumpelkammer entsorgt.

Die juristische Literatur zum «Menschenbild des Grundgesetzes» füllt inzwischen eine eigene kleine Bibliothek. Warnende Stimmen, etwa von Peter Lerche, waren früh zu hören. Aber Bilder entfalten ihre eigene Wirkmacht. Wer sie ikonoklastisch zerstört, kann doch nicht verhindern, dass bald neue wieder aufgerichtet werden. So erfreuen sich deutsche Staatsrechtslehrer noch in ihren aktuellen akademischen Debatten gern an Bilderkult. Einige reden vom «Menschenbild der Menschenrechte», und andere verkünden, dass der *homo oeconomicus* dem Menschenbild des Grundgesetzes widerstreite. Die Problemlage mag ein kritischer Blick auf eine der erfolgreichsten juristischen Menschenbild-Monographien deutlich machen: Peter Häberles erstmals 1988 erschienene Studie über *Das Menschenbild im Verfassungsstaat.* «Begriff und Wort ‹Menschenbild› dürften eine spezifisch deutsche Wissenschaftstradition haben», hat der in Bayreuth lehrende Verfassungsrechtler, ein enger Dürig-Schüler, hier behauptet. Häberle vertritt ein dezidiert kulturwissenschaftliches Verständnis seines Fachs. «Menschenwürde und freiheitliches Menschenbild gehören … zusammen, sind aber nicht identisch.» «Das Menschenbild reicht … über die Menschenwürde hinaus», heißt es an anderer Stelle. Doch weshalb bedarf die Grundrechtsjudikatur neben der «Menschenwürde» überhaupt noch eines «Menschenbildes»? Was gewinnt die Würde, wenn man den Menschen ins Bild bringt? Worin unterscheiden sich Würde und Bild, und was ist der unterstellte Mehrwert des «Menschenbildes» gegenüber der «Menschenwürde»?

Häberle weist zunächst darauf hin, dass in der juristischen Literatur und speziell bei den Staatsrechtlern Bildmetaphorik eine wichtige Rolle spielt, etwa wenn sie von «Staatsbild», «Bild von Ehe und Familie», «Europabild» und auch «Richterbild» sprechen. «Im juristischen Gebrauch» seien «alle Bilder dieser Art immer der Versuch, eine Ganzheit zu benennen, die hinter den ‹positiven›, oft diffusen und fragmentarischen Regelungen, Begriffen, Grundsätzen etc. vielfach unbewußt stehen.» Doch wie lässt sich im Bild «Ganzheit» erfassen, wenn die Produktion von Bildern unausweichlich an Perspektivität, einen bestimmten Ort des Sehens und Abbildens gebunden ist? Um der vagen, diffusen Rede vom «Menschenbild des Grundgesetzes» juristische Prägnanz zu verleihen, entwirft Häberle eine «Bildertrias» von «Gottesbild», «Weltbild» (unter Einschluss eines bestimmten «Volksverständnisses» auch «Volksbild» genannt) und «Menschenbild». So mutiert der Verfassungsjurist zum Bildwissenschaftler, der gar von seiner «Bilderphilosophie» spricht. Verhelfen «Bilderphilosophien» dem Staatsrechtslehrer zu trennschärferen juristischen Begriffen? Erhebliche Zweifel sind geboten. Bilder sind nun einmal schwierige epistemische Objekte. Obendrein werden in einer pluralistischen Gesellschaft von allen möglichen Produzenten höchst unterschiedliche Welt-, Gottes- und Menschenbilder entworfen. Dennoch hält der Staatsrechtsgelehrte als «Bilderphilosoph» juristische Menschenbildproduktion für unerlässlich. «Unbeschadet der Vielfalt von Gottesbildern und Weltbildern muß aber der Verfassungsjurist als solcher immer neu am (Minimal-Konsens) über das – verbindlich juristische – Menschenbild seines Verfassungsstaates zu einem bestimmten Zeitpunkt arbeiten.» Heißt «Minimal-Konsens», dass sich jeder und jede in diesem Bilde wiedererkennen können muss? Ausdrücklich erklärt Häberle «das Menschenbild als verfassungsrechtliches Prinzip» zu einem «Element der Rechtsverbindlichkeiten». Mehr noch: Seine Verfassungsrechtler bieten auch noch auf Weltbildauktionen mit: «Der Verfassungsstaat, der bislang als einzige Ordnungseinheit Menschenwürde und Freiheit (intern) effektiv zu garantieren versteht, schreibt Elemente eines bestimmten Menschenbildes und in ihm auch eines bestimmten Weltbildes rechtlich vor und fest: weil und insofern sie Bedingungen für menschliche Individualität und Identität sind». Wird in Karlsruhe demnächst der Bundesadler abgehängt – zugunsten von Menschenbildikonen? Haben wir demnächst Bayreuther Dissertationen über das implizite «Weltbild» des Grundgesetzes zu erwarten? Und wer malt uns das «Volksbild»?

Zwar verordne der freiheitliche Rechtsstaat «kein einheitliches Menschenbild», wisse er doch um die «Komplexität des Menschen». Aber der moderne Verfassungsstaat kennt den Zweck seiner Menschenbildproduktion: Mit seinem juristisch verbindlichen Menschenbild lehnt er «implizit alle Ideologien der Hervorbringung eines neuen Menschen ab»: Er möchte nicht gern ein ideologiefundierter Staat sein. Doch darf er dazu seinen Bürgern Ideologieresistenz verordnen? Wie auch immer – Häberles Verfassungsstaat entwirft sich sein Menschenbild in dezidiert ideologiekritischer Absicht. Dass nun gerade «das Menschenbild» als geeignetes

Instrument angesehen wird, wird man ob der skizzierten Begriffsgeschichte bezweifeln dürfen. Obendrein treten die Rechtsgelehrten bei Häberle gern die Nachfolge von Kirchentheologen an, die schon seit gut 200 Jahren moderne starke Bürgerfreiheit als sündhafte Hybris des sich autonomisierenden Menschen denunziert haben. Häberle entwirft deshalb ein «realistisches Menschenbild», das es ihm, «menschenbildwissenschaftlich gesprochen», auch erlaubt, der großen «Verschiedenheit der Menschenbildinhalte der einzelnen Rechtsgebiete» gerecht zu werden. Offenkundig malen Juristen bisweilen Rechtssprachbilder, die auch die langen Folgeschatten mangelnder begrifflicher Klarheit prägnant abzubilden vermögen. Kennt der deutsche Rechtsstaat über «das Menschenbild des Grundgesetzes» hinaus in den einzelnen Rechtsgebieten noch ganz andere Menschenbilder? Oder werden hier einzelne Elemente jeweils isoliert, in den Vordergrund gerückt oder abgeblendet? Wie auch immer – juristisch produzierte «Menschenbilder» sind offenkundig Fragmentkunstwerke eigener Artifizialität.

Der moderne freiheitliche Verfassungsstaat ist entscheidend definiert durch die Anerkenntnis vorstaatlicher Grundrechte des Individuums. Der Nicht-Jurist, der als protestantischer Ethiker aber einiges von der spezifischen Logizität des Freiheitsgedankens zu verstehen hofft, erlaubt sich die juristisch gewiss naive Frage, ob denn der freiheitliche Rechtsstaat seine Bürger überhaupt auf ein «rechtsverbindliches» Menschen- (und gar noch) Weltbild festlegen darf. Häberle sieht die hier bestehenden Probleme, weil er den gesellschaftlichen Pluralismus konkurrierender und durchaus heterogener Menschenbilder als legitimen und eben auch legalen Ausdruck der vorstaatlichen Freiheit der Rechtsbürger anerkennt. Dennoch will er auf das «Menschenbild als verfassungsrechtliches Prinzip» nicht verzichten, leisteten Bilder doch «Reduzierung von Komplexität» und böten «Orientierung». Dass Reduktion begrifflicher Komplexität freiheitsdienlich ist, wird man, ganz ideologiekritisch, bezweifeln dürfen. Obendrein spricht Häberle, überraschend genug, davon, dass in «der sich wandelnden Rechtsordnung ... im Laufe der Zeit und der Generationen Menschenbild-Elemente oft sehr verschiedener Herkunft und Art (Teil-)Gestalt angenommen und Sinn gestiftet» hätten, «was den Menschen seinerseits in seinem Selbstverständnis prägt». «Den Menschen» insgesamt oder bestimmte Menschen, wird man zurückfragen dürfen.

Juristische Menschenbildelemente sollen der Sinnstiftung dienen. Aber darf der freiheitliche Staat seinen Bürgern rechtsverbindliche Sinnikonen vorschreiben? Um sowohl den Freiheitsrechten als auch dem eigenen Interesse an sinndienlicher Komplexitätsreduktion gerecht zu werden, knüpft Häberle an die Formel vom «offenen Menschenbild» an, die der damals in Köln lehrende Staatsrechtler Wolfram Höfling 1987 in einer Studie über *Offene Grundrechtsinterpretation* geprägt hatte. Höflings «offenes Menschenbild» schwächt sein Rezipient freilich «zum relativ offene(n) Menschenbild des GG» ab, weil allzu viel Offenheit ja dem Bedürfnis nach sinnerfüllter Übersichtlichkeit widerstreitet. Immerhin, auch ein relativ offenes Menschenbild stellt die Alternative zu einem «geschlossenen Menschenbild» dar, das Häberle zum Kennzeichen totalitärer Regime erklärt: «Ein geschlossenes Menschenbild, der Entwurf des Menschen ‹im ganzen› pervertierte den Verfassungsstaat zum totalen Staat, er widerspräche sowohl der Freiheitsidee und Offenheit des GG als auch der Einsicht, daß Recht im Verfassungsstaat immer nur begrenzte Ordnung ist. Gerade ‹Bilder› sind ‹ideologieanfällig›.» Jetzt kann man, «bilderphilosophisch» und speziell «menschenbildwissenschaftlich» gesehen, nur noch bildergriffen staunen.

Den Bedarf an einem «Menschenbild des Grundgesetzes» hatte der Autor ideologiekritisch, mit der Absage an die «Hybris eines ‹neuen Menschenbildes›» begründet. Ein paar Seiten später gelten Bilder nun als besonders «ideologieanfällig». Könnte nicht auch «das Menschenbild des Grundgesetzes» nur die Visualisierung rechtswissenschaftlicher Ideologieproduktion sein? Der naheliegende Einwand, dass es ja nicht «geschlossen», sondern «relativ offen» sei, kann nicht überzeugen. Bilder bringen was auch immer zur Darstellung. Sie bilden etwas ab. Der eine sieht in ihnen dies, und die andere erkennt jenes. Zwar gab es einst «geschlossene Anstalten», und an Sonntagen sind zumeist die Läden geschlossen. Aber «geschlossene Bilder» gibt es schon deshalb nicht, weil ein Bild als Bild vieldeutig, interpretationsoffen ist. Und was sollte ein «offenes Menschenbild» sein? Ein Bild vom politischen Aktivbürger, der mit offenen Augen, hellwach gegenüber allen Menschenbildideologen, dagegen protestiert, im freiheitlichen Rechtsstaat auf eine bestimmte Humanikone festgelegt zu werden? Oder einfach ein Bild, das keinen Rahmen hat? Vielleicht ist ein «offenes Bild» nur aus dem verfassungsrechtlichen Begriffsrahmen gefallen. Steht die Offenheit des «offenen Menschenbildes» nur metaphorisch ein für den Verzicht auf rationale begriffliche Strenge in der sogenannten «Menschenbildjudikatur»?

Häberle selbst will mit der Formel vom «relativ offenen Menschenbild des Grundgesetzes» sichtlich ein bestimmtes Menschenbild als besonders verfassungskonform empfehlen: «Der ‹homo europaeus› kann nicht der ‹homo oeconomicus›, sondern nur der kulturgeprägte Bürger sein. Unabdingbar ist dabei der Gedanke, Grundrechte seien – auch – Erziehungsziele». Da ist sie wieder, die gute alte Abendlandsideologie. Nun setzt sich der «abendländische Mensch» als «homo europaeus» ins Bild. Die Polemik gegen den *homo oeconomicus* ist wortwörtlich von Dürig übernommen. Selbstverständlich darf, wer mag, sich Bilder vom «homo europaeus» ins Wohn- und auch Schlafzimmer hängen. Man mag sie auch in Museen für europäische Menschenvielfaltskunde oder Sepulkralkultur hängen. Aber im Karlsruher Verfassungsgerichtssaal haben Wertikonen nichts zu suchen. Hängt in manchen öffentlichen Räumen, etwa in bayerischen Schulen, ein Kruzifix, handelt es sich gerade nicht um ein «europäisches», «abendländisches» oder gar «christliches» Menschenbild. Auf Golgatha, der Schädelstätte des Geistes, sind keine «Menschenbilder» hingerichtet worden, sondern zwei Rechtsbrecher und ein passionssensibles jüdisches Individuum, das kurz vor seinem Tod seine «Gottverlassenheit» beklagt hat – alles andere als eine Situation, in der Individualität und ‹Gemeinschaftsgebundenheit› immer schon harmonisch «vermittelt» sind. Johannes Calvin hat den Christus crucifixus als den «Spiegel» des Menschen bezeichnet, der all seine Selbstbildproduktion obsolet macht.

Der bundesdeutsche juristische Menschenbilddiskurs ist reich an Sprachstilblüten, aber arm an «bildwissenschaftlicher» Reflexivität. Immerhin spiegelt er den spezifischen Selbstbildzwang des Menschen: Wir sind notorisch portraitsüchtig, fixiert auf die Verdopplung unserer selbst im Bild. Die Hoffnung, durch Bildzerstörung bilderfreie heilige Räume für das reine Hören auf das absolute Wort, für sich selbst mitteilende unbedingte Geistigkeit schaffen zu können, scheint die Menschen zu überfordern, weil sie sich ja auch als Hörende innere «Denkbilder» (Herder) und Gedankenbilder vom Absender der Hörbotschaft machen. Die Geschichten menschlicher Selbstreflexion gerade in der Moderne lassen sich denn auch als Geschichten wachsender Komplexität ikonographischer Selbsterfassung schreiben: Wir erzeugen immer mehr und neue Bilder unserer selbst. Die Macht der Bilder triumphiert auch darin, dass sie sich selbst vervielfältigen und alle möglichen Abziehbilder hervorbringen.

Eine schnelle, sich weiter beschleunigende Vermehrung der Sprachselbstbilder lässt sich ebenso beobachten wie die Verfeinerung der Techniken, Teile unseres körperlichen Selbst bildlich zu vergegenwärtigen: Wo einst nur «röntgen» war, können wir inzwischen die neurophysiologischen Grundlagen unserer Denkakte und Gefühle im Bild darstellen, mit dem erkenntnistheoretisch schwierigen, voraussetzungsreichen Folgeproblem, gar nicht mehr genau zu wissen, was wir denn sehen, wenn wir uns beim Denken, Fühlen oder Meditieren selbst anschauen. Genau hier, und nicht beim Thema Willensfreiheit, liegen die entscheidenden Fragen in der gern «menschenbildlich» überzeichneten Konkurrenz zwischen subjektivitätstheoretisch argumentierenden Geistphilosophen und neuen Hirnforschern. Denn im Kern wird über nichts, aber auch gar nichts gestritten, was seit 1800 nicht immer schon zentraler Streitpunkt des Anthropologie-Diskurses war: inwieweit der Mensch sich in allemal bestimmten, perspektivischen Bildern seiner selbst überhaupt zu erfassen vermag.

Es wäre ideenpolitisch spannend, genauer der Frage nachzugehen, wann und wie, in welchen diskursiven Kontexten bestimmte moderne «Menschenbilder» entstanden sind und was jeweils der intellektuelle Anstoß ihrer Produktion gewesen ist. Dies führt auch zu der Frage, warum bestimmte Vorstellungsbilder schon bald in den Container wanderten oder an Sammelstellen für ungebräuchlich gewordenes Ideengut abgegeben wurden. Sehr viele unterschiedliche *homines* kann man in den Bildergalerien der modernen Wissenschaften anschauen.

Schon früh ging es mit der Produktion von Sprachselbstbildern los. So unterschieden die Theologen seit Paulus – 1. Thessalonicher 5, 23 – traditionell zwischen dem *homo incarnalis* und dem *homo spiritualis* und sprachen vom *homo animalis*. Augustin und die an ihn sich anschließende theologische Überlieferung kennen zudem die Triade von *homo exterior*, *homo novus* und *homo interior*. Bereits in der Antike, etwa bei Aristoteles, war der Mensch als *zoon politicon* bestimmt worden; im Lateinischen wurden dann der *homo politicus* und das *animal rationale* ins Bild gesetzt. Der Mensch kann sich zudem als *animal rationabile* (so bei Kant), *animal ridens*, *animal sociale*, *animal symbolicum* (Ernst Cassirer) und *animal triste* (bei Monika Maron) erfassen. Im Zuge der Verwissenschaftlichung des menschlichen Weltumgangs und der schnellen Differenzierung des Wissenschaftssystems wurden in den einzelnen Disziplinen dann immer neue Bilder des Menschen entworfen: der *homo oeconomicus*, der *homo sociologicus*, und leider auch der *homo paedagogicus*, eine ganz traurige Kreatur, die in der Moderne immer neue Bildungsbeflissene auf ein bestimmtes «Menschenbild» hin zu formen versuchen: Menschenmissbrauch in pädagogischer Absicht. «Der Mensch» sieht sich, portraitiert sich als *homo loquens*, *homo activus*, *homo grammaticus*, *homo erectus*, *homo hierarchicus*, *homo religiosus*, *homo necans* und, seit Carl von Linné, als *homo sapiens*. Und nicht auf Max Frisch, wie man oft lesen kann, sondern spätestens auf Henri Bergson geht im philosophischen Diskurs der *homo faber* zurück. Jedenfalls erklärt der französische Lebensphilosoph 1912 in der von Margarete Susman besorgten deutschen Übersetzung seiner *Évolution créatrice:* «Könnten wir uns alles Stolzes entkleiden, hielten wir uns bei Definition unserer Art streng nur an das, was Geschichte und Vorgeschichte als bleibenden Charakter von Mensch und Intellekt zeigen – es hieße vielleicht nicht mehr Homo sapiens, sondern Homo faber.»

Der Ethnologe und Soziologe Wilhelm Emil Mühlmann malt sich einen *homo creator*, George Herbert Mead zeichnet den *homo agens*, und Niklas Luhmann spricht gern vom *homo mundanus* und *homo compensator*. Da dürfen der *homo patiens* (Viktor Frankl) und der *homo oecologicus* (Eckhard Meinberg) nicht fehlen. Der wahrlich geniale Helmuth Plessner hat in lebenskluger Fortschreibung der uralten theologischen Rede vom *Deus absconditus* ebenbildbewusst den *homo absconditus* geprägt. Das «Mängelwesen» (Arnold Gehlen) ist für Erik Erikson «der Krisenmensch» und für die Systemtheoretiker «der Systemmensch». Vielfältig sind die Rollen, die der *homo ludens* (Johan Huizinga) auf drittmittelfinanzierten

Schaubühnen im modernen Wissenschaftstheater zu spielen vermag. «Der Mensch» ist nun einmal, wie vor allem Erving Goffman es genannt hat, ein «Schauspieler». Dann kann er auch die Rolle spielen, diese Selbstbildrolle nicht (mehr) spielen zu wollen.

Menschenbilder können nicht leisten, was allerorten von ihnen erhofft wird: starke Normativität zu vermitteln. Liest man neuere bioethische Literatur, findet man viel wundersamen Bilderglauben: Menschenbilder sollen «Orientierung bieten», «Werte vermitteln», «moralische Grenzen» ziehen und überhaupt das Verantwortungsbewusstsein des Menschen stärken. Gewiss kann man Bilder von Mose mit den Zehn Geboten malen oder die Freiheitsgöttin zur sozialistischen Fortschrittsikone erheben. Aber das Bild als Bild ist kein Normengenerator, gerade auch das Menschenbild nicht. Wie sollten Menschenbilder als Normenquelle Handlungsgebote oder Verbote begründen können? Gewiss, sie legen es den Menschen nahe, sich wie die gemalten Menschen zu verhalten: Werde, wie du gezeichnet bist! Wer ein Heiligenbild anbetet, mag selbst gern ein Heiliger sein wollen. Auch mag sich das «Menschenbild» als wundersame Wortwaffe im biopolitischen Tageskampf eignen. Doch zum Leitbegriff seriöser ethischer Reflexion taugt es nicht. Denn der «Menschenbild»-Begriff ist nur eine Weltanschauungsformel von notorischer Unschärfe.

Wie lassen sich Genese und Geltung eines «Menschenbildes» denken? Zwei mögliche Antworten sind zu unterscheiden. Das «Menschenbild» wird entweder von einem nichtmenschlichen Subjekt, beispielsweise von Gott, in seiner spezifischen Außenperspektive auf den Menschen erzeugt. Oder: Wir selbst erzeugen durch Selbstreflexion, in den Spiegeln unserer Selbstthematisierung, Bilder unserer selbst.

Zum ersten Fall: Der dreieinige Augen-Gott schaut uns an und erkennt uns – besser, vollkommener als wir uns selbst. Er kann prägnanter, tiefer, fairer sehen und auch das uns Unsichtbare, unser Inneres, erkennen. Doch wie kann Gottes Menschenbild, sein Bild des Ebenbildes, als das uns verbindlich vorgegebene Ideal des Menschen gedeutet werden? Im Sinne des althebräischen Bilderverbots gilt, dass wir geschaffene Wesen keinerlei angemessenes Bild des Schöpfers entwerfen können. Der eine Gott transzendiert die Grenzen bildlicher Darstellung. Wie lässt sich dann ein gotterzeugtes Bild seines Ebenbildes vorstellen? Kann von uns

Gott nicht im Bild fixiert werden, dann auch nicht sein Ebenbild. Es ist ja selbst Gottesbild. Oder legt der Schöpfergott sein höchstes, freies Geschöpf auf ein vorgegebenes Selbstbild fest? Nein, dies widerspricht der ebenbildlichen Freiheit des Menschen. Die Vorstellung, ein von Gott als bilderzeugendem Seh-Subjekt entworfenes Menschenbild könne normativ relevantes Orientierungswissen vermitteln, lässt sich nicht widerspruchsfrei entfalten. Mit Blick auf Gott als Bildproduzenten ist die Rede vom «Menschenbild» ethisch sinnlos. Sie widerspricht zentralen Symbolen der jüdischen und christlichen Überlieferung.

Im zweiten Fall, unserer Selbstbildproduktion, klappt es nicht besser. Karl Jaspers hat 1948 in *Der philosophische Glaube* zwar behauptet: «… das Bild des Menschen, das wir für wahr halten, wird selbst ein Faktor unseres Lebens. Es entscheidet über die Weisen unseres Umgangs mit uns selbst und mit den Mitmenschen, über Lebensstimmung und Wahl der Aufgaben». Aber wer wäre so naiv, irgendein «Bild des Menschen … für wahr» zu halten? Gewiss, man kann Bildern oder sogenannten Vorbildern eine normierende Kraft für die Lebensführung zuerkennen. Manche junge Männer wollen gern so stark und schön aussehen wie ihr Held auf der Kinoleinwand. Dann gehen sie zum Friseur und lassen sich seine Frisur nachmachen. Daneben glauben manche Leute, dass «Leitbilder» von Organisationen und Unternehmen den Beschäftigten hilfreiche Orientierung bieten. Aber dies ist etwas prinzipiell anderes als die Suche nach ethischer Normativität und die bilderfrohe Hoffnung, aus «dem Menschenbild» ethisch Relevantes über uns selbst erfahren zu können. Wieso sollten die von uns erzeugten Selbstbilder irgendein prinzipiell neues, uns nicht immer schon erschlossenes Orientierungswissen bieten können? Entweder wissen wir immer schon um uns gesetzte Grenzen, oder wir entbehren eines solchen Wissens und können es dann auch durch Selbstbespiegelung oder Selbstbildproduktion nicht erlangen. Dann müsste man ja im Spiegel mehr sehen können als der sich Spiegelnde selbst aufzubieten hat. Im Spiegelbild sieht man nur sich und den Spiegel in seiner gläsernen Materialität. Wer hier mehr sieht, etwa Werte, phantasiert und hat diesen ethischen Mehrwert nur selbst in den Spiegel produziert. Augengläubige sind für solchen ethischen Selbstbetrug anfälliger als Ohrenfromme.

Die Vorstellung, wir könnten durch Selbstreflexion bisher unbekannte ethische Einsichten gewinnen, bleibt schon wegen der notorischen Vieldeutigkeit der Bild-Vorstellung aporetisch. Woher wissen wir, dass wir uns in den Bildern unserer selbst angemessen porträtieren? Wer garantiert die Übereinstimmung von bilderzeugendem und abgebildetem Ich? Die suggestive Eigenmacht der Bilder liegt darin, sich gegenüber ihren Produzenten zu verselbständigen. Dann wird geglaubt, im Menschenbild selbst erschließe sich Normativität. Aber dies kann immer nur die Normativität sein, die der Menschenbildner in sein Bild eingezeichnet hat. Oder die Normativität, an der der Bildbetrachter subjektiv Interesse hat und die er deshalb aufs Bild projiziert. Der *homo pictor* lässt sich in keinem seiner Selbstportraits fixieren. Der «ganze Mensch» steht keinem Maler zu Gebote. Wenn Ebenbild, dann niemals ein fertiges, ideenmarktförmig verkäufliches Menschenbild. Vielmehr ganz viele Fragmentkunstwerke, die bestenfalls bestimmte Züge des Menschen visualisieren können.

«Du sollst dir kein Bildnis machen …» Dies muss kein generelles Menschenbildverbot bedeuten. Aber das Bilderverbot gebietet eine spezifisch bildbewusste Dauerreflexion: das permanente Präsenthalten der unaufhebbaren Ambivalenz und Ambiguität aller Bilder. Unterscheidungskunst ist hier geboten. Statt Proskynese Distanzierungskraft. Denn kein Urbild geht im Abbild auf. Jeder, jede Einzelne ist prinzipiell anders als «der Mensch überhaupt». Wo Menschenbilder mit Adjektiv gemalt werden, als sozialistisches, christliches, humanistisches zum Beispiel, ist ideologiekritische Bilddistanz geboten. Bisweilen braucht es eine problemgeschichtlich erworbene Zerstörungskompetenz. Ikonoklastischer Mut ist immer dann geboten, wenn Menschenbilder mehr als nur Momentaufnahmen und Teilansichten sein sollen. Wenn Bilder als nicht vom Menschen selbst entworfene normative Sehkonstrukte verehrt und ihnen die Aura heiliger Sinnentitäten zuerkannt wird, ist Bilderkampfbereitschaft angesagt. Denn Idole sind gemacht und Menschenbilder werden zu Götzen, wo man ihnen eine eigene ethische Sakralaura und Wertemacht zuspricht. Menschenbilder sind gefährlich, weil sie selbst Ebenbild sein wollen. Sie sind es aber nicht, Gott sei Dank: dem unsichtbaren Geistgott, der jedes unserer Bilder transzendiert.

4. Gottesgnadenwürde

«Die Würde des Menschen ist unantastbar.» Artikel I Absatz 1 des Grundgesetzes der Bundesrepublik Deutschland erkennt jedem einzelnen Menschen unabhängig von irgendwelchen individuellen Fähigkeiten und Eigenschaften und unabhängig auch von Herkunft, Geschlecht (oder dem individuellen sexuellen Lebensentwurf), sozialem Stand und Rang einen elementaren Anspruch auf Achtung zu. Die Verfassungsjuristen haben sehr unterschiedliche Begrifflichkeiten geprägt und benutzt, um die Fundamentalstellung von Artikel I Absatz 1 GG für die gesamte Verfassung auszudrücken: Einige sprechen von einer «‹ewigen› Fundamentalnorm» des Grundgesetzes, andere vom «Schlüsselbegriff» und wieder andere von einer «Strukturnorm» für Staat und Gesellschaft. Auch kann man lesen, dass Artikel I 1 GG die «anthropologische Prämisse» oder «den höchsten Wert» der Verfassung bezeichne. Wer Hans Kelsen kennt und schätzt, spricht gern von der «Grundnorm». Und wer sich stärker von römisch-katholischen Naturrechtsüberlieferungen inspirieren lässt, sieht in der Menschenwürdegarantie des Grundgesetzes einen überpositiven «sittlichen Wert» oder «sittlichen Wertgehalt», der als «oberstes Konstitutionsprinzip allen objektiven Rechts» auszulegen sei. So vielfältig die auslegenden Begriffe, so deutlich doch zugleich ein Grundkonsens: Artikel I Absatz 1 GG ist die grundlegende Norm, mit der sich der Staat des Grundgesetzes markant und programmatisch vom nationalsozialistischen Terrorregime absetzen wollte. Diese zentrale Stellung der «Menschenwürde» für das Grundgesetz erklärt auch, warum die Grundnorm der Verfassung inzwischen ins Gerede gekommen und zum Gegenstand heftigen Deutungsstreits in ganz unterschiedlichen akademischen Disziplinen geworden ist. «Wer diesen Begriff besetzt, beherrscht das rechtliche und politische Terrain», hat der prominente Bonner Staatsrechtler Josef Isensee erklärt. Klarer kann man nicht sagen, worum es in den aktuellen Kontroversen um die Menschenwürde geht: um politische Deutungsmacht. Viel Wille zur Macht lässt sich gerade in den bioethischen und biopolitischen Kontroversen der letzten Jahre beobachten: Man zieht den Würdejoker, um der eigenen Position die Aura unüberbietbarer verfassungsrechtlicher Legitimität zu verschaffen. Und wer anderen vorwirft, ihre Position zu Asylrecht, Präimplantationsdiagnostik, Stammzellforschung oder was auch immer widerspreche «der Menschenwürde», lässt sie in eine kognitive wie moralische Abseitsfalle laufen. Wer sich als Hüter der «Menschenwürde» inszeniert, macht es sich insoweit bequem: Er hat gleichsam das Heilige, Auratisierte, vorstaatlich Ewige auf seiner Seite.

Auch über die Herkunft der «Menschenwürde» wird inzwischen viel gestritten. Josef Isensee hat 2006 in seinem Aufsatz *Menschenwürde: die säkulare Gesellschaft auf der Suche nach dem Absoluten* (Archiv des öffentlichen Rechts, Band 131) die wahrlich steile These aufgestellt, «die dignitas humana» habe «keine andere Begründung als den christlichen Glauben». Ernst Troeltschs alte Frage nach der Absolutheit des Christentums in der religiös hoch pluralen Religionsgeschichte ist hier mit gleichsam römischer Unbedingtheit beantwortet: Allein der christliche Glaube hat dem Menschen zum Bewusstsein seiner Würde verholfen. Isensee provoziert gern, und dies macht ihn zu einem unterhaltsamen Gesprächspartner. Seine Würdeprovokation lautet: Die Menschenwürde sei ein «unmittelbares Derivat des Christentums, von jeher Lehre der Kirche» – lies: seiner römisch-katholischen Kirche. «Unmittelbar», und «Derivat», und «von jeher» – seit wann genau – Lehre der römisch-katholischen Kirche? Einige theologiehistorische Zweifel seien erlaubt.

Christliche Kirchen und Theologen schreiben sich gerne einen Erkenntnisgewinn zu, der ihnen genau gesehen nicht zusteht – ein kurzer Blick in die einschlägigen Lexika und Handwörterbücher genügt. Das *Kirchliche Handlexikon* von 1912 kennt zwar einen Artikel «Menschenrechte», aber keinen Eintrag zur Menschenwürde. Dies gilt auch für die *zweite, neubearbeitete Auflage*, erschienen 1935 bei Herder als *Lexikon für Theologie und Kirche.* Selbst dessen *zweite, völlig neu bearbeitete Auflage* aus den sechziger Jahren kennt die Menschenwürde noch nicht. Erst Ende des zwanzigsten Jahrhunderts findet sich in der *dritten, völlig neubearbeiteten Auflage* ein Menschenwürde-Artikel, geschrieben von dem Münchner Moraltheologen Konrad Hilpert (Band 7, 1998). Auch das bekannte *Staatslexikon* der Görres-Gesellschaft hat die Menschenwürde sehr spät entdeckt. Erst die *sechste, völlig neu bearbeitete Auflage* bietet in Band 3 (1960) einen eigenen Artikel «Menschenwürde» aus der Feder des Staatsrechtlers Wilhelm Wertenbruch, der 1958 das Buch *Grundgesetz und Menschenwürde. Ein kritischer Beitrag zur Verfassungswirklichkeit* publiziert hatte. Kaum haben die in der Görres-Gesellschaft organisierten Vordenker des deutschen Laienkatholizismus die Menschenwürde entdeckt, erklären sie sie zum ideenpolitischen Privateigentum der Christen: «Die geistesgeschichtliche Wurzel der M. liegt im Christentum; der antiken Welt war der letzte Grund der menschlichen Personalität noch verborgen. Die Gottebenbildlichkeit des Menschen vermag erst dem Einzelnen einen solchen metaphysischen Rang zu verleihen, der ihn sowohl über die Natur als auch über die soziale Gemeinschaft erhebt. Die neuzeitlichen, im Geist des Humanismus und der Aufklärung getragenen Bekenntnisse zur M. stellen letztlich nichts anderes als säkularisierte Formen der christlichen Personalitätsidee dar. Jede christliche Soziallehre hat in erster Linie die Durchformung der Rechts- und Sozialordnung im Sinn der Achtung und Wahrung der M. zum Ziel, die in ihrem Wesen nicht aus dem Geist des Individualismus und Liberalismus, sondern aus der Einsicht in die untrennbare Wesenseinheit von Personalität und Sozialität gesehen werden kann», erklärt Wertenbruch zu Beginn seines gewichtigen Artikels.

Auf protestantischer Seite sieht es nicht anders aus. Die alte *Real-Encyklopädie für Theologie und Kirche* kennt in allen drei Auflagen weder des Menschen Rechte noch seine Würde. Und «die RGG», das bekannte Lexikon *Die Religion in Geschichte und Gegenwart*, hat selbst in ihrer *dritten, völlig neu bearbeiteten Auflage* aus dem Jahr 1960 zwischen «Menschensohn» und «Menstruation» für die «Menschenwürde» keinen Platz. In der vierten Auflage finden sich neben einem Artikel «Würde» nun eigens «Würde des Lebens» und «Würde des Menschen», alle drei geschrieben von dem Tübinger Sozialethiker Eilert Herms.

Der Befund in den theologischen Fachlexika entspricht nur der generellen Aufwertung der «Menschenwürde» nach 1945 und speziell seit den sechziger Jahren, wie sie auch in den großen Konversationslexika sichtbar wird. Erst die 20. Auflage des *Großen Brockhaus* von 1996 bietet eine kundige und vergleichsweise ausführliche verfassungsrechtliche Erläuterung von Artikel I Absatz 1 GG in seiner Differenz zu den folgenden speziellen Grundrechten. Die Theologen vollziehen in ihren Fachlexika nur den generellen Trend eines kontinuierlichen Bedeutungszuwachses der Menschenwürde mit.

Viel Deutungsstreit provoziert auch die Vielfalt ganz unterschiedlicher Bedeutungsgehalte des Würdebegriffs. Kirchliche Würdenträger, die man gern als «Hochwürden» ansprach, haben in den orthodoxen Christentümern und im Katholizismus ein spezifisches Amtscharisma, das sie von den sogenannten Laien unterscheidet. Auch kann man von einer besonderen Würde bestimmter politischer Repräsentationsämter, etwa der Amtswürde des Bundespräsidenten, reden. Von dieser kirchlichen und politisch-sozialen Würde ist mit den Schweizer Philosophen Philipp Balzer, Klaus P. Rippe und Peter Schaber eine «expressive Würde» zu unterscheiden: Jürgen Klinsmann trug im September 2008 die Niederlage seiner Bayern gegen Bremen mit Würde. Und auch in ästhetischen Kontexten wird gern von Würde gesprochen, etwa von der Eigenwürde des Natur- oder des Kunstschönen. Die «Menschenwürde» im Grundgesetz der Bundesrepublik Deutschland hingegen ist als ein Begriff der Verfassung ein streng rechtlicher Begriff. Dies bedeutet, dass den Verfassungsjuristen hier die primäre Auslegungskompetenz zukommt. Wenn Gelehrte aus anderen Disziplinen, etwa Philosophen oder Theologen, sich an Kontroversen um die Auslegung der «unantastbaren Menschenwürde» des Grundgesetzes beteiligen, müssen sie diesen Deutungsvorrang der juristischen Experten konstruktiv zur Kenntnis nehmen. Ihre Interpretationsvorschläge können für den juristischen Diskurs nur subsidiär sein. Aber es gilt auch: Die Menschenwürde ist zu wichtig, als dass man sie *allein* den Verfassungsrechtlern überlassen könnte. Dies gilt erst recht, weil im aktuellen juristischen Streit mancherlei wundersame Behauptung über Genese und materiellen Gehalt der «Menschenwürde» in Artikel I Absatz 1 GG vertreten wird.

Der neue Menschenwürde-Streit der deutschen Verfassungsrechtler hat einen klar erkennbaren konfessionspolitischen Subtext. *Confession matters,* gerade im Verfassungsdiskurs der Bundesrepublik. Die Frage des linksprotestantischen, stark von den Traditionen der Bekennenden Kirche beeinflussten sozialdemokratischen Bundesverfassungsrichters Helmut Simon *Katholisierung des Rechts? Zum Einfluß katholischen Rechtsdenkens auf die gegenwärtige deutsche Gesetzgebung und Rechtsprechung* (1962) ist 2001 von Horst Dreier reformuliert worden: «Gibt es nicht eine bis in unsere Tage fortwirkende konfessionelle Prägung des Rechts- und damit auch des Staats- und Verfassungsverständnisses? Und gibt es nicht, spezieller und genauer gefragt, eine konfessionell geprägte Staatslehre, deren Interpretationen und Interpretamente gleichsam konfessionell eingefärbt oder aufgeladen sind?» (*Kanonistik und Konfessionalisierung,* in: Juristen-Zeitung 2002). Man wird die Doppelfrage zustimmend beantworten müssen.

Am 3. September 2003 veröffentlichte der Freiburger Emeritus Ernst-Wolfgang Böckenförde in der *Frankfurter Allgemeinen Zeitung* einen Essay *Die Würde des Menschen war unantastbar. Zur Neukommentierung der Menschenwürdegarantie des Grundgesetzes.* Nicht ohne Empörungspathos legte der prominente Laienkatholik hier noch einmal ein entschiedenes Bekenntnis zu Günter Dürigs Kommentierung von Artikel I Absatz I GG aus dem Jahre 1958 ab. Dürigs Kommentierungsarbeit am «Fundament des Fundaments» habe die «Menschenwürdegarantie als Übernahme eines grundlegenden, in der europäischen Geistesgeschichte hervorgetretenen ‹sittlichen Werts› in das positive Verfassungsrecht» verstanden und so der Verfassung «ein vor-positives Fundament, eine Art naturrechtlichen Anker» gegeben. Dürig selbst hatte eine «ethische Unruhe» ins System der subjektiv-öffentlichen Rechte bringen wollen, und genau dieses vorrechtlich-ethische Moment, der «sittliche Wert» eben, werde in der Neukommentierung durch Matthias Herdegen zum Verschwinden gebracht. Böckenförde spricht vom «personalen Menschenbild und Ethos, von dem Dürig beseelt war», und affirmiert diese Bildsprache: «Wie soll die Menschenwürde ohne ein Bild vom Menschen konkretisiert werden?» Herdegen hingegen wolle sich mit der «Exegese der Menschenwürde als Begriff des positiven Rechts» bescheiden. «Die fundamentale Norm des Grundgesetzes geht so der tragenden Achse verloren.» Dies führe «zur Relativierung der Unabdingbarkeit der Menschenwürde», etwa zu einem nur «gestuften pränatalen Würdeschutz».

Gewiss wird Böckenförde der Position Dürigs gerecht. Aber er verzeichnet erheblich die kontroverse Diskussionslage im Parlamentarischen Rat. Ob der bedeutende Rechtshistoriker nicht weiß, dass sich die Mütter und Väter der Verfassung im Parlamentarischen Rat 1948 und 1949 gerade nicht darauf verständigen konnten, als Quelle der Menschenwürde auf Gott oder auf das Naturrecht zu verweisen? Ob ihm die vom Kulturprotestanten Theodor Heuss geprägte Formel von der «nicht interpretierten These» unbekannt geblieben ist? Deutlich ist: Im aktuellen Würde-Rechtsstreit zwischen Naturrechtssubstantialisten einerseits und rein rechtspositivistisch argumentierenden, strikt an der «Menschenwürde als Begriff des positiven Rechts» orientierten «neuen Kommentatoren» kehrt eine alte konfessionspolitische Diskussionslage wieder. *Das Lied vom Gesetz* (Marie Theres Fögen) ist im protestantischen Deutschland immer sehr anders erklungen als in den Versammlungen römisch-katholischer Rechtsgelehrter.

Juristen sind normativitätshungrige Wesen. Aber es macht einen entscheidenden Unterschied aus, ob man die Bindungskraft der Fundamentalnorm staatlichen, positiven Rechts durch «Sittengesetz», «objektive Wertordnung», «personales Menschenbild» und gar «die Lehre der Kirche» zu begründen versucht oder aber aus dem positiven Recht selbst. Wer transpositive (oder gar metahistorische) Sittlichkeit beschwört, steht bald im Verdacht, nur sein religiöses Privatethos für allgemein verbindlich erklären zu wollen. Er droht zudem, Legitimität und Legalität, Ethisches und Rechtliches zu entdifferenzieren, und schwächt gerade so die Geltungskraft des positiven Rechts. Wer sich mit dem autonomen Gesetzestext selbst bescheidet und auf die Illusion verzichtet, in oder hinter ihm irgendeinen metaphysischen Sinnwert finden zu können, sieht sich umgekehrt schnell dem «Relativismus»-Verdacht ausgesetzt. Aber die Geltungskraft der «Menschenwürde» bedrohen nicht die, die sie prägnant, eng und in strikter Bindung ans geschriebene Gesetz auslegen, sondern die vielen Wertereiter des immer neuen sittlichen Draufsattelns. Und es dient gewiss nicht dem Schutz der «Menschenwürde», wenn im biopolitischen Streit nun manche römisch-katholische Juristen, Philosophen und Theologen eine «Gattungswürde» beschwören oder gar, wie etwa Christian Hillgruber, im Konflikt um die Verschiebung des Stichtages zur Einfuhr von Stammzelllinien davon sprechen, auch Zelllinien hätten einen Rechtsanspruch auf absoluten Würdeschutz.

Von Günter Dürig stammt eine Metapher, die bis heute gern zitiert wird, man dürfe die Menschenwürde nicht zur «kleinen Münze» verkommen lassen. Es gehört zur Tragik dieses schwer verwundet aus dem Krieg heimkehrenden kirchentreuen Rittmeisters in der Division Großdeutschland, dass seine eigene Wertinterpretation der Menschenwürde genau jenen Trivialisierungstendenzen Vorschub geleistet hat, die er befürchtete. Was ist nur mit der «Grundnorm» (Hans Kelsen) des Staates des Grundgesetzes passiert, wenn im biopolitischen Streit inzwischen von einer «Tyrannei der Würde», vom «Würdehammer», einer «bloßen Leerformel» oder auch vom «performativen Diskussionsstopper» geredet wird? Inzwischen gibt es allerorten viel Würdelitanei. Kaum eine bioethische oder biopolitische Diskussionsveranstaltung, in der Interessierte nicht «die Menschenwürde» beschwörten. Aber auch in der Welt des Geistes ist Inflation nur Entwertung. Und horribile dictu sind die aktuellen Diskussionslagen durch einen bisweilen hemmungslosen Würdeverschleiß gekennzeichnet. Was Dürig verhindern wollte, hat stattgefunden: Die «Menschenwürde» ist zur kleinen Münze verkommen. Daran haben neben manch anderen Akteuren gerade die beiden großen christlichen Kirchen im Lande und prominente Theologen einen erheblichen Anteil.

Kein Geringerer als Karl Barth, der weltweit erfolgreichste protestantische Theologe des zwanzigsten Jahrhunderts, hat sich 1938, nach seiner Vertreibung aus Deutschland, in Band I/2 seiner *Kirchlichen Dogmatik* kritisch über den modernen «Humanitätsgedanken» geäußert und die Rede von einer eigenen Würde des Menschen als theologisch illegitim abgelehnt. «Der Mensch als solcher» habe nach der Heiligen Schrift «keinen Selbstwert und die Gemeinschaft von Mensch zu Mensch auch nicht». «Es gibt aber keine in sich selbst begründete Humanität.» Es müsse «heillose Verwirrung und Blasphemie» daraus folgen, wenn man «dem menschlichen Ich in seinem Verhältnis zum Du einen nicht weiter abzuleitenden, sondern als gegeben feststehenden Selbstwert zuschreibt, der dann wieder mit Gott oder einem Göttlichen in mehr oder weniger direkte Verbindung zu bringen wäre» – einen «Selbstwert» oder, wie Barth erläutert, eine «in sich begründete Heiligkeit, Würde und Herrlichkeit des Menschen an sich».

In anderen Bänden des monumentalen Werks macht der Basler reformierte Dogmatiker dann allerdings einen affirmativen Gebrauch von Würdesemantik. Im *Ersten Teil* des III. Bandes, der Schöpfungslehre, äußert er sich 1945 auch zur Pflanzenwelt und kritisiert die klassischen Dominium-terrae-Überlieferungen, denen zufolge Gottes Ebenbild zur Herrschaft über alles andere Geschaffene berufen sei. Den «hochmütige(n) und eigenmächtige(n) Zugriff des Menschen» auf die Natur lehnt Barth entschieden ab: «Ohne ihn und bevor er war, waren Kräuter und Bäume. Sie hatten und haben auch eigene Würde und Lebensberechtigung». Auch spricht er von einer «eigenen Würde» der Tiere. Nun gibt es noch mehr Würde in der Welt: eine Kräuter-Würde, eine Bäume-Würde und eine Tier-Würde. Der modernitätsspezifischen Expansion des divinalsemantischen Universums, vom offenbarungstheologischen Religionskritiker Barth hart bekämpft, scheint eine Vervielfältigung von Würdeträgern zu entsprechen. Empfing der Mensch, jedenfalls nach Meinung vieler neuerer Theologen, seine ebenbildliche Würde aus seinem Immerschonbezogensein auf Gott, so erhalten Kräuter, Bäume und Tiere ihre Eigenwürde dadurch, dass sie von Gott geschaffen sind und ihrerseits konstitutiv auf den Gnadengott bezogen sind. Mehr noch: Karl Barths Würde-Tiere sind als Vorbilder des Würde-Menschen geschaffen. Im Paragraphen 2 seiner Schöpfungslehre über «Schöpfung und Bund» erklärt Barth, dass der Mensch in der «biblischen Schöpfungssage ... wohl in seiner ganzen Eigenart, aber nicht isoliert, sondern ... in der Kameradschaft der zahmen, der kriechenden, der wilden Tiere des Landes» gesehen werde. Nun hat nicht nur ein Tier in seiner Einmaligkeit, sondern auch die «tierische Art» eine Würde. Und anders als 1938 kann Barth nun, 1945, von einer «eigenen Würde» des Menschen sprechen.

Seit Barths Schöpfungslehre ist die «Würde der Tiere» zum Gegenstand eines breiten Diskurses gelehrter Ethiker und inzwischen auch Juristen avanciert, dient aber auch Animal-rights-Aktivisten in aller Welt zur Begründung ihres Kampfes für weitgehende Tierschutznormen. Auch rechtlich wurde die religiöse Formel zur Erfolgsgeschichte. In der Verfassung des Kantons Aargau wurde 1980 festgeschrieben, dass Lehre und Forschung die «Würde der Kreatur zu achten» hätten. Barthianisch eifrige Tierschützer sorgten dafür, dass die Kreaturwürde schon vier Jahre später in die Schweizerische Bundesverfassung übernommen wurde, zunächst als Artikel 24novies und jetzt als Artikel 120: «(1) Der Mensch und seine Umwelt sind gegen Missbräuche der Fortpflanzungsmedizin und Gentechnologie geschützt. ... (3) Der Bund erlässt Vorschriften über den Umgang mit Keim- und Erbgut von Tieren, Pflanzen und anderen Organismen. Er trägt dabei der Würde der Kreatur sowie der Sicherheit von Mensch, Tier und Umwelt Rechnung und schützt die genetische Vielfalt der Tier- und Pflanzenarten.» Und im *Bundesgesetzblatt für die Republik Österreich*, Jahrgang 2004, Teil I, kann man in Paragraph 1 des neuen «Bundesgesetzes über den Schutz der Tiere» lesen: «Ziel dieses Bundesgesetzes ist der Schutz des Lebens und des Wohlbefindens der Tiere aus der besonderen Verantwortung des Menschen für das Tier als Mitgeschöpf.»

Seitdem Tierschützer in zahlreichen europäischen Gesellschaften, auch in Deutschland, verlangen, dass die Anerkennung einer «Tierwürde» oder gleich einer «Kreaturwürde» und entsprechende Schutzrechte zur Gesetzesnorm gemacht werden – am besten, so kann man oft hören, in einer Staatszielbestimmung, die dann in einem erheblich erweiterten Tierschutzgesetz zu konkretisieren sei –, lässt sich viel moralische Begeisterung beobachten, endlich die eigene Würde unserer «Mitgeschöpfe» zu respektieren. Wer die *Neue Zürcher Zeitung* liest, weiß freilich um die Folgeprobleme des frommen Begehrens, Glaubenssprache in Rechtstexte zu bringen. Dass der Staat «der Würde der Kreatur» Rechnung zu tragen hat, hat bei den gelehrten Rechtsdeutern schnell zu viel und zu teurem Streit geführt. Die Situation wurde juristisch dadurch noch kompliziert, dass im französischen Text der neuen Schweizer Bundesverfassung aus dem Jahre 2000 gar nicht von einer «dignité de la créature», sondern von einer «intégrité des organismes vivants» die Rede war. Worin unterscheiden sich Würde und Integrität? Haben in der französischen Schweiz die außermenschlichen Gottesgeschöpfe nun einen anderen moralischen und rechtlichen Status als ihre deutschschweizerischen «Mitgeschöpfe»? Die implizite Anleihe bei der Formel «integrity of creation» macht die Sache nicht einfacher. Juristen haben nun viel neue Definitionsarbeit. Und sie brauchen theologische Kompetenz zur angemessenen Auslegung von Schöpfungssprache, soll der Wille des Gesetzgebers respektiert und durchgesetzt werden. Müsste die Eidgenossenschaft nicht Fliegenklatschen verbieten? Impliziert die «Würde der Kreatur» auch ein generelles Lebensrecht aller Gottesgeschöpfe? Selbst radikale Veganer negieren ja das Lebensrecht der Pflanze. Und wie lässt sich die Würde-Maus vor der Katze schützen, die ja selbst als ein Würdeträger zu achten ist? Achtet die Nacktschnecke im Garten die Würde der Dahlie? Ihr Lebensrecht achtet sie sichtlich nicht. Muss der Gärtner im Wissen um die Schneckenwürde dennoch ihr Lebensrecht achten, also würdelogisch hierarchisieren: Schneckenwürde vor Dahlienschutz? Viele neue Arbeitsbeschaffungsfragen für Rechtsgelehrte. Und auch die bedrohte Spezies der Rechtshistoriker hat neu zu tun. «Die Liebe zur Natur und ihren Geschöpfen und die Freude an der Pürsch in Wald und Feld wurzelt tief im deutschen Volk. Aufgebaut auf uralter germanischer Überlieferung, hat sich so im Laufe der Jahrhunderte die edle Kunst des deutschen Waidwerks entwickelt», heißt es im Reichsjagdgesetz vom 3. Juli 1934, das dem Reichsjägermeister Hermann Göring Menschenjagd nicht untersagte. Mitgeschöpfe im Gesetzestext – erstaunliche Kontinuitäten können die Rechtshistoriker entdecken.

Schnell hat sich nicht nur in der Schweiz gezeigt, dass Formeln wie «Würde der Tiere» oder, schlimmer noch, «Kreaturwürde» nur jenem semantischen Verschleiß der Würde Vorschub leisten, der damit begann, dass man sie zu einem Wert erklärte. Hatte einst, neben Gott, nur der Mensch eine «unantastbare Würde», so musste bald auch der «Kreaturwürde» ihre «Unantastbarkeit» bescheinigt werden – ohne dass irgendjemand präzise sagen konnte, was dieses «unantastbar» denn moralisch wie rechtlich bedeutet. Im tierethischen Diskurs wird die «Würde der Tiere» gern als ihr «Eigenwert» oder ihr «inhärenter Wert» und gar als ihre «Selbstzwecklichkeit» expliziert. Doch respektiert die eigenwertige Katze in ihrer Katzenwürde den Eigenwert der Vögel? Weiß sie, dass der schmackhafte Vogel auf dem Baume in kantianisierender Askese als

«Zweck an sich selbst» zu achten ist? Auch wird die Rede vom «Eigenwert» oft mit Begriffen wie «Eigengut», «eigenes Gut» und «eigene Interessen» verknüpft. Die «Eidgenössische Ethikkommission für die Biotechnologie im Ausserhumanbereich (EKAH)», die beim Bundesamt für Umwelt in Bern angesiedelt ist, erklärte in einem jüngst, im April 2008, veröffentlichten programmatischen Memorandum *Die Würde der Kreatur bei Pflanzen:* «Verfügt etwas über Eigenwert, bedeutet dies, dass es über etwas verfügt, das man auch ‹Würde› nennt. Ein Wesen, das Eigenwert hat, zählt deshalb moralisch um seiner selbst willen …» Alle Mitglieder der Kommission lehnten die Position des «Theozentrismus» ab, der zufolge «alle Lebewesen zählen kraft ihrer Beziehung zu Gott». Ethikkommissionen für den «Ausserhumanbereich» schreiben sich nun eigene Gotteslehren und reden verfassungstreu von Kreaturwürde, wollen diese aber nicht aus der «Geschöpflichkeit», sondern mehrheitlich aus einer moralischen Position begründen, die sie «Biozentrismus» nennen: «Lebewesen sind moralisch um ihrer selbst zu berücksichtigen, weil sie leben.» Ist auch das HI-Virus ein Lebewesen, das um seiner selbst willen zu berücksichtigen ist?

Ging es im tierethischen Diskurs, infolge des Great-Ape-Projekts, zunächst darum, Menschenaffen und später auch bestimmten anderen «höheren Lebewesen» einen größeren «Würdeschutz» zuteil werden zu lassen, so wird «Kreaturwürde» inzwischen so ubiquitär verwendet, dass nun gar der Natur insgesamt «Würde» zuerkannt wird. «Geht es um Naturschutz, so kann nicht nur die Würde des Individuums betrachtet werden. Mindestens so wichtig ist die Würde einer Population, einer Lebensgemeinschaft oder der Natur schlechthin», hat Alex Rübel 2002 in einem Sammelband über die *Die Würde des Tieres* erklärt. Nun haben auch «eine Population» – also wohl doch: jede –, eine «Lebensgemeinschaft» – was ist gemeint? – und gar die «Natur schlechthin» ihre eigene Würde. Ist «die Natur schlechthin» – man denke an Ernst Haeckels monistische «Gott-Natur» – noch mehr und anderes als «der Kosmos» oder «das Universum»? Wer schreibt die fehlenden Dissertationen zur Kosmos-Würde? Eignet der «Natur schlechthin» Würde, dann muss dringend die Würde des Mondes und überhaupt die Würde der Milchstraße anerkannt werden, als «unantastbar» natürlich. Und gewiss sind auch die vielen Poly-Götter im religionssemantischen Pantheon der Moderne als Würdenträger zu denken: Wer ein «Gottesbild» beschwört, darf von der «Gotteswürde» nicht schweigen. Hat die Sonne eine Würde oder der Mond, dann gewiss auch der Sonnen- und der Mondgott. Wer die Würde als Wert denkt, leistet schon bald nur banalem Würdegeschwätz Vorschub. Gleichwohl empfiehlt es sich nicht, den Neologismus «Alleswürde» einzuführen. Denn der Gedankenlosigkeit sollte man keine Würde zuschreiben. Und den Werten auch nicht.

Wohl keine anderen gesellschaftlichen Organisationen im Lande verwenden Würde-Semantiken inzwischen so intensiv wie die beiden großen christlichen Kirchen. Gern inszenieren sie sich im bundesdeutschen politischen Diskurs als Cheflobbyisten nicht nur für die Menschenwürde, sondern auch für die Würde von allem möglichen anderen Geschaffenen. Prominente Theologen und Kirchenfunktionäre reden von der «Würde der Natur», aber im bioethischen Streit nun auch von einer «Gattungswürde des Menschen». Im Zeichen einer neuen, entscheidend durch die ökologische Krise provozierten Begeisterung für Schöpfungstheologie führten Theologen beider Konfessionen seit den achtziger Jahren Begriffe wie «Würde der Schöpfung» und «Mitgeschöpflichkeit» in die Debatte ein. Theologen ganz unterschiedlicher Herkunft lieferten die Begriffe und Pathosformeln, mit denen indirekt die Würde des Menschen relativiert wurde. Der derzeitige Ratsvorsitzende der Evangelischen Kirche in Deutschland, der Berliner Bischof Wolfgang Huber, spricht in seinem jüngsten Buch, einer populartheologischen Einführung in den christlichen Glauben, etwa von einer «Würde der Natur». Was damit genau gemeint ist, bleibt über das ökologisch Appellative hinaus unklar. Geht es um den gestirnten Himmel über uns und die erhabene Schönheit der Berge? Oder sollen dem Hasen und dem Igel ein Recht auf Rechte zuerkannt werden? Soll ein generelles Demütigungsverbot für Pflanzen begründet werden? Die lebensdienliche Kraft religiöser Symbolsprache droht zu schwinden, wenn Theologen gedankenlos von «Kreaturwürde» oder «Naturwürde» reden. Das geschieht, wenn man im biopolitischen Streit immer wieder die «unantastbare Menschenwürde» betont und gleichzeitig von «Naturwürde» redet, aber nirgends erklärt, ob sich «Menschenwürde» einerseits und «Tierwürde», «Pflanzenwürde»,

«Kreaturwürde» und «Naturwürde» andererseits denn unterscheiden und wenn ja, worin. Da der Mensch von Gott geschaffen ist, muss man fragen: Ist «Menschenwürde» nur ein Spezialfall der allgemeinen «Kreaturwürde»? Oder ist die «unantastbare Menschenwürde» von qualitativ ganz anderer Art als die Würde des Eichhörnchens und des Gingkobaums? So ist man in der amtskirchlich geförderten Würdeinflation schnell wieder bei den Problembeständen der alten Ebenbildlichkeitslehre gelandet.

Die Verwechslung von Wert und Würde tut der Menschenwürde nicht gut. Deshalb muss man den offiziellen römisch-katholischen Sprachgebrauch kritisch sehen. Auch hier lassen sich, wie bei Tierschützern und Allnaturethikern, Tendenzen zu einer Entdifferenzierung des Begriffsgebrauchs beobachten. Zwar sagen Theologen beider Konfessionen in einer irgendwie kantianisierenden, aber nur oberflächlichen Wendung sehr oft, dass man den Menschen nicht «verzwecken» dürfe – und dafür berufen sie sich dann gern auf «die Menschenwürde». Aber dies schließt für sie keineswegs aus, «die Menschenwürde» kirchenspezifisch zu verzwecken. Können sie das autonome Individuum nicht mehr instrumentalisieren, so doch seine Würde.

Das neue kirchliche Interesse an der «Menschenwürde» erklärt sich zunächst kirchenpolitisch. Im Land der Wittenberger Reformation stehen sich die beiden großen Kirchen als weithin gleich starke Organisationen gegenüber. Politische Klugheit gebietet Kooperation, wo auch immer sie nur möglich ist. Denn wo die Kirchen gemeinsam agieren, sind sie im politischen Betrieb viel durchsetzungsstärker, als wenn jede Kirche allein ihre organisationsspezifischen Interessen verfolgte. Unabhängig von Glaube und Theologie besteht so gleichsam ein funktionaler Ökumene-Zwang aus geteiltem Machtinteresse: die Zweck-Ökumene der lobbyistischen Effizienz. Dafür wird eine religiöse Semantik benötigt, die mindestens zwei Bedingungen erfüllen muss: Sie darf erstens nicht konfessionell kontaminiert sein, damit nicht die alten tiefen Gegensätze zwischen den konfessionsspezifischen Ethosformen wieder auftauchen. Zweitens muss sie möglichst allgemein verständlich sein und zugleich «anschlussfähig» an die herrschende politisch-soziale Sprache sowie medial kommunizierbar. Würdesemantik erfüllt beide Bedingungen ganz hervorragend. Hier konnten die Kirchen gemeinsam an den Zentralbegriff der Verfassung anknüpfen, ohne alte konfessionelle Dissense zu revitalisieren. Besonders gut zeigt dies die im Epochenjahr 1989 von beiden Kirchen gemeinsam veröffentlichte Erklärung *Gott ist ein Freund des Lebens.* Sie argumentiert mit einer «besonderen Würde des menschlichen Lebens», die in der biblischen Gottebenbildlichkeit des Menschen verankert sei – Artikel I Absatz 1 GG wird so in die Wirkungsgeschichte des Christentums eingeholt. Dieser «besonderen Würde» entsprechend müsse der Staat ein unbedingtes Lebensrecht und Tötungsverbot anerkennen. Sie gelte auch für das vorgeburtliche Leben. Die Ergebnisse der «embryologischen Forschung» erlaubten keinen Zweifel daran, dass «individuelles menschliches Leben» mit der Verschmelzung von Ei- und Samenzelle beginne. So sprechen die Autoren von der «Würde des vorgeburtlichen Lebens». Damit wurde eine römisch-katholische, naturrechtliche Sicht vom Anfang menschlichen Lebens als ökumenischer Konsens verkündet, zum nicht geringen Entsetzen prominenter protestantischer Ethiker wie insbesondere von Trutz Rendtorff und Wolfgang Huber (der damals Sozialethik in Heidelberg lehrte). In der Tat kann man dem Bischof der Evangelischen Kirche von Berlin-Brandenburg Martin Kruse, dem damaligen Ratsvorsitzenden der EKD, hier Preisgabe protestantischer Prinzipien vorwerfen. Aber es geht um anderes: Die Kirchen wollten gerade gemeinsam agieren, um im immer wichtigeren Feld der Bioethik ihren Anspruch auf Deutungsmacht in Sachen «Menschenwürde» durchsetzen zu können. Es ging um harte Biopolitik zugunsten eines absoluten Schutzes aller Formen vorgeburtlichen menschlichen Lebens.

Mächtig, prächtig stellt sich der römische Katholizismus derzeit dar, mit charismatischen Päpsten, Mut zur alten Liturgie, politischer Kampfbereitschaft gerade in ethischen Fragen und einer beeindruckenden Sprachkraft. Diese Kirche weiß um ihre *longue durée*, agiert als Völkerrechtssubjekt und kennt ihr Kirchenrecht. Von Menschenwürde oder auch Personwürde redet sie vor allem seit dem II. Vatikanischen Konzil sehr oft und gern pathetisch. Aber dabei wird «die Würde» semantisch verschlissen. 1987 veröffentlichte die römische «Kongregation für die Glaubenslehre» eine *Instruktion über die Achtung vor dem beginnenden menschlichen Leben und die Würde der Fortpflanzung.* Gesprochen wird hier von «der Würde der menschlichen Fortpflanzung als auch derjenigen der ehelichen Vereinigung». Nun hat auch der Ehe-Sex eine eigene Würde. Außereheliche sexuelle Beziehungen hingegen sind nun würdelos, auch wenn deren Partnern eine je eigene «personale Würde» eignet. Oder droht der katholische Mensch bei nichtehelich falschem, würdelosem Geschlechtsverkehr seine Würde zu verlieren? Unter Berufung auf «das Evangelium des Heiles», das von der Kirche ausgelegte «göttliche Gesetz» und das «Licht der Offenbarung» wird vom Römischen Lehramt behauptet, dass der Staat verpflichtet sei, Experimente mit Embryonen zu verbieten, das heißt, vom religiös-weltanschaulich neutralen Rechtsstaat wird erwartet, beim Embryonenschutz auch Andersdenkende und Ungläubige mithilfe des Strafrechts auf das römisch-katholische Spezialethos zu verpflichten. Vor allem aber wird der Würdebegriff nun so differenziert, dass nicht der Mensch als Individuum, sondern der Mensch in einer bestimmten sozialen Rolle – in ethischer Traditionssprache: in einem bestimmten Stand – zum Würdeträger wird: «Würde der Eltern», «Würde der Kinder», «Würde der Eheleute». Der Erfurter Bischof Joachim Wanke kennt zudem eine «Würde des homosexuellen Menschen», der «aus dem Menschenbild der Bibel insgesamt» die «Ablehnung homosexueller Praxis» erkennen soll. Dies ist eine sehr andere Würdesemantik als die des liberalen Menschenrechtsindividualismus.

Dieselbe «Personwürde», die das Lehramt im Sinne seiner naturrechtlichen Klerikalmoral von autonomen Rechtsstaaten als straf*rechtlich* zu schützen verlangt, ist jedoch im römisch-katholischen Binnendiskurs faktisch nur ein ethischer, moralischer oder abstrakt naturrechtlicher, jedenfalls kirchenrechtlich nicht umgesetzter Begriff. Im einschlägigen Band 2 des neuen ökumenischen *Lexikons für Kirchen- und Staatskirchenrecht* (2002) findet sich kein Artikel «Menschenwürde». Und einen Artikel «Personwürde» kennt dieses Lexikon auch nicht. Darf man daraus folgern, dass in der Kirche selbst die Menschenwürde keinen relevanten Ort hat? Wie kann das kirchliche Lehramt dann den Anspruch erheben, der berufene Hüter wahrer Würde zu sein und ob der behaupteten christlichen Genese der Personwürde ein Deutungsmonopol oder zumindest eine singuläre, qualitativ unüberbietbare Deutungskompetenz zu besitzen? Die Frage gewinnt an Gewicht, liest man im genannten Lexikon den kurzen Artikel «Würde». Hier ist von «der in der Taufe begründeten gleichen Würde aller Gläubigen» die Rede, von der «bischöflichen Würde», «der Würde des Kardinalamtes» und überhaupt der «Würde eines kirchlichen Amtes». Auch kenne das Sakramentsrecht die «Würde des Ehesakraments und des Ehestandes». Unantastbar sind diese Spezialwürden aber nicht. Wessen «Exkommunikation festgestellt und verhängt wurde», könne «keine Würde in der Kirche ... erlangen».

In ein weites Feld der Würde-Rhetorik führen auch zahlreiche Texte zur «Soziallehre» sowie aktuelle gesellschaftspolitische Interventionen von Bischöfen und kirchlichen Werken. Das Hilfswerk Adveniat berichtet über Projekte in Lateinamerika, die die «Evangelisierung» eines Bischofs unterstützen, der durch Gemeindegründungen und Landreformen «die Würde des Volkes» fördern will. Nun hat auch das Volk eine Würde – eben eine «Volkswürde», die aber, im befreiungstheologisch fundierten lateinamerikanischen «Volkskampf», gewiss gar nichts mit jener Würde zu tun, die dem «Volk» in den europäischen Ethno-Theologien des neunzehnten und zwanzigsten Jahrhunderts zugesprochen wurde. In seiner Funktion als «Vorsitzender der Ökumene-Kommission der Deutschen Bischofskonferenz» reiste Bischof Gerhard Ludwig Müller aus Regensburg gemeinsam mit Albert Rauch, dem Direktor des dortigen Ostkirchlichen Instituts, im April 2007 zu Gesprächen mit dem russisch-orthodoxen Metropoliten Kyrill von Smolensk und Kaliningrad nach Russland, um sich über «Menschenwürde und Menschenrechte» auszutauschen. Die Kirche übertreffe die «Allgemeine Erklärung der Menschenrechte» der Vereinten Nationen «durch den deutlichen Akzent, der mit der christlichen Durchdringung der Fragestellung gegeben sei: Der Mensch als Person ist Ausgangspunkt seiner Würde», verlautbarte Gerhard Müller. Hat nun der katholische Mensch mehr Menschenwürde als der allgemeine UN-Mensch von 1948? Metropolit Kyrill betonte die Grenzen der «Menschenrechte eines jeden Volkes und jeder einzelnen Person». «Vor allem aber sei die christliche Ethik mit einzubeziehen, die einer liberalistischen Auslegung der Menschenrechte auch Grenzen aufzeigen muss.»

Nun ähnelt die neue christliche «Volkswürde» der alten völkischen Ethno-Würde, geht es hier wie dort doch um Individualismuskritik. Sind im orthodox-christlichen Diskurs Menschenrechte gar nicht Rechte eines jeden einzelnen Menschen? Ein Blick in die «Grundlagen der Lehre der orthodoxen Kirche von der Würde, der Freiheit und den Rechten des Menschen» der russisch-orthodoxen Kirche vom 26. Juni 2008 schafft Klarheit: Zwar wird zunächst erklärt: «In der heutigen Welt ist die Auffassung weit verbreit, dass die Institution der Menschenrechte für sich genommen die Entfaltung der menschlichen Persönlichkeit und die Organisation der Gesellschaft am besten gewährleisten kann.» Letztlich wird aber die Geltungskraft der Menschenrechte von der Zustimmung zum Ethos der Orthodoxen Kirche abhängig gemacht: «Der moralischen Tradition gemäß hängt der Erhalt der gottgegebenen Würde durch den Menschen und das Aufgehen in ihr von seiner Lebensführung in Übereinstimmung mit den moralischen Normen ab, denn diese stellen das Urwesen und damit die wahre Ur-Natur des Menschen dar, welche nicht von der Sünde verdunkelt wird. Deshalb besteht zwischen Menschenwürde und Moral ein unmittelbarer Zusammenhang.» Bei aller Anerkennung des «Wertes freier Wahl» verleihe die Kirche der Einsicht Nachdruck, dass diese Freiheit «zwangsläufig verschwindet, wenn die Wahl zugunsten des Bösen ausfällt». Damit ist auch die Folgerung, die den substantiellen Charakter der Menschenrechte beschreibt, genau genommen schon klar: «Da die Menschenrechte kein von Gott gegebenes Postulat» seien, dürften sie nicht «in Konflikt mit der göttlichen Offenbarung» geraten.

Die Behauptung, dass allein «der christliche Glaube» dem Menschen zu einem Bewusstsein seiner Würde verholfen hat, kann sich jedenfalls nicht auf die östlichen, orthodoxen Formen des Christentums stützen. Hier werden jene Anpassungsprozesse an liberale und demokratische Theorietraditionen, die sich in den okzidentalen Kirchen Europas seit dem Ende des Zweiten Weltkriegs beobachten lassen, bis heute abgelehnt und verweigert.

Aus guten religiösen Gründen erinnern christliche Theologen und Kirchenfunktionäre gern an die Endlichkeit des Menschen und betonen durch Verweis auf seine Geschöpflichkeit auch die Grenzen der Vernunft. Dennoch machen sie selbst von der «Menschenwürde» einen leider entgrenzenden Gebrauch. Eine Semantik, die im theologischen Diskurs erst seit vierzig, fünfzig Jahren eine wichtigere Rolle spielt, wird zunehmend zum Spezialeigentum der Kirchen erklärt. Wo es um Würde geht, agieren Kirchenvertreter inzwischen wie Diskurspolizisten mit exklusiver Deutungskompetenz. Ein neuer Absolutismus der Begriffsbesetzung lässt sich beobachten. Blieb im theologischen Diskurs zunächst noch das Wissen präsent, dass weder «*das* Christentum» noch «*die* jüdisch-christliche Überlieferung» die Quelle des modernen fundamentalpolitischen Würdegedankens war, wird inzwischen triumphalistisch und mit bemerkenswerter moralischer Arroganz von allen möglichen Kanzeln die These verkündet, «die Menschenwürde» und «Menschenrechte» seien «jüdisch-christlichen Ursprungs». Doch wer sich exklusive Genesis zuschreibt, will nur Geltung allein verwalten.

In einer pluralistischen Gesellschaft sollen sich religiöse Akteure wie die Kirchen, so wie andere gesellschaftliche Organisationen und Verbände auch, an den Deutungskämpfen um zentrale ethische Begriffe und um Grundbegriffe der Rechtsordnung beteiligen. Gerade im deutschen System der hinkenden Trennung kommt den Kirchen hohe gesellschaftliche Verantwortung zu. Die Mitglieder der evangelischen Kirchen tun in Umfragen deutlich kund, dass sie von ihrer Kirche auch ethisches Orientierungswissen erwarten. Kirchenvertreter sitzen in allen möglichen Ethik-Komitees und sind im Nationalen, neuerdings nun Deutschen Ethikrat präsent. Der kirchliche Wille zur Deutungsmacht wird gern mit der albernen Formel getarnt, man wolle «sich einmischen». Die entscheidende Frage lautet aber, wie die Kirchen dies tun. Der große Liberale John Rawls hat, hier wenig liberal, verlangt, alle «umfassenden religiösen oder philosophischen Lehren» von vornherein aus dem politischen Diskurs einer freien Bürgergesellschaft auszuschließen, mit dem Argument, sie seien aufgrund ihres Totalitätsanspruchs zu rationaler Verständigung und pragmatischer Konsensbildung nicht imstande. Für Jürgen Habermas haben religiöse Akteure im öffentlichen Diskurs einer freien Gesellschaft Anspruch darauf, auch von den entschieden säkularen Bürgern gehört zu werden. Als zivilgesellschaftliche Akteure – und zwar Akteure neben anderen! – sind die Kirchen und andere Religionsgesellschaften umgekehrt verpflichtet, sich im Diskurs an Spielregeln der Fairness zu halten. Man muss von ihnen die Bereitschaft erwarten, im immer neuen Streit um die Auslegung und Fortschreibung der Verfassung elementaren Regeln wie etwa Respekt vor den Andersdenkenden und Bereitschaft zum Kompromiss zu folgen. Wer vom Rechtsstaat verlangt, seine partikulare moralische Position auch gegenüber Andersdenkenden mithilfe des Strafrechts durchzusetzen, hat hier Lernbedarf.

In einer Mediengesellschaft stehen auch die Kirchen unter Zwängen medialer Dauerpräsenz. Mit empörtem Protestpathos kann man auf sich aufmerksam machen. Manche Bischöfe schauen fern, damit sie das Gesehene laut kritisieren können. Der Berliner Bischof Wolfgang Huber hat abends genug Zeit, sich RTL zu widmen. Der *Evangelische Pressedienst* informiert darüber, dass Huber gar «Deutschland sucht den Superstar» anschaut. Dann erschrickt der Bischof: «Dieter Bohlen verletzt die Menschenwürde.» Er missachte die «einfachsten Umgangsformen», empört sich Bischof Huber, und kenne keine Verantwortung für seine Vorbildfunktion. Mehr noch: «Wer Menschen verachtet, beleidigt Gott.» Soll Herr Bohlen nun wegen Gottesbeleidigung – einst ein zentraler Blasphemie-Straftatbestand – angeklagt werden? Es geht mir nicht um Dieter Bohlen – man mag ihn für einen peinlich schrillen, grellen und unsympathischen Zeitgenossen halten, der schlecht erzogen ist und viel dummes Zeug redet –, sondern um die strategische Nutzung seiner Peinlichkeiten für ein kirchliches «Wächteramt» in Sachen Menschenwürde.

Gern beschreiben die Kirche ihre Interventionen in den öffentlichen Diskurs als «Dienst» an der Gesellschaft. «Aus der weltumspannenden Herrschaft Christi ist kein Herrschaftsanspruch der Christenheit oder der Kirchen abzuleiten.» De facto aber lässt sich im politischen Alltag viel Klerikalmacht beobachten. Ein traurig stimmendes Beispiel für massive kirchliche Machtansprüche hat die deutsche Öffentlichkeit im Februar 2008 erlebt, als der Würzburger Ordinarius für Rechtsphilosophie, Staats- und Verwaltungsrecht Horst Dreier von der Sozialdemokratischen Partei Deutschlands als Richter am Bundesverfassungsgericht und damit implizit auch als dessen zukünftiger Präsident nominiert wurde. Horst Dreier, ein frommer Bildungsprotestant in der evangelisch-lutherischen Kirche in Bayern, hat erleben dürfen, wie klerikale Strippenzieher auch mit Mitteln der gezielten Denunziation den Einzug eines kompetenten Staatsrechtlers ins Bundesverfassungsgericht zu verhindern versuchten und schließlich im indirekten Zusammenspiel mit Menschenrechtsorganisationen und prominenten Journalisten auch verhinderten. Die CDU-Ministerpräsidenten hielten Dreier für einen aggressiven Atheisten – so ein Bericht auf Seite 1 der *Frankfurter Allgemeinen Zeitung*. Und nachdem der verleumderische Charakter des Atheismusverdachts evident geworden war, hieß es in den beiden führenden Tageszeitungen des Landes schließlich, Dreier sei «den Kirchen nicht vermittelbar». Nun hatte Dreier als prominentes und argumentationsstarkes Mitglied des Deutschen Ethikrates in den letzten Jahren in der Tat «liberale», an der verantwortungsbewussten Autonomie des Individuums orientierte Positionen vertreten, die von den Kirchenvertretern im Rat zumeist abgelehnt wurden – erfolglos, weil die Mehrheit der Mitglieder des Ethikrates Dreiers Argumenten, nicht aber einer zum Teil sehr speziellen naturrechtlichen Klerikalmoral folgte. Bei all dem geht es nicht um die Frage, ob nun Horst Dreier aufgrund seiner rechtspolitischen und speziell biopolitischen Positionen für das höchste Richteramt im Staate geeignet war oder nicht; angemerkt sei nur, dass der gegen ihn erhobene Vorwurf unzutreffend ist, er sei ein verkappter Utilitarist und legitimiere in der Denkfigur der «Würdekollision» Folter. Es geht um die Formulierung, er sei «den Kirchen nicht vermittelbar». Räumt der weltanschaulich neutrale Verfassungsstaat den Kirchen ein Vetorecht bei der Besetzung hoher Ämter der dritten Gewalt ein? Hat er das immer schon getan, oder ist dies eine neue Entwicklung? Sind in den Konkordaten und Staatskirchenverträgen rechtlich geordnete Verfahren für die Anmeldung eines solchen Vetos vorgesehen? Oder muss man sich das ganz anders, als eine Art informellen Verständigungsprozess vorstellen? Etwa so: Der römisch-katholische Theologieprofessor telefoniert mit einem ihm von Kind auf sehr gut bekannten prominenten Bundestagsabgeordneten, und schon bald machen auch katholische Bischöfe in den Hinterzimmern der Macht Druck. Auch verknüpfen prominente «Feuilletonkatholiken» – der Begriff stammt von Gustav Seibt – Kardinal Lehmanns «Abgang» und Dreiers drohenden *adventus* zum Horrorbild, dass sich die Republik nun definitiv ändere.

Und die protestantischen Kirchenleitungen? Der ehemalige bayerische Ministerpräsident Günther Beckstein, ein langjähriges Mitglied der Landessynode seiner evangelisch-lutherischen Landeskirche, hat die öffentlichen Proteste gegen Horst Dreier unterstützt. Ob das Gerede stimmt, er sei dabei vom bayerischen Landesbischof beraten worden, lässt sich nicht klären. Vom Ratsvorsitzenden der EKD, dem Menschenbildmaler Wolfgang Huber, hat man diesmal, jedenfalls öffentlich, nichts gehört. Darf man fragen, ob Horst Dreier nur einer Kirche oder tatsächlich beiden großen Kirchen «nicht vermittelbar» war? Für die parlamentarische Kultur des Landes skandalös ist es, dass, sehe ich recht, kein einziger demokratisch gewählter Politiker hier den Machtgelüsten der Kirchen Widerstand entgegengesetzt hat. Darf demnächst der ADAC darüber mitentscheiden, wer zum Verkehrsrichter taugt? Die Kirchen beanspruchen im politischen System der Bundesrepublik sehr viel mehr harte Macht als andere Verbände. Ihre Verkündigungskrisen, den Schwund an religiöser Kommunikationsfähigkeit scheinen sie nun durch Steigerung ihrer gesellschaftspolitischen Machtansprüche bearbeiten zu wollen. Doch «Legitimität durch Verfahren» (Niklas Luhmann) bedrohen und unterminieren sie in genau dem Maße, in dem sie ihr partikulares Ethos als für alle verbindlich deklarieren und mit klassischen Lobbying-Methoden politisch durchsetzen wollen. Das alles geschieht in einem, so die übliche Fiktions-Formel der großen Illusionsmaschine Rechtssystem, «religiös-weltanschaulich neutralen Verfassungsstaat». Und die Muslime belehrt man derweil mit Abendlandsrhetorik und Aufklärungsstolz darüber, dass sie zwischen Religion und Politik nicht unterscheiden können. Juden mag man aus guten Gründen nicht mehr belehren. Horst Dreier hat in Fragen der Bioethik nichts gesagt und geschrieben, was nicht im jüdischen Diskurs, gerade aufgrund der Schöpfungstexte der Genesis, weithin Konsens ist.

Es waren die tiefgreifend veränderten politisch-sozialen Konstellationen nach dem Ende des Zweiten Weltkrieges, die in beiden großen Kirchen ein neues Interesse an demokratischer Freiheit, Menschenrechten und bald auch Menschenwürde provozierten. Zwar ist die oft zu hörende Behauptung falsch, dass «Menschenwürde» der zentrale verfassungsrechtliche Leitbegriff dezidiert freiheitlicher Rechtsstaaten sei; denn von Menschenwürde wird sehr viel und in hohem Ton auch in den Verfassungstexten der Franco-Diktatur gesprochen. Auch die Falange Española, die gern das «katholische Bewusstsein» Spaniens betonte, sprach in ihrem Programm 1934 davon, dass «Würde, Unverletzlichkeit und Freiheit des Menschen … ewig und unantastbare Werte» seien; sie kennt daneben auch eine «Würde des Staates», auf die hin Freiheitsansprüche des Individuums relativiert werden. Dennoch, als fundamentale Rechtsnorm setzte sich die «Menschenwürde» erst nach dem Zweiten Weltkrieg in programmatischen Texten der Vereinten Nationen, in einigen deutschen Länderverfassungen und dann im Grundgesetz durch. Dies hat die Kirchen und christlichen Theologien unter Anpassungsdruck und erhöhten Reflexionszwang gesetzt.

Dabei verdient Beachtung, dass christliche Individuen und Gruppen im Widerstand gegen die NS-Diktatur, vor allem der Kreisauer Kreis, in ihren Verfassungsprogrammen eine «Anerkennung der unverletzlichen Würde der menschlichen Person als Grundlage der zu erstrebenden Rechts- und Friedensordnung» forderten und auch die Sozialdemokraten im britischen Exil in *Richtlinien für eine deutsche Staatsverfassung* die Menschenwürde beschworen: «Die Achtung und der Schutz der Freiheit und der Würde der Persönlichkeit sind die unveräußerlichen Grundlagen des staatlichen und gesellschaftlichen Lebens der deutschen Republik.» Die Debatten über die Ursachen der «deutschen Katastrophe» förderten in den Kirchen – zumindest in relevanten Gruppen – die Bereitschaft, für den Aufbau des neuen demokratischen Gemeinwesens im Westen sozialmoralische Verantwortung zu übernehmen. Dabei waren im Protestantismus nicht zuletzt Anpassungszwänge innerhalb der ökumenischen Bewegung des World Council of Churches bestimmend, brachten hier doch die protestantischen Denominationen aus den USA, aber auch die britischen Free Churches und die Anglikaner immer wieder das Thema Menschenrechte auf die Tagesordnung. Es können hier nicht die spannenden Denkwege nachgezeichnet werden, in denen prominente lutherische Theologen in der Bundesrepublik nach und nach die traditionelle Demokratiefeindschaft des Luthertums überwanden und sich die Evangelische Kirche in Deutschland schließlich, nach harten internen Auseinandersetzungen und nun entscheidend inspiriert von Trutz Rendtorff, auf eine Denkschrift «Evangelische Kirche und freiheitliche Demokratie:

Der Staat des Grundgesetzes als Angebot und Aufgabe» verständigte – 1985 war endlich auch die Kirche im Staat des Grundgesetzes angekommen. Parallel dazu fanden in der akademischen Theologie die in den zwanziger Jahren so entschieden verworfenen theologischen Liberalen – Schleiermacher, Troeltsch, Martin Rade und andere – neues Interesse; Menschenrechte und Menschenwürde wurden nun zentrale Topoi im ethischen Diskurs der Theologie.

Hier soll nicht die schrittweise und vorsichtige, aber auch widersprüchliche Öffnung der römisch-katholischen Kirche gegenüber klassisch liberalen Grundrechten wie insbesondere dem Recht auf Religionsfreiheit geschildert werden. Eine tiefgreifende Neuorientierung politischer Ethik war seit der Gründung der Vereinten Nationen schon deshalb unerlässlich, weil sich der Heilige Stuhl immer auch als ein Völkerrechtssubjekt versteht und im Falle des Vatikanstaates sich nicht zwischen Religiösem und Weltlichem, Glaube und Politik unterscheiden lässt – was, in der Kritik am politischen Islamismus, dem man Unfähigkeit zur Unterscheidung von Religion und Politik und erhebliche Aufklärungsdefizite nachsagt, gern verdrängt wird. Spätestens seit der UN-Menschenrechtserklärung aus dem Jahre 1948, die in ihrem ersten Artikel alle Menschen als «frei und gleich an Würde und Rechten geboren» erklärt, war der Heilige Stuhl gezwungen, sich um seiner internationalen Politikfähigkeit willen an einem Diskurs über «Menschenwürde» und «Menschenrechte» zu beteiligen und dabei auch überkommene starke Vorbehalte gegenüber einem klassisch liberalen Freiheitsindividualismus zu relativieren. Es waren weite Wege, die beide Kirchen in Deutschland zu gehen hatten, und wie dabei im Einzelnen autonome theologische Einsicht und ein vom politisch-sozialen Kontext erzwungener Anpassungsdruck zusammenkamen, ist noch kaum erforscht. Deutlich aber ist: Die beiden großen Kirchen im Lande haben «die Menschenwürde» weithin erst entdeckt, als sie im Rechtssystem der Bundesrepublik bereits zur «Grundnorm» avanciert war.

Als christliche Organisationen oder auch Institutionen sind die Kirchen auf biblische Symbole und ihre konfessionsspezifischen Ideenbestände verwiesen. In einer pluralistischen Gesellschaft können sie sich nur dann erfolgreich Gehör verschaffen, wenn sie das ihnen anvertraute religiöse Symbolkapital mehren und pflegen. Suchen sie aus naheliegenden kommunikationspraktischen Gründen, um ihrer öffentlichen Wirksamkeit und politischen Durchsetzungskraft willen, «die Menschenwürde» ideenpolitisch zu besetzen und in der öffentlichen Zirkulationssphäre der Ideen als «genuin christlich» zu behaupten, müssen sie «die Menschenwürde» in ihren religiösen Symbolsprachen entfalten und begründen. Die Kirchen unterliegen so einem diskursiven Zwang zur Theologisierung der «Menschenwürde». Nehmen sie ihre ureigenen Glaubenssymbole wirklich ernst – bisweilen mag man daran zweifeln –, müssen sie «die Menschenwürde» unumgänglich aus dem Immerschonbezogensein des allzumal sündhaften Menschen auf Gott begründen. In der römisch-katholischen Überlieferung ist dies zumeist substanzontologisch versucht worden, indem der Begriff der Person als Ebenbild Gottes entfaltet wird.

Für die protestantischen Denktraditionen ist demgegenüber eine primär relationale Deutung des Menschen als Würdeträger kennzeichnend. Der Mensch empfängt seine Würde, indem er durch das Wort Gottes angesprochen wird – so ein breiter Überlieferungsstrom neuerer protestantischer Theologie. In diesem theologischen Diskurs hat der Mensch seine Würde nicht aus sich selbst, sondern gewinnt sie, wie Eberhard Jüngel in einem an Martin Luthers Rechtfertigungslehre erinnernden Sprachspiel gesagt hat, als «fremde Würde», ihm vom gnädigen Gott zugesprochen. Dies ist eine religiöse Bestimmung menschlicher Würde, die von allen tendenziell biologistischen Deutungskonzepten weit entfernt liegt, in denen «Menschenwürde» mit unbedingtem «Lebensschutz» gleichgesetzt wird – gegen die grundgesetzlich kodifizierten *Grenzen des Tötungsverbots* (Horst Dreier, 2007). Denn es lässt sich weder «die Gattung überhaupt» noch irgendeine bestimmte Stammzelllinie sinnvoll als «Hörer des Wortes» (Karl Rahner) vorstellen, und insoweit ist aus dem protestantisch-theo-logischen, eben relationalen Würdekonzept eine erste Konsequenz zu ziehen: Vorstellungen von einer «Gattungswürde» entbehren jedenfalls im protestantischen Diskurs theologischer Plausibilität. Wird Menschenwürde im Angesprochensein durch Gott, allein durch sein Wort konstituiert und wird sie in unantastbarer Integrität lebensdienlich konkret, kann immer nur ein Individuum, eine Einzelperson Menschenwürdeträger sein. Im protestantischen Reflexionshorizont ist emphatischer Individualismus christlich legitim. Denn Gottes Gnade gilt jedem einzelnen Sünder, nicht irgendeinem abstrakten Menschen überhaupt.

Durch inflationären Verschleiß haben prominente Kirchenfunktionäre nicht wenig dazu beigetragen, die lebensdienliche Plausibilität einer christlich-religiösen symbolsprachlichen Entfaltung der «Menschenwürde» zu verdunkeln. Menschenwürde relational, aus dem Immerschonbezogensein des sündigen Menschen auf Gott zu denken, bringt hohe Entlastungseffekte. Niemand muss sich nun als Würdeträger inszenieren, weil er es vor allen seinen Auftritten und Bühnenaktivitäten immer schon ist. Und niemand muss sich seine Würde erst in Akten von Selbstsetzung oder freier Selbstbestimmung hart erarbeiten. Die «wertlose Wahrheit» (Eberhard Jüngel) des Evangeliums entlastet ebenso von Selbstaufwertungszwängen wie von vielfältig sichtbaren Mechanismen der Abwertung oder gar Entwertung durch andere. Würde hat viel mit Gott und Wert vor allem mit der Börse zu tun. Deshalb muss man elementare Distinktionen präsent halten, gerade in den Institutionen, die für das ganz lange Gedächtnis unserer Kultur zuständig sind.

Zunächst ist die simple, aber seriositätsdienliche historische Erinnerung daran geboten, dass die Rede von der *dignitas hominis*, der Würde des Menschen, von Cicero in *De officiis* (I, 105–107) in Umlauf gebracht wurde, gut stoisch, im Wissen um die Präsenz des Gottesgeistes in jedem einzelnen Menschen und nicht ohne den Dünkel einer vorchristlichen römischen Gesellschaftselite. Wer deshalb die Menschenwürde auf das Habenkonto «der Kirche» – im Fall Isensee: seiner Kirche – bucht, betreibt nur, wie Hasso Hofmann dies zu Recht genannt hat, «Begriffsimperialismus». Weiterhin ist daran zu erinnern, dass, wird die Würde theologisch relational gedacht, jeder Mensch, unabhängig von irgendwelchen Leistungen, ein Würdeträger sein kann – wenn er denn die Fähigkeit zum Hören auf Gottes Wort hat. Dies führt in sehr schwierige, voraussetzungsreiche Konfliktzonen theologischer Anthropologie, die hier nicht mehr betreten werden sollen. Es ging und geht um anderes: um die Frage der Definierbarkeit der Menschenwürde. Gott wird nur dann missbraucht, wenn irgendein partikularer Akteur anderen irgendeine absolute (christliche, kirchliche etc.) und gar abschließende Definition der Würde des Menschen vorschreiben will. Man mag Menschenwürde als Demütigungsverbot (Avishai Margalit) konkretisieren. Man mag vom «Recht auf Rechte» (Hannah Arendt) sprechen. Aber man kann mit biblischen Überlieferungen auch eine bildertheoretische Deutung vorschlagen: Niemand geht in den Bildern auf, die er von sich selbst gemacht hat. Jeder (und jede) ist viel mehr und anderes als er (oder sie) an oder von sich selbst wahrzunehmen vermag. Mit dem Bilderverbot schützt Gott sich vor unserer Bemächtigung. Und die Unantastbarkeit unserer Würde haben wir nicht selbst erarbeitet, sondern sie ist vom unantastbaren Gott selbst garantiert. Hüten wir uns also vor unserem Selbstbildzwang. Er spiegelt nur jenen *amor sui*, der im theologischen Diskurs einst als Inbegriff menschlicher Sünde erkannt worden war. Jetzt wird er in manchen religiösen Menschenbilddiskursen als große Leistung «des Christentums», «der Kirche» gefeiert. Aber die Würde des Menschen liegt gerade darin, dass allein Gott selbst ein angemessenes Bild jedes Einzelnen seiner vornehmsten Geschöpfe zu erzeugen vermag.

Literaturhinweise

Assmann, Jan: Was ist so schlimm an den Bildern?, in: Hans Joas (Hg.), Die Zehn Gebote. Ein widersprüchliches Erbe?, Köln/Weimar/Wien 2006, S. 17–32.

Barasch, Moshe: Das Gottesbild. Studien zur Darstellung des Unsichtbaren. München ²1998.

Baumgarten, Jens: Konfession, Bild und Macht. Visualisierung als katholisches Herrschafts- und Disziplinierungskonzept in Rom und im habsburgischen Schlesien (1560–1740). Hamburg 2004.

Belting, Hans: Bild und Kult. Eine Geschichte des Bildes vor dem Zeitalter der Kunst. München ⁶2004.

–: Bild-Anthropologie. Entwürfe für eine Bildwissenschaft. München ³2006.

Berlejung, Angelika: Die Theologie der Bilder. Herstellung und Einweihung von Kultbildern in Mesopotamien und die alttestamentliche Bilderpolemik. Fribourg 1998.

Bertholet, Alfred: Das Geschlecht der Gottheit. Tübingen 1934.

–/Lehmann, Edvard/Chantepie de la Saussaye, Pierre Daniel (Hg.): Lehrbuch der Religionsgeschichte. Tübingen ⁴1925.

Bevan, Edwyn: Holy Images. An Inquiry into Idolatry and Image-Worship in Ancient Paganism and in Christianity. London 1940.

Boehm, Gottfried (Hg.): Was ist ein Bild? München ⁴2006.

Büttner, Frank/Wimböck, Gabriele (Hg): Das Bild als Autorität. Die normierende Kraft des Bildes. Münster 2004.

Campbell, Joseph: The Hero with a Thousand Faces. Princeton ³2008.

Deursen, Arie van: Der Heilbringer. Eine ethnologische Studie über den Heilbringer bei den nordamerikanischen Indianern. Groningen/Den Haag 1931.

Dreier, Horst (Hg. und Mitautor): Grundgesetz-Kommentar. Band I: Präambel, Art. 1–19. Tübingen ²2004.

–/Hilgendorf, Eric (Hg.): Kulturelle Identität als Grund und Grenze des Rechts. Stuttgart 2008.

Enders, Christoph: Die Menschenwürde in der Verfassungsordnung. Zur Dogmatik des Art. 1 GG. Tübingen 1997.

Fögen, Marie Theres: Das Lied vom Gesetz. München 2007.

Keel, Othmar/Uehlinger, Christoph: Göttinnen, Götter und Gottessymbole. Neue Erkenntnisse zur Religionsgeschichte Kanaans und Israels aufgrund bislang unerschlossener ikonographischer Quellen. Freiburg i. Br. ⁵2001.

Keller, Hagen/Staubach, Nikolaus (Hg.): Iconologia Sacra. Mythos, Bildkunst und Dichtung in der Religions- und Sozialgeschichte Alteuropas. Festschrift für Karl Hauck. Berlin 1994.

Klimkeit, Hans-Joachim (Hg.): Götterbild in Kunst und Schrift. Bonn 1984.

Koerner, Joseph Leo: The Reformation of the Image. London 2004.

Llobera, Josep R.: The God of Modernity. The Development of Nationalism in Western Europe. Oxford 1994.

Marramao, Giacomo: Macht und Säkularisierung. Die Kategorie der Zeit. Frankfurt a. M. 1989.
Panofsky, Erwin: Idea. Ein Beitrag zur Begriffsgeschichte der älteren Kunsttheorie. Berlin [7]1993.
–/Cassirer, Ernst: Idea. Eidos und Eidolon. Berlin 2008.
Piper, Ferdinand: Einleitung in die Monumentale Theologie. Eine Geschichte der christlichen Kunstarchäologie und Epigraphik. Gotha 1867, Nachdruck Mittenwald 1978.
Plas, Dirk van der: Effigies Dei. Essays on the History of Religions. Leiden 1987.
Schwanz, Peter: Imago Dei als christologisch-anthropologisches Problem in der Geschichte der Alten Kirche von Paulus bis Clemens von Alexandrien. Göttingen 1979.
Söderblom, Nathan: Der lebendige Gott im Zeugnis der Religionsgeschichte. Nachgelassene Gifford-Vorlesungen. München [2]1966.
–: Das Werden des Gottesglaubens. Untersuchungen über die Anfänge der Religion. Leipzig 1926, Nachdruck Hildesheim 1979.
Widengren, Geo: Religionsphänomenologie. Berlin 1969.

Bildnachweis: S. 15, 21, 85: Herzog August Bibliothek, Wolfenbüttel; S. 16: Wallraf-Richartz-Museum, Köln; S. 37: ullstein bild – Roger-Viollet; S. 40: Bibliothèque Nationale, Paris; S. 42: Stadt- und Hochstiftmuseum, Dillingen; S. 44: Musée d'Histoire Contemporaine, Paris; S. 46: Hauptstaatsarchiv Stuttgart; S. 49: Aus: R. Weinberg: «Demonizing Judaism in the Soviet Union during the 1920s», in: Slavic Review, Volume 67, no. 1 (2008), 120–153; S. 50: Germanisches Nationalmuseum, Nürnberg; S. 55: akg-images, © VG Bild-Kunst, Bonn 2008; S. 60: © VG Bild-Kunst, Bonn 2008; S. 62: Aus: R. Anselm u. a. (Hg.): Auf meine Art. Jugend und Religion. TVZ Theologischer Verlag, Zürich 2008, S. 41, Foto: © Ursula Markus, Zürich; S. 65: Bibliothèque du Grand Seminaire, Straßburg, Ms. 755, fol. 1; S. 67: Wolfgang Woessner, Wien © VG Bild-Kunst, Bonn 2008; S. 73: picture-alliance/dpa © dpa-report; S. 80: Aus: D. Spanke (Hg.): Gott sehen. Risiken und Chancen religiöser Bilder, Wilhelmshaven 2005, S. 31, Foto: © Björn Lübbe; S. 84: Bayerische Staatsbibliothek, München; S. 89: © Reuters/Corbis; S. 94/95: British Library, London, Maps *700 (1); S. 105: akg-images/Erich Lessing; S. 112: ullstein bild/AP; S. 115: Aus: M. Hattstein/P. Delius (Hg.): Der Islam. Kunst und Architektur, Köln 2000, S. 16; S. 116: Aus: Silvia Naef: Bilder und Bilderverbot im Islam, München 2007, S. 104; S. 124/125, 152: akg-images; S. 127: bpk/Kunsthalle Hamburg, Kupferstichkabinett, Inv. 1982/IIa, Photo: Christoph Irrgang; S. 150: Central Zionist Archives, Jerusalem, Photo: R. Millon; S. 151: bpk/Konrad Weidenbaum

Personenregister